U0107777

纯粹哲学丛书

黄裕生 主编

时间性：自身与他者

SHIJIANXING: ZISHEN YU TAZHE

从胡塞尔、海德格尔到列维纳斯

王　恒　著

江苏人民出版社

图书在版编目(CIP)数据

时间性:自身与他者:从胡塞尔、海德格尔到列维
纳斯/王恒著.--南京:江苏人民出版社,2023.5
(纯粹哲学丛书)
ISBN 978 - 7 - 214 - 28073 - 2

Ⅰ.①时… Ⅱ.①王… Ⅲ.①胡塞尔(Husserl,
Edmund 1859－1938)-现象学-研究②海德格尔(
Heidegger, Martin 1889－1976)-现象学-研究③列维纳斯
(Levinas, Emmanuel 1905－1995)-现象学-研究 Ⅳ.
①B516.52②B516.54③B565.59④B089

中国国家版本馆 CIP 数据核字(2023)第 066467 号

书　　　名　时间性:自身与他者——从胡塞尔、海德格尔到列维纳斯
著　　　者　王　恒
责 任 编 辑　薛耀华
装 帧 设 计　许文菲
责 任 监 印　王　娟
出 版 发 行　江苏人民出版社
地　　　址　南京市湖南路 1 号 A 楼,邮编:210009
照　　　排　江苏凤凰制版有限公司
印　　　刷　江苏凤凰扬州鑫华印刷有限公司
开　　　本　652 毫米×960 毫米　1/16
印　　　张　16　插页 3
字　　　数　208 千字
版　　　次　2023 年 5 月第 1 版
印　　　次　2023 年 5 月第 1 次印刷
标 准 书 号　ISBN 978 - 7 - 214 - 28073 - 2
定　　　价　88.00 元

(江苏人民出版社图书凡印装错误可向承印厂调换)

从纯粹的学问到真实的事物

——"纯粹哲学丛书"改版序

　　江苏人民出版社自 2002 年出版这套"纯粹哲学丛书"已有五年,共出书 12 本,如今归入凤凰出版传媒集团"凤凰文库"继续出版,趁改版机会,关于"纯粹哲学"还有一些话要说。

　　"纯粹哲学"的理念不只是从"纯粹的人"、"高尚的人"、"摆脱私利"、"摆脱低级趣味"这些意思引申出来的,而是将这个意思与专业的哲学问题,特别是与德国古典哲学的问题结合起来思考,提出"纯粹哲学"也是希望"哲学""把握住""自己"。

　　这个提法,也有人善意地提出质询,谓世上并无"纯粹"的东西,事物都是"复杂"的,"纯粹哲学"总给人以"脱离实际"的感觉。这种感觉以我们这个年龄段或更年长些的人为甚。当我的学生刚提出来的时候,我也有所疑虑,消除这个疑虑的理路,已经在 2002 年的"序"中说了,过了这几年,这个理路倒是还有一些推进。

　　"纯粹哲学"绝不是脱离实际的,也就是说,"哲学"本不脱离实际,也不该脱离实际,"哲学"乃是"时代精神"的体现;但是"哲学"也不是要"解决"实际的具体问题,"哲学"是对于"实际-现实-时代""转换"一个"视角"。"哲学"以"哲学"的眼光"看""世界"，"哲学"以"自己"的眼光"看"世界，也就是以"纯粹"的眼光"看"世界。

为什么说"哲学"的眼光是"纯粹"的眼光？

"纯粹"不是"抽象"，只有"抽象"的眼光才有"脱离实际"的问题，因为它跟具体的实际不适合；"纯粹"不是"片面"，只有"片面"的眼光才有"脱离实际"的问题，因为"片面"只"抓住-掌握""一面"，而"哲学"要求"全面"。只有"全面-具体"才是"纯粹"的，也才是"真实的"。"片面-抽象"都"纯粹"不起来，因为有一个"另一面"、有一个"具体"在你"外面"跟你"对立"着，不断地从外面"干扰"你，"主动-能动"权不在你手里，你如何"纯粹"得起来？

所以"纯粹"应在"全面-具体"的意义上来理解，这样，"纯粹"的眼光就意味着"辩证"的眼光，"哲学"为"辩证法"。

人们不大谈"辩证法"了，就跟人们不大谈"纯粹"了一样，虽然可能从不同的角度来"回避"它们，或许以为它们是相互抵触的，其实它们是一致的。

"辩证法"如果按日常的理解，也就是按感性世界的经验属性或概念来理解，那可能是"抽象"的，但那不是哲学意义上的"辩证"。譬如冷热、明暗、左右、上下等等，作为抽象概念来说，"冷"、"热"各执一方，它们的"意义"是"单纯"的"抽象"，它们不可以"转化"，如果"转化"了，其"意义"就会发生混淆；但是在现实中，在实际上，"冷"和"热"等等是可以"转化"的，不必"变化"事物的温度，事物就可以由"热""转化"为"冷"，在这个意义上，执著于抽象概念反倒会"脱离实际"，而坚持"辩证法"的"转化"，正是"深入""实际"的表现，因为实际上现实中的事物都是向"自己"的"对立面""转化"的。

哲学的辩证法正是以一种"对立面""转化"的眼光来"看-理解"世界的，不执著于事物的一面——偏，而是"看到-理解到"事物的"全面"。

哲学上所谓"全面",并非要"穷尽"事物的"一切""属性",而是"看到-理解到-意识到"凡事都向"自己"的"相反"方面"转化","冷"必然要"转化"为"非冷",换句话说,"冷"的"存在",必定要"转化"为"冷"的"非存在"。

在这个意义上,哲学的辩证法将"冷-热"、"上-下"等等"抽象-片面"的"对立""纯粹化"为"存在-非存在"的根本问题,思考的就是这种"存在-非存在"的"生死存亡"的"大问题"。于是,"哲学化"就是"辩证化",也就是"纯净化-纯粹化"。

这样,"纯粹化"也就是"哲学化",用现在流行的话来说,就是"超越化";"超越"不是"超越"到"抽象"方面去,不是从"具体"到"抽象",好像越"抽象"就越"超越",或者越"超越"就越"抽象",最大的"抽象"就是最大的"超越"。事实上恰恰相反,"超越"是从"抽象"到"具体","具体"为"事物"之"存在"、"事物"之"深层次"的"存在",而不是"表面"的"诸属性"之"集合"。所谓"深层",乃是"事物"之"本质","本质"亦非"抽象",而是"存在"。哲学将自己的视角集中在"事物"的"深层",注视"事物""本质"之"存在"。"事物"之"本质","本质"之"存在",乃是"纯粹"的"事物"。"事物"之"本质",也是"事物"之"存在",是"理性-理念"的世界,而非"驳杂"之"大千世界"-"感觉经验世界"。"本质-存在-理念"是"具体"的、"辩证"的,因而也是"变化-发展"的。并不是"现象""变"而"理念-本质""不变",如果"变"作为"发展"来理解,而不是机械地来理解,则恰恰是"现象"是相对"僵化"的,而"本质-理念"则是"变化-发展"的。这正是我们所谓"时间(变化发展)"进入"本体-本质-存在"的意义。

于是,哲学辩证法也是一种"历史-时间"的视角。我们面对的世界,是一个历史的世界、时间的世界,而不仅是僵硬地与我们"对立"的"客观世界"。"客观世界"也是我们的"生活世界",而"生活"是历史性的、时间性的,是变化发展的,世间万事万物无不打上"历史-时间"的"烙印","认出-意识到-识得"这个"烙印-轨迹",乃是哲学思考的当行,这个"烙印"乃是"事物-本质-存在""发展"的"历史轨迹",这个"轨迹"不是直线,而是曲线。"历史-时间"的进程是"曲折"的,其间充满了"矛盾-对立-斗争",也充满了"融合-和解-协调",充满了"存在-非存在"的"转化",充满了"对立面"的"转化"和"统一"。

以哲学-时间-历史的眼光看世界,世间万物都有相互"外在"的"关系"。"诸存在者"相互"不同",当然也处在相互"联系"的"关系网"中,其中也有"对立",譬如冷热、明暗、上下、左右之类。研究这种"外在"关系,把握这种"关系"当然是非常重要的,须得观察、研究以及实验事物的种种属性和他物的属性之间的各种"关系",亦即该事物作为"存在者"的"存在""条件"。"事物"处于"外在环境"的种种"条件""综合"之中,这样的"外在""关系"固不可谓"纯粹"的,它是"综合"的、"经验"的;然则,事物还有"自身"的"内在""关系"。

这里所谓的"内在""关系",并非事物的内部的"组成部分"的关系,这种把事物"无限分割"的关系,也还是把一事物分成许多事物,这种关系仍是"外在"的;这里所谓"内在"的,乃是"事物""自身"的"关系",不仅仅是这一事物与另一事物的关系。

那么,如何理解事物"自身"的"内在""关系"?"事物自身"的"内在""关系"乃是"事物自身""在""时间-历史"中"产生"出来的"非自身-他者"的"关系",乃是"是-非"、"存在-非存在"的"关系",而不是"白"的"变成""黑"的、"方"的"变成""圆"的等等这类关系。这种"是非-存亡"的关系,并不来自"外部",而是"事物自身"的"内部"本来就具备了的。这种"内在"的"关系"随着时间-历史的发展"开显"出来。

这样,事物的"变化发展",并非仅仅由"外部条件"的"改变"促使而成,而是由事物"内部自身"的"对立-矛盾"发展-开显出来的,在这个意义上,"内因"的确是"决定性"的。看到事物"变化"的"原因""在""事物自身"的"内部",揭示"事物发展"的"内在原因",揭示事物发展的"内在矛盾",这种"眼光",可以称得上是"纯粹"的(不是"驳杂"的),是"哲学"的,也是"超越"的,只是并不"超越"到"天上",而是"深入"到事物的"内部"。

以这种眼光来看世界,世间万物"自身"无不"存在-有""内在矛盾",一事物的"存在"必定"蕴涵"该事物的"非存在",任何事物都向自身的"反面""转化",这是事物自己就蕴涵着的"内在矛盾"。至于这个事物究竟"变成""何种-什么"事物,则要由"外部""诸种条件"来"决定",但是哲学可以断言的,乃是该事物-世间任何事物都不是"永存"的,都是由"存在""走向-转化为""自己"的"反面"——"非存在","非存在"就"蕴涵""在"该事物"存在"之中。在这个意义上,我们对事物采取"辩证"的态度,也就是采取"纯粹"的态度,把握住"事物"的"内在矛盾",也就是把握住了"事物自身",把握住了"事物自身",也就是把握住了"事物"的"内在""变化-发展",而不"杂"有事物的种种"外部"的"关系";从事物"外部"的种种"复杂关系"中"摆脱"出来,采取一种"自由"的、纯粹"的态度,抓住"事物"的"内在关系",也就是"抓住"了事物的"本质"。

抓住事物的"本质",并非不要"现象","本质"是要通过"现象""开显"出来的,"本质"并非"抽象概念","本质"是"现实",是"存在",是"真实",是"真理";抓住事物的"本质",就是要"透过现象看本质"。"哲学"的眼光,"纯粹"的眼光,"辩证"的眼光,"历史"的眼光,正是这种"透过现象""看""本质"的眼光。

"透过现象看本质","现象"是"本质"的,"本质"也是"现象"的,"本质""在""现象"中,"现象"也"在""本质"中。那么,从"本质"的眼光来"看""现象-世界"又复何如?

从"纯粹"的眼光来"看""世界"，则世间万物固然品类万殊，但无不"在""内在"的"关系"中。"一事物"的"是-存在"就是"另一事物"的"非-非存在"，"存在""在""非存在"中，"非存在"也"在""存在"中；事物的"外在关系"，原本是"内在关系"的"折射"和"显现"。世间很多事物，在现象上或无直接"关系"，只是"不同"而已。譬如"风马牛不相及"，"认识到-意识到""马""牛"的这种"不同"大概并不困难，是一眼就可以断定的。对于古代战争来说，有牛无马，可能是一个大的问题。对于古代军事家来说，认识到这一点也不难，但是要"意识到-认识到""非存在"也"蕴涵着""存在"，二者是一而二、二而一的，并不因为"有牛无马"而放弃战斗，就需要军事家有一点"大智慧"。如何使"非存在""转化"为"存在"？中国古代将领田单的"火牛阵"是以"牛"更好地发挥"马"的战斗作用的一例，固然并非要将"牛""装扮"成"马"，也不是用"牛"去"(交)换""马"，所谓"存在-非存在"并非事物之物理获胜或生物的"属性"可以涵盖得了的。"存在-非存在"有"历史"的"意义"。

就我们哲学来说，费希特曾有"自我""设定""非我"之说，被批评为主观唯心论，批评当然是很对的，他那个"设定"会产生种种误解；不过他所论述的"自我"与"非我"的"关系"却是应该被重视的。我们不妨从一种"视角"的"转换"来理解费希特的意思：如"设定"——采取一种"视角"——"A-存在"，则其他诸物皆可作"非 A-非存在"观。"非 A"不"＝(等于)""A"，但"非 A"却由"A""设定"，"非存在"由"存在""设定"。我们固不可说"桌子"是由"椅子""设定"的，这个"识见"是"常识"就可以判断的，没有任何哲学家会违反它，但是就"椅子"与"非椅子"的关系来说，"桌子"却是"在""非椅子"之内，而与"椅子"有一种"对立统一"的关系，"非椅子"是由于"设定"了"椅子"而来的。扩大开来说，"非存在"皆由"存在"的"设定"而来，既然"设定""存在"，则必有与其"对立"的"反面"——"非存在""在","非存在"由"存在""设定",反之亦然。

"我"与"非我"的关系亦复如是。"意识-理性""设定"了"我",有了"自我意识",则与"我""对立"的"大千世界"皆为"非我",在这个意义上,"非我"乃由"(自)我"之"设定"而"设定",于是"自我""设定""非我"。我们看到,这种"设定"并不是在"经验"的意义上来理解的,而是在"纯粹"的意义上来理解的,"自我"与"非我"的"对立统一"关系乃是"纯粹"的、"本质"的、"哲学"的、"历史"的,因而也是"辩证"的。我们决不能说,在"经验"上大千世界全是"自我""设定"——或者叫"建立"也一样——的,那真成了狄德罗批评的,作如是观的脑袋成了一架"发疯的钢琴"。哲学是很理性的学问,它的这种"视角"的转换——从"经验"的"转换"成"超越"的,从"僵硬"的"转换"成"变化发展"的,从"外在"的"转换"成"内在"的——并非"发疯"式的胡思乱想,恰恰是很有"理路"的,而且还是很有"意义"的:这种"视角"的"转换",使得从"外在"关系看似乎是"风马牛不相及"的"事物"都有了"内在"的联系。"世界在普遍联系之中"。许多事物表面上"离"我们很"远",但作为"事物本身-自身-物自体"看,则"内在"着-"蕴涵"着"对立统一"的"矛盾"的"辩证关系",又是"离"我们很"近"的。海德格尔对此有深刻的阐述。

"日月星辰"就空间距离来说,离我们人类很远很远,但它们在种种方面影响人的生活,又是须臾不可或离的,于是在经验科学尚未深入研究之前,我们祖先就已经在自己的诗歌中吟诵着它们,也在他们的原始宗教仪式中膜拜着它们;尚有那人类未曾识得的角落,或者时间运行尚未到达的"未来",我们哲学已经给它们"预留"了"位置",那就是"非我"。哲学给出这个"纯粹"的"预言",以便一旦它们"出现",或者我们"发现"它们,则作出进一步的科学研究。"自我"随时"准备"

着"迎接""非我"的"挑战"。

"自我"与"非我"的这种"辩证"关系，使得"存在"与"非存在""同出一元"，都是我们的"理性""可以把握-可以理解"的：在德国古典哲学，犹如黑格尔所谓的"使得""自在-自为之物""转化"为"为我之物"；在海德格尔，乃是"存在"为"使存在"，是"动词"意义上的"存在"，"存在"与"非存在"在"本体论-存在论"上"同一"。

就知识论来说，哲学这种"纯粹"的"视角"的"转换"，也有相当重要的意义。知识论也"设定"一个不以人的意志为转移的"客体"，这个"客体"乃是一切经验科学的"对象"，也是"前提"，但是哲学"揭示"着"客体"与"主体"也是"对立统一"的"辩证关系"，一切"非主体"就是"客体"，于是仍然在"存在-非存在"的关系之中，那一时"用不上"的"未知"世界，同样与"主体"构成"对立统一"关系，从而使"知识论"展现出广阔的天地，成为一门有"无限"前途的"科学"，而不局限于"主体-人"的"眼前"的"物质需求"。哲学使人类知识"摆脱""急功近利"的"限制"，使"知识"成为"自由"的。"摆脱""急功近利"的"限制"，也就是使"知识-科学"有"哲学"的"涵养"，使"知识-科学"也"纯粹"起来，使"知识-科学"成为"自由"的。古代希腊人在"自由知识"方面给人类的贡献使后人受益匪浅，但这种"自由-纯粹"的"视角"，当得益于他们的"哲学"。

从这个意义来看，我们所谓的"纯粹哲学"，一方面当然是很"严格"的，从康德到黑格尔的德国古典哲学，哲学有了自己很专业的一面，再到胡塞尔，曾有"哲学"为"最为""严格"（strict-strenge）之称；另一方面，"纯粹哲学"就其题材范围来说，又是极其广阔的。"哲学"的"纯粹视角"，原本就是对于那表面上似乎没有关系的、在时空上"最为遥远"的"事物"，都能"发现"有一种"内在"的关系。"哲学"有自己的"远"、"近"观。"秦皇汉武"已是"过去"很多年的"事情"，但就"纯粹"的"视角"看也并不"遥远",它仍是伽达默尔所谓的"有效应的历史",仍在"时间"的"绵延"之"中",它和"我们"有"内在"的关系。

于是,从"纯粹哲学"的"视角"来看,大千世界、古往今来,都"在""视野"之"中",上至"天文",下至"地理","至大无外"、"至小无内",无不可以"在""视野"之"中";具体到我们这套丛书,在选题方面也就不限于讨论康德、黑格尔、海德格尔等等专题,举凡社会文化、政治经济、自然环境、诗歌文学,甚至娱乐时尚,只要以"纯粹"的眼光,有"哲学"的"视角",都在欢迎之列。君不见,法国福柯探讨监狱、疯癫、医院、学校种种问题,倡导"穷尽细节"之历史"考古"观,以及论题不捐细小的"后现代"诸公,其深入程度,其"解构"之"辩证"运用,岂能以"不纯粹"目之?

"纯粹哲学丛书"改版在即,有以上的话想说,当否敬请读者批评指正。

叶秀山

2007 年 7 月 10 日于北京

序"纯粹哲学丛书"

人们常说,做人要像张思德那样,做一个"纯粹的人",高尚的人,如今喝水也要喝"纯净水",这大概都没有什么问题;但是说到"纯粹哲学",似乎就会引起某些怀疑,说的人,为避免误解,好像也要做一番解释,这是什么原因?我想,这个说法会引起质疑,是有很深的历史和理论的原因的。

那么,为什么还要提出"纯粹哲学"的问题?

现在来说"纯粹哲学"。说哲学的"纯粹性",乃是针对一种现状,即现在有些号称"哲学"的书或论文,已经脱离了"哲学"这门学科的基本问题和基本要求,或者可以说,已经没有什么"哲学味",但美其名曰"生活哲学"或者甚至"活的哲学",而对于那些真正探讨哲学问题的作品,反倒觉得"艰深难懂",甚至断为"脱离实际"。在这样的氛围下,几位年轻的有志于哲学研究的朋友提出"纯粹哲学"这个说法,以针砭时弊,我觉得对于哲学作为一门学科的发展是有好处的,所以也觉得是可以支持的。

人们对于"纯粹哲学"的疑虑也是由来已久。

在哲学里,什么叫"纯粹"?按照西方哲学近代的传统,"纯粹"

(rein，pure)就是"不杂经验"、"跟经验无关"，或者"不由经验总结、概括出来"这类的意思，总之是和"经验"相对立的意思。把这层意思说得清楚彻底的是康德。

康德为什么要强调"纯粹"？原来西方哲学有个传统观念，认为感觉经验是变幻不居的，因而不可靠，"科学知识"如果建立在这个基础上，那么也是得不到"可靠性"，这样就动摇了"科学"这样一座巍峨的"殿堂"。这种担心，近代从法国的笛卡尔就表现得很明显，而到了英国的休谟，简直快给"科学知识""定了性"，原来人们信以为"真理"的"科学知识"竟只是一些"习惯"和"常识"，而这些"习俗"的"根据"仍然限于"经验"。

为了挽救这个似乎摇摇欲坠的"科学知识"大厦，康德指出，我们的知识虽然都来自感觉经验，但是感觉经验之所以能够成为"科学知识"，能够有普遍的可靠性，还要有"理性"的作用。康德说，"理性"并不是从"感觉经验"里"总结-概括"出来的，它不依赖于经验，如果说，感觉经验是"杂多-驳杂"的，理性就是"纯粹-纯一"的。杂多是要"变"的，而纯一就是"恒"，是"常"，是"不变"的；"不变"才是"必然的"、"可靠的"。

那么，这个纯一的、有必然性的"理性"是什么？或者说，康德要人们如何理解这个(些)"纯粹理性"？我们体味康德的哲学著作，渐渐觉得，他的"纯粹理性"说到最后乃是一种形式性的东西，他叫"先天的"——以"先天的"译拉丁文 a priori 不很确切，无非是强调"不从经验来"的意思，而拉丁文原是"由前件推出后件"，有很强的逻辑的意味，所以国外有的学者干脆就称它作"逻辑的"，意思是说，后面的命题是由前面的命题"推断"出来的，不是由经验的积累"概括"出来的，因而不是经验的共同性，而是逻辑的必然性。

其实，这个意思并不是康德的创造，康德不过是沿用旧说；康德的创造性在于他认为旧的哲学"止于"此，就把科学知识架空了，旧的逻辑只是"形式逻辑"——"止于"形式逻辑，而科学知识是要有内容的。康德觉得，光讲形式，就是那么几条，从亚里士多德创建形式逻辑体系以来，到康德那个时代，并没有多大的进步，而科学的知识，日新月异，"知识"是靠经验"积累"的，逻辑的推演，后件已经包含在前件里面，推了出来，也并没有"增加"什么。所以，康德哲学在"知识论"的范围里，主要的任务是要"改造"旧逻辑，使得"逻辑的形式"和"经验的内容"结合起来，也就是像有的学者说的，把"逻辑的"和"非逻辑的"东西结合起来。

从这里，我们看到，即使在康德那里，"纯粹"的问题，也不是真的完全"脱离实际"的；恰恰相反，康德的哲学工作，正是要把哲学做得既有"内容"，而又是"纯粹"的。这是一件很困难的工作，康德做得很艰苦，的确也有"脱离实际"的毛病，后来受到很多的批评，但是就其初衷，倒并不是为了"钻进象牙之塔"的。

康德遇到了什么困难？

我们说过，如果"理性"的工作，只是把感觉经验得来的材料加工酿造，提炼出概括性的规律来，像早年英国的培根说的那样"归纳"出来的，那么，一来就不容易"保证""概括"出来的东西一定有普遍必然性，二来这时候，"理性"只是"围着经验转"，也不大容易保持"自己"，这样理解的"理性"，就不会是"纯粹"的。康德说，他的哲学要来一个"哥白尼式的大革命"，就是说，过去是"理性"围着"经验"转，到了我康德这里，就要让"经验"围着"理性"转，不是让"纯粹"的东西围着"不纯"的东西转受到"污染"，而是让"不纯"的东西围着"纯粹"的东西转得到"净化"。这就是康德说的不让"主体"围着"客体"转，而让"客体"围着"主体"转的意义所在。

我们看到，不管谁围着谁转，感觉经验还是不可或缺的，康德主观上并不想当"脱离实际"的"形式主义者";康德的立意,还是要改造旧逻辑,克服它的"形式主义"的。当然,康德的工作也只是一种探索,有许多值得商讨的地方。

说实在的,在感觉经验和理性形式两个方面,要想叫谁围着谁转都不很容易,简单地说一句"让它们有机地结合起来"当然并不解决问题。

康德的办法是提出一个"先验的"概念来统摄感觉经验和先天理性这两个方面,并使经验围着理性转,以保证知识的"纯粹性"。

康德的"先验的"原文为 transcendental,和传统的 transcendent 不同,后者就是"超出经验之外"的意思,而前者为"虽然不依赖经验但还是在经验之内"的意思。

康德为什么要把问题弄得如此的复杂?

原来康德要坚持住哲学知识论的纯粹性而又具有经验的内容,要有两个方面的思想准备。一方面"理性"要妥善地引进经验的内容,另一方面要防止那本不是经验的东西"混进来"。按照近年的康德研究的说法,"理性"好像一个王国,对于它自己的王国拥有"立法权",凡进入这个王国的都要服从理性为它们制定的法律。康德认为,就科学知识来说,只有那些感觉经验的东西,应被允许进入这个知识的王国,成为它的臣民;而那些根本不是感觉经验的东西,亦即不能成为经验对象的东西,譬如"神-上帝",乃是一个"观念-理念",在感觉经验世界不存在相应的对象,所以它不能是知识王国的臣民,它要是进来了,就会不服从理性为知识制定的法律,在这个王国里,就会闹矛盾,而科学知识是要克服矛盾的,如果出现不可避免的矛盾,知识王国-科学的大厦,就要土崩瓦解了。所以康德在他的第一批判——《纯粹理性批判》里,一方面要仔细研究理性的立法作用;另一方面要仔细厘定理性的职权范围,防止越出经验的范围之外,越过了自己的权限——防止理性的僭越，管了那本不是它的臣民的事。所以康德的"批判"，有"分析"、"辨析"、"划界限"的意思。

界限划在哪里？正是划在"感觉经验"与"非感觉经验-理性"上。对于那些不可能进入感觉经验领域的东西，理性在知识王国里，管不了它们，它们不是这个王国的臣民。

康德划这一界限还是很有意义的，这样一来，举凡宗教信仰以及想涵盖信仰问题的旧形而上学，都被拒绝在"科学知识"的大门以外了，因为它们所涉及的"神-上帝"、"无限"、"世界作为一个大全"等等，就只是一些"观念"（ideas），而并没有相应的感觉经验的"对象"。这样，康德就给"科学"和"宗教"划了一条严格的界限，而传统的旧形而上学，就被断定为"理性"的"僭越"；而且理性在知识范围里一"僭越"，就会产生不可克服的矛盾，这就是他的有名的"二律背反"。

在这个意义上，我们看到，在知识论方面，康德恰恰是十分重视感觉经验的，也是十分重视"形式"和"内容"的结合的。所以批评康德知识论是"形式主义"，猜想他是不会服气的，他会说，他在《纯粹理性批判》里的主要工作就是论证"先天综合判断"如何可能，既然是"综合"的，就不是"形式"的，在这方面，他是有理由拒绝"形式主义"的帽子的；他的问题出在那些不能进入感觉经验的东西上。他说，既然我们所认知的是事物能够进入感觉经验的一面，那么，那不能进入感觉经验的另一面，就是我们科学知识不能达到的地方，我们在科学上则是一无所知；而通过我们的感官进得来的，只是一些印象（impression）、表象（appearance），我们的理性在知识上，只能对这些东西根据自己立的法律加以"管理"，使之成为科学的、具有必然真理性的知识体系，所以我们的科学知识"止于""现象"（phenomena），而"物自身"（Dinge an sich）、"本体"（noumena）则是"不可知"的。

原来，在康德那里，这种既保持哲学的纯粹性，又融入经验世界的"知识论"是受到"限制"的,康德自己说,他"限制""知识",是为"信仰"留有余地。那么,就我们的论题来说,康德所理解的"信仰"是不是只是"形式"的? 应该说,也不完全是。

我们知道,康德通过"道德"引向"宗教-信仰"。"知识"是"必然"的,所以它是"科学";"道德"是"自由"的,所以它归根结蒂不能形成一门"必然"的科学知识。此话怎讲?

"道德"作为一门学科,讨论"意志"、"动机"、"效果"、"善恶"、"德性"、"幸福"等问题。如果作为科学知识来说,它们应有必然的关系,才是可以知道、可以预测的;但是,道德里的事,却没有那种科学的必然性,因而也没有那种"可预测性"。在道德领域里,一定的动机其结果却不是"一定"的;"德性"和"幸福"就更不是可以"推论"出来的。世上有德性的得不到幸福,比比皆是;而缺德的人往往是高官得做、骏马得骑。有那碰巧了,既有些德性,也有些幸福的,也就算是老天爷开恩了。于是,我们看到,在经验世界里,"德性"和"幸福"的统一,是偶尔有之,是偶然的,不是必然的。我们看到一个人很幸福,不能必然地推断他一定就有德性,反之亦然。在这个意义上,这种关系,是不可知的。

所谓"不可知",并不是说我们没有这方面的感觉经验的材料,对于人世的"不公",我们深有"所感";而是说,这些感觉材料,不受理性为知识提供的先天法则的管束,形不成必然的推理,"不可知"乃是指的这层意思。

"动机"和"效果"也是这种关系,我们不能从"动机"必然地"推论"出"效果",反之亦然。也就是说,我们没有足够的理由说一个人干了一件"好事",就"推断"他的"动机"就一定也是"好"的;也没有足够的理由说一个人既然动机是好的,就一定会做出好的事情来。

之所以会出现这种情况,乃是因为"道德"的问题概出于意志的

"自由",而"自由"和"必然"是相对立的。

要讲"纯粹",康德这个"自由"是最"纯粹"不过的了。"自由"不但不能受"感觉经验-感性欲求"一点点的影响,而且根本不能进入这个感觉经验的世界,就是说,"自由"不可能进入感性世界成为"必然"。这就是为什么康德把他的《实践理性批判》的主要任务定为防止"理性"在实践-道德领域的"降格":理性把原本是超越的事当做感觉经验的事来管理了。

那么,康德这个"自由"岂不是非常的"形式"了?的确如此。康德的"自由"是理性的"纯粹形式",它就问一个"应该",向有限的理智者发出一道"绝对命令",至于真的该做"什么",那是一个实际问题,是一个经验问题,实践理性并不给出"教导"。所以康德的伦理学,不是经验的道德规范学,而是道德哲学。

那么,康德的"纯粹理性"到了"实践-道德"领域,反倒更加"形式"了?如果康德学说止于"伦理学",止于"自由",则的确会产生这个问题;但是我们知道,康德的伦理道德乃是通向宗教信仰的桥梁,它不止于此。康德的哲学"止于至善"。

康德解释所谓"至善"有两层含义:一是指单纯意志方面的,是最高的道德的善;一是更进一层为"完满"的意思。这后一层的意义,就引向了宗教。

在"完满"意义上的"至善",就是我们人类最高的追求目标:"天国"。在这个意义上,我们人类要不断地修善,"超越""人自身"——已经孕育着尼采的"超人"(?),而争取进入"天国"。

在"天国"里,一切的分离对立都得到了"统一"。"天国"不仅仅是"理想"的,而且是"现实"的。在"天国"里,凡理性的,也就是经验的,反之亦然。在那里,"理性"能够"感觉"、"经验的",也就是"合理的",两者之间有一种"必然"的关系,而不像尘世那样,两者只是偶尔统一。这样,在那个世界,我们就很有把握地说,凡是幸福的,就一定是有德的,而绝不会像人间尘世那样,常常出现"荒诞"的局面,让那有德之人受苦,而缺德之人却得善终。于是,在康德的思想里,"天国"恰恰不是"虚无缥缈"的,而是实实在在的,它是一个"理想",但也是一个"现实";甚至我们可以说,唯有"天国"才是既理想又现实的,于是,我们可以说这是一种"完满"意义上的"至善"。

想象一个美好的"上天世界"并不难,凡是在世间受到委屈的人都会幻想一个美妙的"天堂",他的委屈就会得到平申;但是建立在想象和幻想上的"天堂",是很容易受到怀疑和质询的,中国古代屈原的"天问",直到近年描写莫扎特的电影 *Amadeus*,都向这种想象的产物发出了疑问,究其原因,乃是这个"天堂"光是"理想"的,缺乏"实在性";康德的"天国",在他自己看来,却是"不容置疑"的,因为它受到严格的"理路"的保证。在康德看来,对于这样一个完美无缺、既合理又实实在在的"国度"只有理智不健全的人才会提出质疑。笛卡尔有权怀疑一切,康德也批评过他的"我思故我在"的命题,因为那时康德的领域是"知识的王国";如果就"至善-完满"的"神的王国-天国"来说,那么"思"和"在"原本是"同一"的,"思想的",就是"存在的",同理,"存在"的,也必定是"思想"的,"思"和"在"之间,有了一种"必然"的"推理"关系。对于这种关系的质疑,也就像对于"自然律"提出质疑一样,本身"不合理",因而是"无权"这样做的。

这样,我们看到,康德的"知识王国"、"道德王国"和"神的王国-天国",都在不同的层面和不同的意义上具有现实的内容,不仅仅是形式的,但是没有人怀疑康德哲学的"纯粹性",而康德的"(纯粹)哲学"不是"形式哲学"则也就变得明显起来。

表现这种非形式的"纯粹性"特点的,还应该提到康德的第三批判:《判断力批判》。就我们的论题来说,《判断力批判》是相当明显地表现了形式和内容统一的一个领域。

通常我们说，《判断力批判》是《纯粹理性批判》和《实践理性批判》之间的桥梁，或者是它们的综合，这当然是正确的；这里我们想补充说的是：《判断力批判》所涉及的世界，在康德的思想中，也可以看做是康德的"神的王国-天国"的一个"象征"或"投影"。在这个世界里，现实的、经验的东西，并不仅仅像在《纯粹理性批判》里那样，只是提供感觉经验的材料(sense data)，而是"美"的，"合目的"的；只是"审美的王国"和"目的王国"还是在"人间"，它们并不是"天国"。在这个意义上，我们具有(有限)理性的人，如果努力提高"鉴赏力-判断力"，提高"品位-趣味"，成了"高尚的人"，"脱离了低级趣味的人"，那么就有能力在大自然和艺术品里发现"理性"和"感性"、"形式"和"内容"、"合目的性"和"合规律性"等等之间的"和谐"。也就是说，我们就有能力在经验的世界里，看出一个超越世界的美好图景。康德说，"美"是"善"的"象征"，"善"通向"神的王国"，所以，我们也可以说，"美"和"合目的"的世界，乃是"神城-天国"的"投影"。按基督教的说法，这个世界原本也是"神""创造"出来的。

"神城-天国"在康德固然言之凿凿，不可动摇对它的信念，但是毕竟太遥远了些。康德说，人要不断地"修善"，在那绵绵的"永恒"过程中，人们有望达到"天国"。所以康德的实践理性的"公设"有一条必不可少的就是"灵魂不朽"。康德之所以要设定这个"灵魂不朽"，并不完全是迷信，而是他觉得"天国"路遥，如果灵魂没有"永恒绵延"，则人就没有"理由"在今生就去"修善"，所以这个"灵魂不朽"是"永远修善"所必须要"设定"的。于是，我们看到，在康德哲学中，已经含有了"时间"绵延的观念，只是他强调的是这个绵延的"永恒性"，而对于"有限"的绵延，即人的"会死性"(mortal)则未曾像当代诸家那么着重地加以探讨；但是他抓住的这个问题，却开启了后来黑格尔哲学的思路，即把哲学不仅仅作为一些抽象的概念的演绎,而是一个时间的、历史的发展过程,强调"真理"是一个"全""过程",进一步将"时间"、"历史"、"发展"的观念引进哲学,形成了一个庞大的哲学体系。

黑格尔哲学体系可以说是"包罗万象",是百科全书式的,却不是驳杂的,可以说是"庞"而不"杂"。人们通常说,黑格尔发展了谢林的"绝对哲学",把在谢林那里"绝对"的直接性,发展为一个有矛盾、有斗争的"过程",而作为真理的全过程的"绝对"却正是在那"相对"的事物之中,"无限"就在"有限"之中。

"无限"在"有限"之中,"有限""开显"着"无限",这是黑格尔强调的一个非常重要的思想。这个思路,奠定了哲学"现象学"的基础,所以,马克思说,《精神现象学》是理解黑格尔哲学的钥匙。

"现象学"出来,"无限"、"绝对"、"完满"等等,就不再是抽象孤立的,因而也是"遥远"的"神城-天国",而就在"有限"、"相对"之中,并不是离开"相对"、"有限"还有一个"绝对"、"无限"在,于是,哲学就不再专门着重去追问"理性"之"绝对"、"无限",而是追问:在"相对"、"有限"的世界,"如何""体现-开显"其"不受限制-无限"、"自身完满-绝对"的"意义"来。"现象学"乃是"显现学"、"开显学"。从这个角度来说,黑格尔的哲学显然也不是"形式主义"的。

实际上黑格尔是在哲学的意义上扩大了康德的"知识论",但是改变了康德"知识论"的来源和基础。康德认为,"知识"有两个来源:一个是感觉经验,一个是理性的纯粹形式。这就是说,康德仍然承认近代英国经验主义者的前提:知识最初依靠着感官提供的材料,如"印象"之类的,只是康德增加了另一个来源,即理性的先天形式;黑格尔的"知识"则不依赖单纯的感觉材料,因为人的心灵在得到感觉时,并不是"白板一块",心灵-精神原本是"能动"的,而不仅仅是"被动"地接受。"精神"原本是自身能动的,不需要外在的感觉的刺激和推动。精神的能动性使它向外扩展,进入感觉的世界,以自身的力量"征服"感性世界,使之"体现"精神自身的"意义"。因而,黑格尔的"知识",乃是"精神"对体现在世界中的"意义"的把握,归根结蒂,也就是精神对自身的把握。所以在这个意义上,黑格尔的"科学-知识"(Wissenschaft),并不是一般的经验科学知识理论,而是"哲学",是"纯粹的知识",即"精神"在历史发展的进程中、在时间的进程中对精神自身的把握。

精神(Geist)是一个生命,是一种力量,它在时间中经过艰苦的历程,征服"异己",化为"自己",以此"充实"自己,从一个抽象的"力"发展成有实在内容的"一个""自己",就精神自己来说,此时它是"一"也是"全"。精神的历史,犹如海纳百川,百川归海为"一",而海因容纳百川而成其"大-全"。因此,"历经沧桑"之后的"大海",真可谓是"一个"包罗万象、完满无缺的"大-太一"。

由此我们看到,黑格尔的《精神现象学》作为"现象学-显现学",乃是精神——通过艰苦卓绝的劳动——"开显""自己""全部内容"的"全过程"。黑格尔说,这才是"真理-真之所以为真(Wahrheit)"——一个真实的过程,而不是"假(现)象"(Anschein)。

于是,我们看到,在康德那里被划为"不可知"的"本体-自身",经过黑格尔的改造,反倒成了哲学的真正的"知识对象",而这个"对象"不是"死"的"物",而是"活"的"事",乃是"精神"的"创业史",一切物理的"表象",都在这部"精神创业史"中被赋予了"意义"。精神通过自己的"劳作",把它们接纳到自己的家园中来,不仅仅是一些物质的"材料"-"质料",而是一些体现了"精神"特性(自由-无限)的"具体共相-理念",它们向人们——同样具有"精神"的"自由者-无限者(无论什么具体的事物都限制不住)"——"开显"自己的"意义"。

就我们现在的论题来说,可以注意到黑格尔的"绝对哲学"有两方面的重点。

一方面,我们看到,黑格尔的"自由-无限-绝对"都是体现在"必然-有限-相对"之中的,"必然-有限-相对"因其"缺乏"而会"变",当它们"变动"时,就体现了有一种"自由-无限-绝对"的东西在内,而不是说,另有一个叫"无限"的东西在那里。脱离了"有限"的"无限",黑格尔叫做"恶的无限",譬如"至大无外"、"至小无内",一个数的无限增加,等等,真正的"无限"就在"有限"之中。黑格尔的这个思想,保证了他的哲学不会陷于一种抽象的概念的旧框框,使他的精神永远保持着能动的创造性,也保持着精神的历程是一个有具体内容的、非形式的过程。在这个意义上,黑格尔的"绝对"并不是一个普遍的概念,而是具体的个性。这个"个性",在它开始"创世"时,还是很抽象的,而在它经过艰苦创业之后"回到自己的家园"时,它的"个性"就不再是抽象、空洞的了,而是有了充实的内容,成了"真""个性"了。

另一方面,相反的,那些康德花了很大精力论证的"经验科学",反倒是"抽象"的了,因为这里强调的只是知识的"普遍性",这种普遍性又是建立在"感觉的共同性"和理性的"先天性-形式性"基础之上的,因而它们是静止的,静观的,而缺少精神的创造性,也就缺少精神的具体个性,所以这些知识只能是"必然"的,而不是"自由"的。经验知识的共同性,在黑格尔看来,并不"纯粹",因为它不是"自由"的知识;而"自由"的"知识",在康德看来又是自相矛盾的,自由而又有内容,乃是"天国"的事,不是现实世界的事。而黑格尔认为,"自由"而又有内容,就在现实之中,这样,"自由"才是具体的,不是抽象的形式。这样,在黑格尔看来,把"形式"与"内容"割裂开来,反倒得不到"纯粹"的知识。

于是,我们看到,在黑格尔那里,"精神"的"个性",乃是"自由"的"个性",不是抽象的,也不是经验心理学所研究的"性格"——可以归到一定的"种""属"的类别概念之中。"个体"、"有限"而又具有"纯粹性"，正是"哲学"所要追问的不同于经验科学的问题。

那么，为什么黑格尔哲学被批评为只讲"普遍性"、不讲"个体性"的，比经验科学还要抽象得多的学说？原来，黑格尔在《精神现象学》中许诺，他的精神在创业之后，又回到自己的"家园"，这就是"哲学"。"哲学"是一个概念的逻辑系统，于是在《精神现象学》之后，尚有一整套的"逻辑学"作为他的"科学知识（Wissenschaften）体系"的栋梁。在这一部分里，黑格尔不再把"精神"作为一个历史的过程来处理，而是作为概念的推演来结构，构建一个概念的逻辑框架。尽管黑格尔把他的"思辨概念-总念"和"表象性"抽象概念作了严格的区别，但是把一个活生生的精神的时间、历史进程纳入到逻辑推演程序，不管如何努力使其"自圆其说"，仍然留下了"抽象化"、"概念化"的痕迹，以待后人"解构"。

尽管如此，黑格尔哲学仍可以给我们以启示：黑格尔的"绝对精神"既是"先经验的-先天的"，同样也是"后经验的-总念式的"。

"绝对精神"作为纯粹的"自由"，起初只是"形式的"、没有内容的、空洞的、抽象的；当它"经历"了自己的过程——征服世界"之后"，回到了"自身"，这时，它已经是有内容、充实了的，而不是像当初那样是一个抽象概念了。但是，此时的"精神"仍然是"纯粹"的，或者说，这才是真正意义上的有了内容的"纯粹"，不是一个空洞的"纯粹"，因为，此时的经验内容被"统摄"在"精神-理念"之中。于是就"精神-理念"来说，并没有"另一个-在它之外"的"感觉经验世界"与其"对立-相对"，所以，这时的"精神-理念"仍是"绝对"的，"精神-理念"仍是其"自身"；不仅如此，此时的"精神-理念"已经不是一个"空"的"躯壳-形式"，而是有血肉、有学识、有个性的活生生的"存在"。

这里我们尚可以注意一个问题：过去我们在讨论康德的"先验

性-先天性"时,常常区分"逻辑在先"和"时间在先",说康德的"先天条件"乃是"逻辑在先",而不是"时间在先",这当然是很好的一种理解;不过运思到了黑格尔,"时间"、"历史"的概念明确地进入了哲学,这种区分,在理解上也要作相应的调整。按黑格尔的意思,"逻辑在先-逻辑条件"只是解决"形式推理"问题,是不涉及内容的,这样的"纯粹"过于简单,也过于容易了些,还谈不上真正意义上的"纯粹";真正的"纯粹"并不排斥"时间",相反,它就在"时间"的"全过程"中,"真理"是一个"全"。这个"全-总体-总念"也是"超越","超越"了这个具体的"过程",有一个"飞跃","1"+"1"大于"2"。这就是"meta-physics"里"meta"的意思。在这个意思上,我们甚至可以说,真正的、有内容的"纯粹"是在"经验-经历"之"后",是"后-经验"。这里的"后",有"超越"、"高于"的意思,就像"后-现代"那样,指的是"超越"了"现代"(modern)进入一个"新"的"天地","新"的"境界",这里说的是"纯粹哲学"的"境界"。所以,按照黑格尔的意思,哲学犹如"老人格言",看来似乎是"老生常谈",甚至"陈词滥调",却包容了老人一生的经验体会,不只是空洞的几句话。

说到这里,我想已经把我为什么要支持"纯粹哲学"研究的理由和我对这个问题的基本想法说了出来。最后还有几句话涉及学术研究现状中的某些侧面,有一些感想,也跟"纯粹性"有关。

从理路上,我们已经说明了为什么"纯粹性"不但不排斥联系现实,而且还是在深层次上十分重视现实的;但是,在做学术研究、做哲学研究的实际工作中,有一些因素还是应该"排斥"的。

多年来,我有一个信念,就是哲学学术本身是有自己的吸引力的,因为它的问题本身就在一个更高的层面上涉及现实的深层问题,所以不是一种脱离实际的孤芳自赏或者闲情逸致;但它也需要"排斥"某些"急功近利"的想法和做法，譬如，把哲学学术当做仕途的敲门砖，"学而优则仕"，"仕"而未成就利用学术来"攻击"，骂这骂那，愤世嫉俗，自标"清高"，学术上不再精益求精；或者拥学术而"投入市场"，炒作"学术新闻"，标榜"创新"而诽谤读书，诸如此类，遂使哲学学术"驳杂"到自身难以存在。这些做法，以为除了鼻子底下、眼面前的，甚至肉体的欲求之外，别无"现实"、"感性"可言。如果不对这些有所"排斥"，哲学学术则无以自存。

　　所幸尚有不少青年学者，有感于上述情况之危急，遂有"纯粹哲学"之论，有志于献身哲学学术事业，取得初步成果，并得到江苏人民出版社诸公的支持，得以"丛书"名义问世，嘱我写序，不敢怠慢，遂有上面这些议论，不当之处，尚望读者批评。

叶秀山

2001 年 12 月 23 日于北京

作者的话

时间问题是现象学思想传统中一以贯之的根本:胡塞尔的时间意识就是主体性本身;海德格尔认为时间性就是存在的境域;而对于列维纳斯,正是在时间中才有真正的他者出现,或者说有与他者的关系才真正有时间的呈现。时间之谜,就是主体之谜,就是他者之谜,列维纳斯正是基于时间,才另立了"作为他者的主体"这一后现代伦理之要义。

本书从直观明见性入手说明胡塞尔现象学的构造本性,并在对意义世界和他人的构造中揭示自我在方法论和存在论上的基础地位。作者力图阐明"现象学自我"这个问题域中的内在的超越和绝对的时间意识流之间的悖结,这个悖结集中表现在时间-意识的被动综合的功能及其阐释上。在其本义是"自身显现"的"在场"这个根本问题上,作者认为海德格尔更彻底地贯彻了"面向实事本身即让事物自身呈现"这一现象学的基本精神,即首先是世界化了绝对主体,消解了在场"之所向"所隐含的方法论意义上的目的论和存在论意义上的主体的先验性;转折后(或"转折"的含义就是)更取消了此在的根基性地位,让存在——即最根本的意义——完全自然地自身显现。这一切之所以可能,正是因为海德格尔贯彻了胡塞尔最终把时间性作为意义的终极根基的思想,依循"活生生的当下"的形式结构（即呈现或自身显现的显现方式），但又更是打碎或重组这一显现，让时间自身自主自动（摆脱先验主体的观照和动机）地运行起来。与此运行并起的便是活生生的此在-世界和源始的四重运作。但是，无论是"作为"结构的意义性存在，还是在林中空地的遮-显运作，即便不是胡塞尔意义上的对象性的，"呈现"或"在场"这个根本依然。这是来自古希腊的存在论哲学传统，海德格尔的存在论只是恢复了这个传统（或使其更源始地运作起来）。

正是针对这个在某种意义上成全了古希腊以来的哲学精神的西方哲学的顶峰，列维纳斯才开始了自己的哲学之路。列维纳斯是要回到这个哲学的根处，从内部引爆。究其实质，就是要对胡塞尔-海德格尔一路的时间意识进行兜底置换：既非前摄也非将来，既非滞留也非曾在，列维纳斯的过去和未来都是脱离这种总体性的"绝对"；其关键尤其在于，当下就是异质性的，"自发地发生""原创作"意义上的"原印象""原初（前主题）综合"意义上的"自身触发"，就是列维纳斯要引爆的核心节点。只有与真正他者的关系才是时间。"自身延异"意义上的"历时性"才是时间的真实本性。这种与他人的关系（因而是伦理关系）先于任何本我论和宇宙论，先于任何意义上的反思。甚至可以说，"时间是与他者的关系"并不是列维纳斯目的论式的言说的前提，而正是使胡塞尔和海德格尔的时间性得以呈现（但后两者却又本真而必然地对其遮蔽）的本原含义。

目　录

绪　言

对他者的诠释径直揭示了自身领会的角度和深度。如果说自我或主体性是现代性哲学的主导性话语，那么，他者就既不是作为边边角角的"其余"（这正是他者理论所要解构的对象），也不是所谓对异域的观"奇"（"奇""怪"正是"自"以为"是"的反应）。言说他者就是对自我或现代性本身的合法性论证。他者问题不是或不仅仅是黑格尔的或奠基在黑格尔之上的"承认"问题，后者只是现代世界的"现实政治"，是作为筹划而有待完成的现代性，说到底，是（个人的或群体的）自我或主体的身份问题，他人只是途径，即便自我恩赐他人以主体地位。这是"我的"世界，虽然通过战"争"，我"们"可以分享，甚至奴隶通过劳动好像能更"真正"地拥有这个世界，但是在艰难的曲折之后，"绝"对的只能是自我。这种正剧形式的英雄主义史诗同样反响在海德格尔的早期思想中：死亡引领的不是朝向无限而是更深地坐落回自身之中。于是，在海德格尔如此源始的存在的自身运作中，列维纳斯看到的竟是令人恐怖的黑夜，而与这个思想巨人作战由此也成为列维纳斯一生的责任（回应）。或许，**只有真正走出黑格尔，走出海德格尔，才能有真正的法国哲学。**

托尼逊在其颇负盛名的《他人》一书中，把他人问题作为 20 世纪第一哲学的主题，认为他人问题从来没有像现在这样如此深入地扎入哲学的根基之中。① 这一说法当然是一家之言，尤其在其本土就遭到图根哈特等人的异议。实际上，托尼逊在评比了先验哲学与对话哲学之后，其本人所倡导的社会哲学最终又落回到黑格尔的自我实现的辩证法之中。不过，托尼逊的说法倒是很适合 20 世纪的法国哲学。令人感兴趣的是，作为法国哲学主题的对他者的讨论恰恰是以黑格尔为起点的。当然，这已经是法国式地解读了的黑格尔了，标示了一个真正"后"黑格尔时代的到来，这与哈贝马斯所发现的哲学思想的发展"一再从康德走到黑格尔"的"德国学脉"形成了鲜明的对比。

作为天主教徒的笛卡尔，在回答蒙田问题的《方法论》中，以"我思"为新的确定性根基，但他要确立的是作为无限性的上帝。把这种"无限"作为至高无上意义上的"他者"，在神学思路中早有其人，但是在哲学理路上将"他者"定位于整体之上的"无限"却是列维纳斯的杰出贡献。在笛卡尔和柏格森的背景下，从科耶夫对黑格尔的独特解释到列维纳斯的他者思想，法国哲学呈现出一条异彩纷呈的思想脉络。这是一条通过对黑格尔的《精神现象学》中主奴关系的海德格尔式的诠释而欲达成的那种自我意识引领的，从劳动、承认，到死亡、欲望，再到差异，直至无限他者的异质性的理路轨迹。它既不同于胡塞尔向先验自我的归根，也不同于海德格尔诉诸存在自身的另类运作。确切地说，这是他者逐渐彰显的过程。

如果说仅在黑格尔、胡塞尔和海德格尔那里，"自我"就有复杂的含义，那么与其对应的"他人"也同样有多层意味。不过，我们都可以用"他'我'"来加以概括，当然，这要对应于"自我"的各种含义。而如果我们可以以此大致标示海德格尔前后的各种层面上的德国哲学的共性，那么我

---

① 参见 Michael Theunissen, *The Other: Studies in the Social Ontology of Husserl, Heidegger, Sartre, and Buber*, trans. Christopher Macann with an Introduction by Fred R. Dallmayr, Cambridge and London: the MIT Press, 1984, p. 1.

们也可以说，"他'我'"就是法国哲学的根本旨趣。至于从"他'我'"意义上的他人到"无限"意义上的他者，就更是列维纳斯一路的精进之所成了。

确实，"他者"是一个模糊而歧义的"概念"，不过它正对应了法国哲学斑驳陆离的异质本性，托尼逊所说的他人问题对哲学根基的渗透在这里才有真正的体现。我们大致梳理一下这条进路。首先是自我或主体的解构。主奴关系的法国阐释所表述的，与其说是自我实现的历程，不如说是在自我结构中、在发生学的意义上引入了他人。由此，朝向他人或他者的"欲望"便成为一条贯彻至今的主线。海德格尔绽出性的此在，作为炸开了的"主体"，呈现的是一个存在论意义上的"世界"。被福柯称为"最后一位 19 世纪的哲学家"的萨特的虚无是此类主体的最终形态，由此终结的还有对话意义上的、所谓与自我共生而实即"变形了的自我"（altered ego）的他人。其次，由此展开的就是对虚假主体的精彩批判。拉康的无意识他者，福柯的自我的技术、主体的权力本性，德里达的延异解构，以及阿尔都塞等结构主义者对各类自主自律主体的意识形态性本质的祛魅，等等，都是消解意义上的现代性的内爆。最后，在此背景下，从他人到他者的那种拓扑学意义上的批判-建构性进路，才将真正具有"后"现代旨趣的意义世界拓展出来。

实际上，与自我相对的他人问题内部就有一条从先验-认知性到社会存在论的转型，但是面向同一个世界却是二者立论的共同基础，这也是所谓"交互主体"一词中"交互"的真切含义。胡塞尔的对另一个"本原"的陌生感知、海德格尔的"让其存在"的本真共在、布伯的我-你"关系"、梅洛-庞蒂的世界-肉，都有此类整体性的共同基础。在这个意义上，萨特的"为他存在"同样处在黑格尔的境域之内，即作为 Alter Ego（他我）的他人如何才能真正成为 Ego。因为人们总是要落根、回乡，sub-（在……之下）意义上的主体（subject）至少在"起源"的意义上也要被建立，甚至死亡也被作为可能性整合进意义的筹划，于是，无论其如何运作,存在本身早已经是无限的了,以至于"终极关怀"也因为死亡的不在而沦为常人的言谈。实际上 to be or not to be 早已不成问题(哈姆雷特的),not to be 因 to 而已经成为一种阙失方式的 be。用列维纳斯的话说,在同一(le Même)享受(jouissance)的世界里本来就没有真正异己之物的存在,这是我的"家政"(l'économique)。在作为隔离(séparation)而存在的同一者的世界里也是没有他人的。

我们要对这种"自"以为"是"的同一性世界进行质疑,这种"进行质疑"本身就是"与他人的相遇"。列维纳斯在《总体与无限》中认为,死亡、他人、上帝虽然不是"对象",但是在现象学的根本经验上还是"存在"的,存在可以是复数的。① 在此"存在论"的境域内,这种对所谓主体的自律和自主的质疑,就是对所谓本原进行本原探讨,但是这种前本原的(pre-original)言说实际上却是无本原的(an-arche)。用更切合列维纳斯意味的话说,他人是真正对我的威权、我的世界具有威胁的,因而就是我在真正的意义上想要使其归于无、使其成为不存在的东西,他不像所有那些在我的世界中因而是被我理解也即把握(compréhension)的东西。简言之,他人就是我真正想要其死的东西。正是因此,"你不能杀人"就构成了我与他人的"关系",而这恰恰就是"伦理"(l'éthique)的本义。因而,伦理就是我之所以存在的条件。伦理是真正的超验,在存在的本义是"在场"的意义上是不在场的,而在"起作用"的意义上又是"是"。我们可以用本性不是要求满足的"欲望"和可见又不可见的"面对面"来描述这种关系。实际上,这种可见又不可见的"面容"(visage)的布展就是源始的呼唤与回应,即语言。

列维纳斯的这套言说方式不仅使人摸不着头脑,更遭到了同盟——德里达自戕式的凶狠准确的抨击。确实,他者的出现和确立本身就是一种极其困难的言说。比如,拉康发现,在此期间,人们还总会把各种他性

---

① 对此,列维纳斯后来反省说,自己此时还没有跳出存在论的语言。可参考《总体与无限》(德译本)导言。

（altérité）重新认作自我（ego）。所以，列维纳斯认为，要真正获得异质
性，人们首先必须质疑这种存在的"自"以为"是"的所谓当然的合法性。
于是，从所有这些思想所共同的基础（存在）中超拔出来，就成为早自《论
逃离》就一路下来的主题。可以说，从存在到存在者再到主体，正是列维
纳斯逆海德格尔而上的一条明确的路线，而贯串始终的立论性主题就是
（从他人到）他者。

　　列维纳斯有两条对他者的言说路径：其一是塔木德研究，其二就是
1964 年前后改造过的现象学。列维纳斯的哲学与其犹太教拉比传承密
切相关，可以说后者是其整个思想塑型的基础，当然反过来也可以说其
神学就是其反存在论意义上的哲学，虽然他本人常说两者在他那里是分
开的，两类作品也是交由两类不同的出版社出版的。但是，宗教的渊源
并没有代替其哲学论说。列维纳斯正是经由现象学的经典理路，即从作
为根基的时间性入手，沿循现象学一贯的对根本体验的诉诸，努力对对
象的隐蔽根源进行洞察，最终确立的也恰恰就是主体哲学。但他对于现
象学的核心贡献——一是对时间性的全新诠释，二是对意向性理论的全
面拓展——又是在根基上与其先师旨趣迥异的，我们可以把它定位为现
象学的"内爆"式的发展。甚至可以说，正是列维纳斯在胡塞尔和海德格
尔之"后"，使哲学在现象学的意义上得以可能。而这种"后"现象学的根
基，就是对胡塞尔-海德格尔一路的时间意识的兜底置换。质而言之，既
非前摄也非将"来"，既非滞留也非曾在，列维纳斯的过去和"未"来都是
脱离这种总体性之"绝对"的。而此关键竟是，**当下就是异质性的**。"自
发地发生""原创作"意义上的"原印象"，"原初（前主题）综合"意义上的
"自身触发"，都是列维纳斯所要引爆的核心节点。由此，奠基在自身触
发意义上的前谓词经验也被兜底置换了。

　　简单地说，通过以间断性和总是重新开始性，进而将"自身延异"意
义上的"历时性"（dia-chronie）当做时间性的基本界定后，真正的"他"
"人"就（或才）一同呈现了。有了他人，才有责任或回应意义上的主体。

这里一个关键性的环节或难题就是复数意义上的他人(l'autre)向绝对他者(l'Autrui)的转变。简言之，后者实际上是以神显(épiphanie)的方式出现(或隐藏)在他人的"面容"(visage)上的，这就是"他者的踪迹"(la trace de l'autre)。所以，他者不是界限，不是视域，也不是本原，而是它们的条件。他者的绝对正在于他比所有的他人更他性。对这种谜(énigma)的言说(dire)构成了列维纳斯箴言体似的巨著《异于存在或在本质之外》的主题。

于是，正是立足于这种不着"边际"的他者，才有了真正意义上的主体、责任和正义。这里的核心在于，不是他人成为我，而是我成为他人。我们发现，这种作为第一哲学的伦理之思所引发的并不是现代性范围内的承认政治，而是对西方理性自身合法性的全方位的质疑。在此后现代的"伦理"世界中，"耶路撒冷和雅典之争"作为西方人所共同面临的困窘(Aporia)，也成了我们自己新哲学的起点。

当我们切身体会到列维纳斯的这种被称为"哲学的哲学"的意味时，当我们甚或由此责备其中的乌托邦性质——因为在总体化的境域中，乌托邦永远只有虚幻的、供科学批判的意义——时，我们或许恰恰忽略了其"历史"意义。可以说，列维纳斯的哲学所昭示的正是后现代意义上的"启蒙"：我是谁？我有何权利成为自由的？在作为现代主体性哲学的完成者的胡塞尔那里，时间性也就是绝对主体性。在这种时间性的境域中，当过去和未来成为视域的时候，当下就只能是主体性的构造或者主体性本身了。而当时间最终以平面的方式被总体化的时候，它就只有乌托邦和怀旧两个附属性质了。事实上，现代性的过程就是总体化的历练。当资本的逻辑布展到全世界的时候，从表面上看时间被空间化了，可从更深的层面看恰恰是空间被这种总体完全地时间化了：**绽出性的时间恰恰成为将一切收归己有的总体化。**当主体性依据"观念"的资本本性布展为"同一-世界"的时候，在以绝望的挣扎组建的"非常性"凸显的景观中，性、肉身、情感以及所有非理性的东西实际上都被编码了。甚至

"他者"本身就是一种编码。一句话,在资本全球化的时代,再也没有以"外"了,于是,"他者"就成了"问题"。可是,他者的问题就是主体的问题。从多少个角度谈论主体,就有多少个他者的视域得以呈现。但是,在法国哲学的语境中,只有"出离"主体才是主体得以存在的根由,这是一个主体之"后"与"后主体"的时代。或许,只有从这里出发,我们才能真正理解列维纳斯所真切反对的那种暴力。也正是(或只有)由此,我们才能真正开始谈论"自我",谈论"主体"。实际上,我们可以说,后现代本身就是伦理性的,法国的异质性他者哲学在最焦虑、最敏感而又最极端的意义上就是"主体""哲学"。

第一章　胡塞尔的直观原则：反思本性与时间-意识

　　"直观"概念在胡塞尔的现象学中具有中心意义,甚至可以说,唯一能使所有现象学家联合起来的信念就是"直观"概念。[①] 胡塞尔在《观念Ⅰ》中称"直观"原则是"一切原则之原则"。[②] "直观"的"明见性"所实现的,一方面是自笛卡尔以来整个西方知识论的理想,即对本质和真理的"相应感知";另一方面是"赢得了一个新的研究领域,即关于'起源'的领域"[③],使 20 世纪的哲学得以在一个源始的维度上全面展开。因此,对"直观"概念进行梳理,就不仅仅是胡塞尔研究的一个课题,也可以说是对整个现象学哲学进行的一次溯本清源式的工作。在本书的论域中,它绝不仅是构筑了一个进行现象学操作的平台,实际上,就在这个本身似乎就最具明见性的方法论或操作性概念中,隐藏着现象学奠基者潜在的思维模式和哲学理念。随着对直观的路径和脉络的溯源式的梳理,我们不仅会发现反思的悖结,还会揭示出作为根基的先验自我以及(更重要的)先验主体性与时间-意识的那种表面为套接、实际是一体的关系。这

---

① 参见赫伯特·施皮格伯格《现象学运动》,王炳文等译,商务印书馆 1995 年版,第 40—41 页。
② 参见胡塞尔《纯粹现象学通论》,李幼蒸译,商务印书馆 1995 年版,第 84 页。
③ 奥依根·芬克:《对胡塞尔现象学还原的反思》,载《中国现象学与哲学评论》(第二辑),上海译文出版社 1998 年版,第 131 页。

种起源于德国观念论哲学传统的、作为生命的意识主体性,随着胡塞尔从本质现象学到发生现象学的奋进,甚至一直布展到清醒意识的最初和临界状态:再纯粹的被动也仍然是综合的,最微弱的触发也依然是自身的。换句话说,被动综合和自身触发都是在胡塞尔的作为绝对主体性本身的时间-意识中进行的。当然,我们首先必须努力进入具有明见性的现象学直观的领域。

第一节　本质直观:充实与构造

鉴于直观问题涉及太多的方面,在工作的开始阶段,本节只力图把直观概念从自然态度中剥离出来,并清理出一个以后讨论的平台。对其中的关键问题,我们将以《逻辑研究》中“第六研究”的“感性直观与范畴直观”一章为核心展开论述,以初步清理出胡塞尔“直观”理论所实现的两个方面的理想的内在理路与切实含义。

一、直观的“感性”含义

在起点处,首先要清楚,现象学的描述“不是对直接经验的回归,(因为)我们回归不到直接经验”[1]。胡塞尔用最简单的例子来说明:“例如这个盒子,我看到的不是我的感觉”[2]。因为我(暂时可以把“我”作为“索引词”来使用)“感觉”到的只是这个盒子向我显现的那几个面(甚至还不能说是这个“盒子的”)。当然,我可以把盒子在我面前上下左右地绕几圈,从里到外地翻看,最后终于可以“证明”这就是一个盒子。但这里至少就有三个问题:一是在每一个当下(Gegenwart)甚至瞬间(Augenblick),总不是所有的面全部出现;二是不同方面的依次出现,又会有连续性问题(涉及观察者和被观察者两个系列);三是,实际上,这样绕转只是“证明”

---

[1] 梅洛-庞蒂:《知觉的首要地位及其哲学结论》,王东亮译,三联书店2002年版,第43页。
[2] 胡塞尔:《逻辑研究》(第二卷第一部分),倪梁康译,上海译文出版社1998年版,第422页。

了我们一开始就"看见"的结果。

让我们回到"实事本身"。"事实"是,很简单,我第一眼就"看到了"一个盒子。"外部"事物在感性感知中一举而显现给我们,只要我们的目光落在它上面。于是,整个现象学对意识活动描述的结论(或起点)就是,意识活动的功能就是"立义",即将感觉材料立义为对象。具体些说就是,"杂乱的感觉材料通过意义的给予而被统一,从而一个统一的对象得以成立并对我显现出来"①。不仅"看到"是这样,"听到"也是这样,所有"具有意识行为的'感觉'(Empfindung, sensation)"即"感知"(Wahrnehmung,perception)②都是如此。用胡塞尔的话说就是,感知表象本身"之所以得以形成,是因为被体验的感觉复合是由某个行为特征、某个立义、意指所激活的;正因为感觉复合被激活,被感知的**对象**才显现出来"③。而且,不仅外感知,内感知(内、外感知之分及其问题详见下文)也是如此,"我听手摇风琴——我把被感觉到的声音解释为手摇风琴声。与此完全相同,我统摄地感知我的心理现象"④。正是在这个意义上,胡塞尔反对经验论者,认为感知事物无论如何都不是"感觉的复合"⑤。**感知不等于感觉**,这或许使自觉或不自觉地基于经验论立场的自然态度难以理解,却是**现象学的起点**。甚至可以说,感知作为狭义的或本真的"直观",本来就不是感觉性的,"直观不可能是感性(sensibility)的特权"⑥。

作为直接把握事物的原本性直观,确切含义是"意义的充实",即一种"需要得到充实的意向"⑦。这里的一个根本问题是,在胡塞尔那里,意

---

① 倪梁康:《胡塞尔现象学概念通释》,三联书店 1999 年版,第 60 页。
② 只有"感觉",还是没有"对象",也没有对象意义上的"现象"。
③ 胡塞尔:《逻辑研究》(第二卷第一部分)倪梁康译,上海译文出版社 1998 年版,第 78 页。还可参见《逻辑研究》(第二卷第二部分)(倪梁康译,上海译文出版社 1999 年版,第 24 页)对"感知的描述本质"的说明。
④ 胡塞尔:《逻辑研究》(第二卷第二部分),倪梁康译,上海译文出版社 1999 年版,第 237 页。
⑤ 胡塞尔:《逻辑研究》(第二卷第二部分),倪梁康译,上海译文出版社 1999 年版,第 239 页。
⑥ Emmanuel Levinas, *The Theory of Intuition in Husserl's Phenomenology*, trans. Andre Orianne, Evanston: Northwestern University Press, 1973, p. 83.
⑦ 胡塞尔:《逻辑研究》(第二卷第二部分),倪梁康译,上海译文出版社 1999 年版,第 37 页。

识所朝向的不是事物,而是真正的"对象"(Gegen-Stand,即立在意识的对面),而"对象"的真实含义就是"意义"(Sinn)。实际上,探究"意义的起源"①才是胡塞尔真正在做的事情。因而,可以说,在胡塞尔这里,所谓"感性"直观本身就是本质性(观念性)的,"看到"的直接就是一张"桌子"、一个"盒子"。这不是康德意义上的感性素材"加上"知性范畴,而是感性感知本身就是意义的赋予过程。胡塞尔在《逻辑研究》A 版中甚至说:感知就是"阐释"。当然,B 版改为感知是"统觉"②,但是其目的只有一个,就是说明:对象是被构造的。③ 所以,从感性直观向范畴(本质)直观的递进在胡塞尔这里是必然的,也可以说这本来就不需要"递进",而是题中之意的全面展示,或只是逐步使其本真之义得以呈现。这不是一个逻辑进程,而是叙述学意义上的写作过程。行文中,胡塞尔一再说"我们已经多次地接触到这个漏洞"④,"在至此为止的阐述中,我们已经一再感受到有一个相当大的缺漏存在"⑤。这个漏洞就是,虽然胡塞尔把直观说成是感性的,但直观常常超出这个界限。事实上,早在"第一研究"中,胡塞尔就明确意识到"人们在这里常常忽略了给这些直观以范畴形式的行为"⑥。但是,直到"第六研究"的第六章,在做足了铺垫之后,胡塞尔才开始"来尝试着弥补这个缺漏"⑦。而弥补的内容,就是落实"表述性的含义意向与被表述的感性直观之间的关系",并将此等任务称作认识的

---

① 胡塞尔:《纯粹现象学通论》,李幼蒸译,商务印书馆 1995 年版,第 479 页。

② 胡塞尔:《逻辑研究》(第二卷第二部分),倪梁康译,上海译文出版社 1999 年版,第 237 页。

③ 需要说明的是,在胡塞尔这里:(1) 对象的构造当然不是实在的创造。(2) 构造有对象和主体两个方向,"构造的第一个模式或范式仅仅是对象的构造"(Robert Sokolowski, *The Formation of Husserl's Comcept of Constitution*, The Hague: Martinus Nijhoff, 1970, p. 203),而这种构造分析早在《算术哲学》时期就开始了。(3) 后期的发生构造只是早期工作的"一个逻辑发展"(同上书,第 193 页),其结果是将"意向构造与时间性理论结合在了一起"(同上书,第 4 页)。

④ 胡塞尔:《逻辑研究》(第二卷第二部分),倪梁康译,上海译文出版社 1999 年版,第 119 页。

⑤ 同上书(第二卷第二部分),第 129 页。

⑥ 同上书(第二卷第一部分),倪梁康译,上海译文出版社 1998 年版,第 57 页。

⑦ 同上书(第二卷第二部分),倪梁康译,上海译文出版社 1999 年版,第 129 页。

"启蒙"。①

二、直观的所谓"扩展"

从单侧、平面到共现而成的立体,外感知本身已经是感觉的"扩展",同时,空间得以呈现。而从原印象到滞留-原印象-前摄,可以说,意识本身就是时间性的,或者说,意识本身使时间得以呈现。在这个维度上谈感知的扩展,最极端的例子是胡塞尔在《内时间意识现象学》第 13 节中所说的:甚至可以有对 A 的感知,而 A 却从未发生过。②

在哲学史上,经验论者洛克的反思实际上就是内感知,在此区域可以产生"感性"概念,即从属于内感官领域的概念,但是到此还"永远不会产生出"逻辑范畴。③ 这是《逻辑研究》一书批判心理主义的宗旨。用例子说,就是"判断"这个思想在对一个现时判断的内直观中可以得到充实,但"是"没有在其中得到充实,因为它不是判断的实在组成部分,正如它不是某个外部对象的实在组成部分一样(即康德意义上的"存在不是谓词")。但是,关键的一步是,借助于"含义因素","是"又成为与"金""黄的"同样的"含义因素"(只是在判断中的位置和功能不同而已)而得到充实,就是说,"金-是-黄的"在金子确实是黄的情况下得到了充实。需要注意的是,如同对康德先验时空和先验范畴等的超验理解一样,"充实"不是被填充,而只是"对被意指的实事状态的觉知"④。当海德格尔说胡塞尔借助于范畴直观分析,把存在从判断上解放出来,成为可以直接感知的对象,从而为他奠定了对存在理解的现象学基础时,他是真正理

① 胡塞尔:《逻辑研究》(第二卷第二部分),倪梁康译,上海译文出版社 1999 年版,第 119 页。

② 参见胡塞尔《内在时间意识现象学》,杨富斌译,华夏出版社 2000 年版,第 360 页;胡塞尔《生活世界现象学》,克劳斯·黑尔德编,倪梁康、张廷国译,上海译文出版社 2002 年版,第 93 页。

③ 参见胡塞尔《逻辑研究》(第二卷第一部分),倪梁康译,上海译文出版社 1998 年版,第 140—141 页。

④ 同上书(第二卷第二部分),倪梁康译,上海译文出版社 1999 年版,第 140 页。

解他老师的"感知"本义的。实际上,胡塞尔本人对此有明确的澄清:"感知与对象是彼此密切相关的概念,它们相互指明各自的含义。"①感知与对象本就是一对概念,这正是"意向性"核心理念之一。而在与此理念一致的表述(这或许是一种表述的现象学)的层面上,我们才"不得不"使用"对象"来标识一个非感性的或含有非感性形式的主体表象之相关项,"不得不"用"感知"来指称对象的现时"被给予存在"或作为"'被给予'的显现","是"等所有范畴即在此列。这当然不是词汇的缺乏,而是意向性理念的一以贯之。由此可以理解感知的扩展,直至本质直观本身。所以当胡塞尔说"存在"等范畴形式的起源不是在反思中而是真实地处在"这些行为的对象之中"时,这不是神秘意义上的直觉,当然也不是唯物主义,而只不过是说,所有的范畴形式都不是在处于意识中的反思过程中,而是在客观的意向相关项(至少是以想象的方式)中才有其抽象的基础。在此,一方面,胡塞尔仍然反对心理主义;另一方面,这种含义充实意义上的直观,说的恰恰是认识的发生过程。②

于是,一方面,感知陈述的含义与感知不仅是不同的,而且这个含义的任何一个部分都不包含在感知本身之中,必须把它们完全区分开。这适用于所有的直观判断③,甚至包括作为个体含义表述的专有名词,因为"与其他所有名称一样,它们不进行指称着的认识就根本无法对任何东西进行指称"④。专有名词也是由于**认识着**才指称着具有无限杂多性的直观的同一个对象。而"这个",虽然"是一个本质上机遇性的表述"⑤,但也同样"带入了某种间接性和复杂性,亦即带入了某种形式"⑥。黑格尔

---

① 参见胡塞尔《逻辑研究》(第二卷第二部分),倪梁康译,上海译文出版社 1998 年版,第138 页。
② 这是胡塞尔与海德格尔的存在论取向迥异的知识论宗旨所必然导致的。
③ 参见胡塞尔《逻辑研究》(第二卷第二部分),倪梁康译,上海译文出版社 1999 年版,第 20—21 页。
④ 同上书(第二卷第二部分),第 29 页。
⑤ 同上书(第二卷第二部分),第 17 页。
⑥ 同上书(第二卷第二部分),第 20 页。

的"这一个"在胡塞尔这里对应的是"一个",意味着"一个源始的逻辑构成形式"①。可以说,所有那些最基本的、建立指称联系的表述的意指行为同时也就是"分类行为"②,而不是一般意义上的感知。

另一方面,直观行为的意向本质又适合于表述行为的含义本质③,因为"对象的认识和含义意向的充实,这两种说法所表述的是同一个事态,区别仅仅在于立足点的不同而已"④。胡塞尔认为,"这是一个最源始的现象学事实"⑤,因为"直观对象与在其中得到充实的思想对象是同一个,而在完全相应的情况下甚至可以说,对象完全是作为同一个对象而被思考(或者同样可以说,被意指)**并且被直观**"⑥。在这个意义上,充实也就是认识,"认识只是充实的另一个语词"⑦,也就是所谓直观的"本质"性。

实际上,在感知行为中就已经包含有本质("白""纸")直观和形式含义("这个""是""白"),它已经是"素朴的统一"或"直接的融合"了。这种融合恰恰"不是通过特有的综合而形成的",而是直接当下的自身显现,说到底又是"我们使它们成为自为的对象"。⑧

因而,直观从感性向本质的过渡就是可以理解的。实际上,在胡塞尔这里甚至根本就不存在所谓需要过渡的问题。相反,由于外感知的映射关系和内感知(时间意识)的现在瞬间性,真正能够表达"体现"的源始本真意义的恰恰是表现为一种"自足的意向结构"的先验意识的构造性

---

① 参见胡塞尔《逻辑研究》(第二卷第二部分),倪梁康译,上海译文出版社 1999 年版,第 1 页。
② 同上书(第二卷第二部分),第 24 页。
③ 参见胡塞尔《逻辑研究》(第二卷第二部分),倪梁康译,上海译文出版社 1999 年版,第 31 页。
④ 同上书(第二卷第二部分),第 32 页。
⑤ 同上。
⑥ 同上书(第二卷第二部分),第 33 页。黑体为引者所加。于是,我们看到,这种哲学史意义上的思维与存在的同一性,在现象学的经验中只是最基本的一种体验。
⑦ 同上书(第二卷第二部分),第 3—34 页。
⑧ 参见同上书(第二卷第二部分),第 149 页。融合不等于综合,这一点不仅在此等对象性的感知中甚为重要,在前对象性的感知中更关重要,这在近期逐渐展开的对胡塞尔后期手稿的研究中日渐显露。实际上倒是可以以胡塞尔后期明确的东西追溯并加深理解他的早期或公开发表的著作。

行为本身,即本质直观。在此,所谓"被奠基"的(范畴或本质直观)也是"自身被给予的";作为奠基的是直观行为,而不是感觉。

这是胡塞尔现象学最为根本的一点。在《观念Ⅰ》中反驳"性急的读者"指责他是"柏拉图化的实在论者"时①,胡塞尔甚至将"对象"定义为"真的(绝对的、肯定的)陈述的主语",认为"许多不同的观念事物都是'对象'。看不到观念是一种精神障蔽",而造成这种偏见的基础就是"认识论成见","凡在日常语言与其矛盾之处,必定有一个'语法的抽象具体化'的问题",并进而产生"形而上学的抽象具体化"及其批判问题。② 事实上,这也是一种一直持续到今天的经验主义一路的看法。胡塞尔认为,正是经验主义者(而不是柏拉图主义者),例如洛克,没有区分直观表象与含义表象,更没有进而把后者区分为含义意向和含义充实③,从而"将语词含义与显现本身混为一谈"④。实际上,"被意指的存在并不意味着心理实在的存在"⑤,所以,人们当然无法在感性直观上表象一个既不是直角也不是锐角和钝角的一般三角形⑥,同样,"我们也无法看到'绿'这个概念,既无法看到在含义意义上的概念,也无法看到在属性、在绿这个种类意义上的概念"⑦。但是,胡塞尔又认为,"我们难道不可以说,我们看到绿色的树,同样也看到在这树上的绿色?"⑧因为,在胡塞尔这里,"承认观念之物是所有客观认识的可能性条件"⑨。事实上,胡塞尔明确

---

① 利科明确提出要区分柏拉图的观念经验化与胡塞尔的形式存在论。而对柏拉图的理念作经验化的理解历来都是将柏拉图庸俗化的根源。
② 参见胡塞尔《纯粹现象学通论》,李幼蒸译,商务印书馆 1995 年版,第 81—82 页。
③ 参见胡塞尔《逻辑研究》(第二卷第一部分),倪梁康译,上海译文出版社 1998 年版,第135 页。
④ 同上书(第二卷第一部分),第 138 页。
⑤ 同上书(第二卷第一部分),第 139 页。
⑥ 同样,康德在范畴的先验演绎中所论及的图式说,如果被当作所谓从感性到知性的神妙机制,也是栽在经验主义的毅中。
⑦ 胡塞尔:《逻辑研究》(第二卷第一部分),倪梁康译,上海译文出版社 1998 年版,第 141 页。
⑧ 同上。
⑨ 同上书(第二卷第一部分),第 12 页。

提出要承认"一般之物"的严格同一性以及具备"种类化的立义"的"唯心主义才是一门自身一致的认识论的惟一可能性"①,并由此展开了对经验主义心理学和认识论的批评。这是"第二研究"的主题,也是因此引来了"柏拉图主义"的指责。

不过,早在"第一研究"中,胡塞尔就将含义等同于表述的对象性。②就是说,任何一个陈述都具有其意指,并且含义就在意指中构造起自身,而在相合性统一的经验中,含义与借助于含义意向获得被指称的对象二者就是一回事。③当然,所有表述的、意义的、判断的明见性都必须以相应的直观为前提("第一研究"第21节),但是,直观毕竟就是"空意义的充实",所以从直觉转入判断领域,实在是"逻辑"研究的要求。

但是,对于此问题本身的逻辑进展而言,我认为,更关键的一环是"第三研究:关于整体与部分的学说"。胡塞尔在《逻辑研究》第二版前言中曾感慨:"这个研究被了解得太少。对我来说,它曾提供过极大的帮助,并且,它是充分理解以后各项研究的一个根本前提。"④这个研究的核心观点在于:

> 如果一个总体内容被直观到,那么它的所有个别特征也会随此内容以及在此内容中一同被直观到,并且,其中的许多个别特征会自为地显示出来,它们"突出自身"并因此而成为自己直观的客体。⑤

这句话实在是理解本质直观的关键。在《逻辑研究》"第六研究"论述从感性直观到范畴直观的扩展的关键的第45—48节中,其主线之一就是贯彻这一核心。首先,"在素朴的感知中,整个对象叫做'明确地'被给予,它的每一个部分[在最宽泛的意义上的部分(即不仅是广延意义上的

---

① 胡塞尔:《逻辑研究》(第二卷第一部分),倪梁康译,上海译文出版社1998年版,第12页。
② 参见同上书(第二卷第一部分),第5页。
③ 参见胡塞尔《逻辑研究》(第二卷第一部分),倪梁康译,上海译文出版社1998年版,第46、41、52页。
④ 同上书(第二卷第一部分),第10页。
⑤ 同上(第二卷第一部分),第141页。

构件,更是所有认识角度意义上的要素——引者)]都叫做'隐含地'被给予"①。其次,"可以肯定,将一个因素并且将一个部分把握为这个被给予的整体的部分,从而将一个感性因素把握为因素,一个感性形式把握为形式……这样,人们便离开'感性'的领域而踏入'知性'的领域"②。其中的关键之处是,"在这个扩延的行为中,客观上绝然没有任何新的东西被意指,被意指的始终还是这**同一个**对象"③。这可以从两方面来理解。一方面,在素朴感知内部,这种同一性不仅体现在从个别感知到连续感知的延扩上(其相续的感知行为因意向相合而统一④),也体现在通过"分环节的行为""突出"那些隐含的"部分",从而使部分与整体的关系成为所谓"新客体"的、使一个感性对象明确化的立义方式中。⑤ 在这种情况下,此同一性也表现为"总体感知"与"部分(特别)感知""毋宁说是共同联结成为一个惟一的行为"。⑥ 当将外部关系组合成更宽泛的具有统一性的对象⑦,整体与部分的关系实际已然具有范畴的本性(某种普遍性)。另一方面,虽然"纯粹自为的客体化行为"和"具有构造某些联系的联系点之功能的客体化行为"(即感性直观和范畴直观)因意向质料的不同(也即立义意义的不同)而在现象学上不属同类,但是它们的"对象并不带着新的实在规定性显现出来,它作为同一个而矗立于此",只不过"是以新的方式"。⑧

如果说总体和局部的同一性联系和简单的外部联系还只是最简单的实事状态,只是对感性-统一的素朴感知,那么,在能"自身地和本真地构造出多的意识"的也即可以为连词"和"与"或"的含义提供充实直观的

---

① 胡塞尔:《逻辑研究》(第二卷第二部分),倪梁康译,上海译文出版社 1999 年版,第 152 页。
② 同上书(第二卷第二部分),第 152—153 页。
③ 胡塞尔:《逻辑研究》(第二卷第二部分),倪梁康译,上海译文出版社 1999 年版,第 150 页。
④ 参见同上。
⑤ 参见同上书(第二卷第二部分),第 153 页。
⑥ 参见同上书(第二卷第二部分),第 154 页。
⑦ 参见同上书(第二卷第二部分),第 155—156 页。
⑧ 参见同上书(第二卷第二部分),第 157—158 页。

联言感知中，则"有一个统一的意向联系被给予，并且相符地有一个对象被给予"。这是"第六研究"第 51 节的主题。在这一节的最后一个注释里，胡塞尔提到对"多"的素朴感知的所谓困难，借此引出了他本人所谓"直观的-的特征（Einheits charaktere）"："我们将这些被奠基的行为看做是直观，并且是对一种新型对象的直观，它们能够使这些对象显现出来。"①简单地说，就是必须"将范畴行为立义为直观"②。胡塞尔说，这种"扩展"绝非随意地、异质性地进行的，而"是一种真正的、建立在本质标记之共同体基础上的更普遍化……它们具有直观的所有本质特征……具有本质相同的充实成效"③。实际上，正如我们在前文所述，这种所谓"扩展"只是一种叙述逻辑的结果，甚至都很难说是胡塞尔自己思路的发生过程。因为，很清楚，"只有直观的行为才使对象'显现'出来，使它被直观到……这是一个建基于充实状况的普遍本质之中的境况"④，所以"范畴直观就是代现"⑤，就是立义，就是客体化行为。

三、直观的"存在论"意义

对本质直观的理解的困难多是源自基于"自然态度"的所谓"认识论成见"。而作为对"认识"加以澄清反思的现象学，作为要完成近代哲学最隐秘的理想的现象学，胡塞尔的本质直观学说不仅针对着具有很多心理主义因素的经验主义，更多地还是要完成作为经验论和唯理论之集大成者的康德的夙愿。"思维无直观则空，直观无思维则盲"，二者的结合是康德先验哲学的主题，也是难题。正是针对康德，胡塞尔才称：

> 只有将范畴行为立义为直观，在思维与直观之间的关系——至

① 胡塞尔：《逻辑研究》（第二卷第二部分），倪梁康译，上海译文出版社 1999 年版，第 168 页。
② 胡塞尔：《逻辑研究》（第二卷第二部分），倪梁康译，上海译文出版社 1999 年版，第 169 页。
③ 同上书（第二卷第二部分），第 160 页。
④ 同上书（第二卷第二部分），第 174 页。
⑤ 同上。

今为止,任何一个认识批判都没有能对这个关系作出可以使人忍受的澄清——才能得到透视,从而认识的本质和成效才能得到理解。①

对此,德布尔的评论是:

> 本质直观学说使他能够在维护先天判断的同时又保持对直观原则的忠实。②

> 对胡塞尔来说,先天综合判断只是一个在历史上和系统上都先于先验构成理论的世俗问题……康德仍然处于前先验性的立场。他没有看透"自然态度"。③

我们知道,关于"一般之物",胡塞尔的观点是:一方面,概念不是基于感性的抽象,不是心理构成物;另一方面,"我们可以将那种柏拉图化的实在论看做是早已完结了的东西置而不论"④。因为二者都是把本质实在化了:前者(如洛克)是将其实在化在意识之中,而后者是将其实在化在意识之外。胡塞尔认为本质是一种观念形态(an ideality),而不是一种实在形态(a reality)。芬克也一再提醒人们注意,在胡塞尔的著作中从来没有柏拉图的实在论,甚至在《逻辑研究》中也没有。⑤ 看样子,只有从经验主义甚至康德哲学中走出来,并借助于所谓"先验的还原"才能去真正理解"本质直观"。

实际上,理解本质直观的关键是要领会体现在胡塞尔所公开发表的成熟著作中的那种更为根本的"构成"原则,"构成问题存在于另一哲学平面上,在此意义上它比'诸原则的原则'或直观原则更根本"⑥。当然,这并不容易,正如利科所言:"毫无疑问,将直观整合到构成之中是现象学

---

① 胡塞尔:《逻辑研究》(第二卷第二部分),倪梁康译,上海译文出版社 1999 年版,第 169 页。
② 德布尔:《胡塞尔思想的发展》,李河译,三联书店 1995 年版,第 238 页。
③ 德布尔:《胡塞尔思想的发展》,李河译,三联书店 1995 年版,第 240 页。
④ 胡塞尔:《逻辑研究》(第二卷第一部分),倪梁康译,上海译文出版社 1998 年版,第 129 页。
⑤ 参见胡塞尔《纯粹现象学通论》,李幼蒸译,商务印书馆 1995 年版,第 481 页。
⑥ 同上书,第 503 页。

哲学中最费解的问题"①。或许,利科的话最为到位:"实际上我相信,如果能理解世界构成不是一种形式的合法性,而是先验主体的看的给予,人们就能理解胡塞尔了。"②确实,贯穿胡塞尔一生思想的、具有支配地位的直观本身就是"原初""给予的"。实际上,早在所谓"转向"时期的代表作——实际上更"包含着对《逻辑研究》之方法论起点的更加广泛的反省……对该书所断定的内容进行辩护……(并)在一定程度上阐明了我们在阅读《逻辑研究》时所必须依据的那个结构"③的——《现象学的观念》(习称《小观念》)中,胡塞尔就已经明确指出:"我们认为被给予性就是:对象在认识中构造自身。"④《小观念》的编者比梅尔甚至认为构成这部著作的五个讲稿的"根本意图正是在于构造的思想,即:'对象'的任何一种基本形式都具有现象学所必须研究的特别构造"⑤。利科也认为此书在"第五讲"就"能够达到构成的主题,这个主题对于他(胡塞尔)来说永远标志着对怀疑论的胜利本身"⑥。

说到这里,就涉及对胡塞尔现象学的整体或胡塞尔自身思想发展的理解问题。在这个问题上,众说纷纭。⑦ 在此,我们采用利科在《观念Ⅰ》法译本"导言"中所持的立场,即"我们将依赖它来试图阐明……悬而未决的问题"⑧,这个"它"就是芬克在1933年发表于《康德研究》上的《当代批判中的胡塞尔现象学哲学》一文。由于被胡塞尔本人以最明确的方式在"前言"中加以认可,此文历来被赋予与胡塞尔本人的自我解释以同等

---

① 德布尔:《胡塞尔思想的发展》,李河译,三联书店1995年版,第606页。
② 胡塞尔:《纯粹现象学通论》,李幼蒸译,商务印书馆1995年版,第475页。
③ 德布尔:《胡塞尔思想的发展》,李河译,三联书店1995年版,第300页。
④ 胡塞尔:《现象学的观念》,倪梁康译,上海译文出版社1986年版,第63页。
⑤ 同上书,第5页。
⑥ 胡塞尔:《纯粹现象学通论》,李幼蒸译,商务印书馆1995年版,第488页。
⑦ 可参见德布尔在《胡塞尔思想的发展》(李河译,三联书店1995年版)一书中从第二篇第五章的第三节开始所提供并展开的,关于胡塞尔思想发展及其解释的基本线索的叙述。
⑧ 胡塞尔:《纯粹现象学通论》,李幼蒸译,商务印书馆1995年版,第470页。

的地位。① 在这篇著名的文章中,针对新康德主义者等批评所认为的从《逻辑研究》的客观主义和本体论主义(ontologism)到《观念》的唯心主义先验哲学有一个断裂的指责,芬克指出问题的关键在于:

> 对《逻辑研究》的一种真正洞察性的和彻底的理解,必须要以现象学的先验哲学的核心洞见为前提……只有依据《观念》才能抓住《逻辑研究》的哲学目标中最主要的意图和指向。②

我们知道,相比于《逻辑研究》,《观念Ⅰ》的进展在于一种彻底的现象学还原,悬搁掉的是包括"我们的"意识在内的全部实在。这里尤其是对作为统觉的自我的排除,即不仅是悬搁,更是——或者说悬搁就是——去看透它,意识到它仅仅是一个幻象③,由此还原到"有其自身的存在,出于其绝对的、独特的本质,能够保持自身不受到现象学悬搁的影响"的先验意识;再"将一切自身呈现之物都视为所予物",尔后,一切被现象学还原所洗去的东西,便又以真正明显的方式被给予了。这样,在《逻辑研究》中作为"一种绝望的解决办法,表现着某种听之任之的态度"的"悬搁",在《观念》中又使万物"以一种经过净化的方式再次回到现象学的领域中来"。④ 于是,在 Noesis-Noema 的结构中,出现了一种全

---

① 当然,正如德布尔所言,依据作者本人也可能会导致非历史的解释。但是,对于有更多的历史主义兴趣的学者,我们也可以套用德布尔的话:"从胡塞尔的观点看来,它只是事实上(de facto)出现,而并非合法地(de jure)出现,(因为)它缺乏一种哲学上的证明"(德布尔:《胡塞尔思想的发展》,李河译,三联书店 1995 年版,第 261 页),"我们必须致力于根据其哲学的基本图式来理解胡塞尔"(同上书,第 378 页),从而至少在我们研究的开始阶段努力作系统论的哲学解释,即以胡塞尔本人对自己思想的反思所得的结论作为理解其作品的理路,更多的是从后期反观前期,将其著作按年代看作一个发生、发展的前后相续的历程。

② Eugene Fink, "The Phenomenological Philosophy of Edmund Husserl and Contemporary Criticism," in R. O. Elveton ed., *The Phenomenology of Huserl*: *Selected Critical Readings*, Chicago: Quadrangle Books, 1970, p. 82. 在本质直观这一问题上,芬克也明确指出:"经常遭到误解的'本质直观'决不可被界定为某种神秘的活动,某种接受性的直观,或仿佛是对无意义的东西的一种纯粹的'看'。相反,'本质'是思想活动的相关项……(只是在与感性感知作类比的意义上才有其充实之说)。"(同上书,第 84 页)

③ 参见德布尔《胡塞尔思想的发展》,李河译,三联书店 1995 年版,第 459—469 页。

④ 参见同上书,第 317 页。

新的存在论,"对于胡塞尔,先验意识始终是**存在**的惟一基础"①。在这个转变中,"存在在意识中的消融"才是先验还原的核心要义。也就是说,在胡塞尔那里,真正的哲学命题不是"构造与意向性的结合",而是存在论意义上的设定(Setzung)问题,当然,其表现都正是先验还原的"不设定"的彻底性。从这个立场上看,在现象学-心理学家那里仍然有"在暗中保持它的有效性的世界信仰",在纯粹意识领域中始终也只是"作为实在世界的一个抽象方法析出的层次"。一句话,就是前者还在经验领域中。先验还原就是要把世界信仰悬搁掉,还原到真正纯粹(即先验)的意识;而这种彻底的不设定在进行的同时(或者其目的)恰恰就是要全面设定,在一个本质的(即真实的)世界中重现诸有的存在。有此基础,本质直观的本真结构才焕然全出。

康德哲学、新康德主义(甚至包括海德格尔的早期,当他还更多地滞绊于此在时,即使讲的已是意蕴世界的发现)都是立足于事实性和有限性,胡塞尔的先验哲学则"把世界的起源当做决定性的问题"②。被胡塞尔当做其哲学代言人的芬克在几十年后的感触或许可以揭示其师一生的宗旨:

> 他的具有决定性的哲学思想是"现象学还原"的自由行动……进而赢得了一个新的研究领域,即关于起源的领域。这起码是胡塞尔孜孜以求的目标。③

对于胡塞尔,"回到事物本身"就是要"在事物'自身'中,即在它们的本质中把握它们"④。于是,"胡塞尔意义上的现象学还原的革命性力量

---

① 参见德布尔《胡塞尔思想的发展》,李河译,三联书店1995年版,第594页。

② Eugene Fink, "The Phenomenological Philosophy of Edmund Husserl and Contemporary Criticism,"in R. O. Elveton ed. , *The Phenomenology of Husserl: Selected Critical Readings*,Chicago:Quadrangle Books,1970, p. 96.

③ 奥依根·芬克:《对胡塞尔现象学还原的反思》,载《中国现象学与哲学评论》(第二辑),上海译文出版社1998年版,第131页。

④ 同上书,第137页。

就在于,在还原的实施过程中,一切众所周知的存在与认识的关系被'倒转过来了'。认识活动表现为一种创造性的力量,是它让实存存在的"[1]。这确实是一场"思想方式的革命"[2]。可以说,正是这种在"起源"处的所谓"直观",直接为海德格尔"存在论"的基本方法"形式指引"奠定了根基。

第二节 明见性:相应感知与自我

前面说过,胡塞尔的作为"一切原则的原则"的直观,其"明见性"所实现的,一方面是自笛卡尔以来整个西方知识论的理想,即对本质和真理的"相应感知";另一方面,是"赢得了一个新的研究领域,即关于'起源'的领域"。在其切实的含义和内在的理路上,"相应感知"的理想或根源就是"自我"[3],而自我就是在"起源"处的源始发生。这是自《逻辑研究》就开始的历程。我们从《逻辑研究》的"第五研究"中的有关内容开始。

一、明见性与相应感知

《逻辑研究》"第五研究"伊始,在提出了三种意识概念(统一体验流、内感知和意向体验[4])之后,胡塞尔明确区分了真正在体验中的所谓"实项的组成"部分与"非本真的(即'意向的')""在它之中"的东西。[5] 源此,胡塞尔用明见的(或相应的、相即的)感知与非明见的(非相应的、非相即

---

[1] 奥依根·芬克:《对胡塞尔现象学还原的反思》,载《中国现象学与哲学评论》(第二辑),上海译文出版社1998年版,第144页。

[2] 同上书,第145页。

[3] 这只是本节一个笼统的提法,其意义类似于我思、绝对意识、自身意识、先验的经验、先验自我、纯粹主体性等等,当然关于它们之间的辨析完全可以构成专论系列。

[4] 至于三种意识概念间的关系及其隐含的逻辑线索,则是另一个需要专述的问题。

[5] 参见胡塞尔《逻辑研究》(第二卷第一部分),倪梁康译,上海译文出版社1998年版,第386—387页。

的)感知这一对"建基于这些体验的纯粹现象学本质之中"①的真正对立取代了传统的外感知与内感知这一"被曲解的认识论和心理学的对立"②。传统意义上的外感知和内感知实际上都属非明见的感知，真正的相应感知只是"伴随着现时的、在场的体验并且将这些体验作为它的对象而与体验发生联系的'内感知'"③。胡塞尔说，这是一个"'更原初的'的概念，并且是一个'自在更早的'概念"，"一个在认识论上第一性的、绝对可靠的领域"。④ 实际上，这是整个《逻辑研究》的根基，胡塞尔在回顾这个时期时说："我在《逻辑研究》中所看到的全部现象学，就是在内意识之被给予性意义上的体验的现象学。"⑤

这里出现的问题是，这种作为整个知识论根基的相应感知或本真意义上的直观，究竟是自身意识还是反思？一方面，因为在"全适地、实项地被包含"的意义上把"意向体验"作为"对象"，所以从"对感知的感知"的意义上说，这里的相应感知就是反思；但另一方面，若从胡塞尔在该处所给出的其他界定——"一同被给予""一同属于一个意识""伴随"等——来看，真正的相应感知又只能是自身意识，从而具有前反思的、前对象化的特征。但是对于后者——布伦塔诺意义上的"第二性的感知"，胡塞尔在 A 版是"放弃"的，在 B 版也是"置而不论"的，因为深究的结果，要么是无限循环，要么最终可能出现人为的设定，都没有现象学的确定

---

① 同上(第二卷第一部分)，第 390 页。

② 参见胡塞尔《逻辑研究》。同样的内容另见胡塞尔《逻辑研究》(第二卷第二部分)，倪梁康译，上海译文出版社 1999 年版，第 243 页。只是在后文中，胡塞尔进一步明确：只有前一对对立才有"真正的认识论的基本对立的性质"。

③ 胡塞尔：《逻辑研究》(第二卷第一部分)，倪梁康译，上海译文出版社 1998 年版，第 389 页。

④ 参见同上书(第二卷第一部分)，第 390—391 页。从方法论上说，自身意识具有明见性就可以保证直观有最终的根据，而依据对象性认识只能导致无限循环。这很类似于哲学史上实因逻辑性的形式原因——无穷回溯不可能，这是将哲学知识论化的必然结果之一——而起的所谓"存在论设定"。例如费希特就因此而直截了当地进行纯粹的自身设定，并称之为"绝然无条件的原理"(费希特：《全部知识学的基础》，王玖兴译，商务印书馆 1986 年版，第一节)。在这一点上，胡塞尔与费希特的差异只是胡塞尔同时还坚持同样根本的"无设定"原则。

⑤ 胡塞尔：《内在时间意识现象学》，杨富斌译，华夏出版社 2000 年版，第 146 页。译文有所改动。

性。所以从文本来看，胡塞尔的主导倾向是把相应感知作为反思；而且也正是从这种客体化的角度来看，才会有"自身意识会有无限循环"之论。这也是占主导性的、图根哈特等人的权威解释。①

可问题是，"当对象的确是在感知本身之中并且是在最严格的意义上'生动'当下地、毫无保留地被把握为它本身时"②，这种现象学反思恰恰是因为这种"突出的完善性"，而失去了意向"构造"的主动性。或者如胡塞尔——实际上是从另一个角度——在"第六研究"中所述："如果这个对象之物是**一个内部地被体验之物**，并且是在**反思性感知**中如它自身所是地被把握之物"，那么，这就完成了直观的"**最终充实的理想**"，就是说，这种反思性感知恰恰就是"**纯粹感知**"。③由此，我们可以不无依据地得出以下两个推论：一是，最具明见性的感知、纯粹感知、本真的相应感知可能只是被动性的。我们可以在与"主动构造"相反的方向上来理解或许正处于其根源处的这种"自身给予"即"纯粹被动、而又是本质直观"意义上的"明见性"。胡塞尔说："只有在我们纯粹地接受这种体验，而不是统摄地超越这种体验的情况下才能具有明见的感知。"④我们都知道，被动性和主动性，即被动综合和主动综合（或被动感知与主动感知）的区分及其关系问题是胡塞尔后期的主题之一，这种被动意向性维度上的探讨甚至达及前对象领域和非意向性问题。⑤而实际上，通过细心的辨析，

---

① 参见 Dan Zahavi，"The Three Concepts of Consciousness in Logische Untersuchungen，" in *Husserl Studies*，Vol. 18，No. 1，2002，p. 57；倪梁康《自识与反思：近现代西方哲学的基本问题》，商务印书馆 2002 年版，第 396 页。

② 胡塞尔：《逻辑研究》（第二卷第一部分），倪梁康译，上海译文出版社 1998 年版，第 389 页。

③ 参见同上书（第二卷第二部分），倪梁康译，上海译文出版社 1999 年版，第 118—119 页。黑体为引者所加。

④ 参见胡塞尔《逻辑研究》（第二卷第二部分），倪梁康译，上海译文出版社 1999 年版，第 244 页。

⑤ 这也是当下胡塞尔研究的一个热门话题。而这类主题不仅是胡塞尔本人在其"起源"问题域中探究的必然所至，也是后现象学直至后现代、解构主义的主题。本节的范围只在胡塞尔的本质现象学和先验现象学之内。本章第四节将在胡塞尔后期发生现象学的境域内讨论这个问题。

我们会发现，原本是在主动意向性中作为"实项-内容"意义上的"体验"，①在被作为意向构造的"材料"的同时，恰恰又在被动的角度上成为直观的理想。或许我们可以说，这种被动性的自身给予即便在胡塞尔早期也是其感知的根源，或者准确一些说，在其根源处发挥着作用，只是尚未凸显和课题化而已。二是，实际上，胡塞尔意义上的这种"内感知"就是"内在-本质直观"，即现象学的本质直观——不同于纯粹物理学等的对外在对象（如"红"）的观念性直观，后者在胡塞尔形式存在区域论中是被奠基的、派生性的，现象学的本质直观是一般理解的观念性的本质直观的基础或源泉，"现象学的本质直观就是作为在内直观基础上的观念直观，它使观念化的目光惟独朝向被直观的体验的本己实项的或意向的组成，并且使这些分散在单个体验中的种类体验本质以及它们所包含的（即'先天的'、'观念的'）本质状态被相应地直观到"②。因而，胡塞尔的这种"明见性的感知"意义上的"内"感知，就不仅仅是目光朝向（向"内"）意义上的反思，实际上更是要说明"明见性"的切实含义，即"自身给予"的真实意义。借弗兰克的话说就是：

> 即便是反思——它无疑包含着一种使某些东西对象化的作用——也只有当它的对象已经在其自身里非对象化地与自身相亲近的时候，才谈得上被充分地把握。③

我们可以说，就感知而言，在胡塞尔这里，**只有"自身给予"才是作为本真感知的直观的真正含义**，即达到本真的完全的充实。而作为直观的充实的"明见性"本身，如果还可以说是"客体化行为"的话，那么"它的客观相关物就叫做'真理意义上的存在'，或者也可以叫做'真理'"④。在这个意

---

① 参见胡塞尔《逻辑研究》（第二卷第一部分），倪梁康译，上海译文出版社1998年版，第386—387页。

② 同上书（第二卷第一部分），第489页。

③ 曼弗雷德·弗兰克：《论个体的不可消逝性》，先刚译，华夏出版社2001年版，第50页。

④ 胡塞尔：《逻辑研究》（第二卷第二部分），倪梁康译，上海译文出版社1999年版，第121页。

义上，"明见性（如果我们将感知的概念加以足够的扩展）就是感知，而严格的明见性就是对真理的相应感知"①。在这个立场上，我们也可以说，**所有在"客体给予"的意义上的直观，其实质也是"自身给予"，只不过是不纯粹的，也永远不会达到最终的充实**；从同样立场的另一角度看，这些更大多数的非明见性的对象-立义的可能性和权能性来自主体"自身"所具有的"共现"及"超越"能力。于是问题的线索便转向"自我"问题域。

二、客体给予与自身给予

我们再看看这种"内意识"的"伴随性"。这里的疑难在于，若反思并不等于对象化，那么，"前反思"性的也就并不必然与"非对象"性的相同一。而依弗兰克，非对象化的"自身亲近性"正因为只能被思想为"直接的"，恰恰"断然排斥了伴随关系"。② 这里，一方面是说反思并不就是客体化，另一方面则是说作为明见性的根本保证的正是非客体性的自身给予，而不是伴随性的那种自身意识——若用"自身意识"，也应是"原意识"意义上的自身意识，而不是幽灵式的"伴随"意识。于是，关键在于如何理解"自身意识"，而其焦点则在"原意识"。在《内时间意识现象学》中，原意识是在与滞留和前摄相对照的意义上被使用的，也叫"原印象"。一方面，只有有了原意识，才有（原意识的）滞留，从而更有反思的再造③；另一方面，这种"原意识"又无法对象化，或者说"切不可将这个原意识、这个原立义（或无论将它称作什么）误解为一个立义性的行为"④。在这个意义上，如果说"时间构造的连续是一条变异之变异的持续生产的河流"，那么，原印象就"是这个生产的绝对开端……但它自己并不是被生

---

① 胡塞尔：《逻辑研究》（第二卷第二部分），倪梁康译，上海译文出版社 1999 年版，第 122 页。
② 参见曼弗雷德·弗兰克《论个体的不可消逝性》，先刚译，华夏出版社 2001 年版，第 51 页。
③ 参见胡塞尔《生活世界现象学》，克劳斯·黑尔德编，倪梁康、张廷国译，上海译文出版社 2002 年版，第 148 页。
④ 同上书，第 149 页。

产出来的……而是通过自发的发生（genesis spontanea）才形成的，它是原制作……是以异于意识的方式而生成的东西"①。于是，在这个意义上谈论的原意识与反思的关系，实际上就是非对象性的原制作或原素材自发生成之"源"与因对象化而有的"流"——源（原）流（意识）的关系。至此，只有"意识自身"，并没有"自身意识"，即对意识本身的非对象性地意识到。而径直将原意识理解为反思前的"意识自身"时，因为意识就是时间性（不过是"前现象的、前内在的时间性"），所以可以说原意识就是时间意识，具有"滞留-原印象-前摄"的结构，从而是上文意义上的"流"，"它是作为现象在自身中构造起自身的"②；但它仍然不是"自身意识"。那么后者是如何出现的？ 此二者是真实地"伴随性地一同出现"，还是因为我们不能同时具有两个课题化的关注，于是为了保证反思的合法性，就把"原意识"设立为反思的潜伏状态，或其非课题化阶段？ 依据现象学的根本原则，后一个设立是不成立的。问题就在如何理解前者。胡塞尔在《内时间意识现象学》所提出的答案是：

> 在这条惟一的河流（即意识流——引者）中有两个不可分离的统一的、就像一个事物的两面一样相互要求的意向性彼此交织在一起……这条河流的自身显现并不需要第二条河流。③

在这个自足的意识流中"一起被给予的"④是两种意向性，即"滞留的双重意向性"：一个是朝向对象的"横的意向性"，一个是朝向意识自身的"纵的意向性"。⑤ 例如当朝向声音时，这条唯一的意识流就不仅"构造起声

① 参见胡塞尔《生活世界现象学》，克劳斯·黑尔德编，倪梁康、张廷国译，上海译文出版社2002年版，第89页。

② 同上书，第146—147页。

③ 胡塞尔：《生活世界现象学》，克劳斯·黑尔德编，倪梁康、张廷国译，上海译文出版社2002年版，第146—147页。

④ 同上书，第143页。

⑤ 参见同上书，第143页及以下。

音的内在时间统一,也同时构造起意识流本身的统一"①。于是,我们就在胡塞尔对内时间意识的描述中发现:正是在"意识自身"内有着"自身意识",后者正是前者的核心主流,而它作为"构造着时间的河流"正是"绝对的主体性"本身。② 所以,"自身意识"本身就是意向性的(而不是非意向性的),它不仅是进一步明确的反思(再造)的基础和前提,而且,作为主体性本身,在胡塞尔这里,它就是反思性(对象性、现象性)的。综上所述,我们只能在"原印象"的意义上说"自身意识"是非对象性的,但这种异于意识的被动性的"原制作"至少在胡塞尔生前正式发表的著作中是不能作为其方法论主题"反思"的基础的。或者可以反过来说,上文所述的"非"客体化的反思,在此倒是与"意向性"的"自身意识"相匹配,它们共同昭示了"自身意识"和"反思"所共同具有的不同于"客体给予"的"自身给予性"。

实际上,正是针对相似的问题,Zahavi 划分了"被给予"的两种方式:"客体给予"(object-givenness)和"自身给予"(self-givenness)。而上文所述的胡塞尔意义上的"内感知"实际就是"自身给予"意义上的"自身意识"(Selbstbewusstsein, self-awareness)。这种"自身给予"在极端的意义上(或者说正是其真正含义)就是,在"内知觉"中,活动和对象形成(或就是)一个我思的直接统一体。③ 而到《观念Ⅰ》——从本节的角度来看,以下所述正是所谓胡塞尔先验现象学之所以发生的内部原因及其真实含义——就更清楚了:只有**体验**在内知觉中的被给予方式是绝对的,"它在自身内包含着、'构成着'一切世界的超验存在"④。实际上,在从1906—1907 年间开始的"内时间意识"研究(以及随后展开的先验现象学)中,这种自身给予意义上的"体验"就被胡塞尔称为"我自己"。"现象

---

① 胡塞尔:《生活世界现象学》,克劳斯·黑尔德编,倪梁康、张廷国译,上海译文出版社 2002 年版,第 143 页。

② 参见同上书,第 130—131 页。

③ 参见胡塞尔《纯粹现象学通论》,李幼蒸译,商务印书馆 1995 年版,第 124 页。

④ 同上书,第 133—136 页。

学的基本考察"所达到的最高点是"世界对其存在着的**我自己**或者说我的实显**体验**是一绝对现实"①。于是,**一方面,胡塞尔把这种自身意识作为真正具有明见性的内感知;另一方面,这种由"内"而来的"自我"问题由此被他化解为这种"自身意识"问题。**这样,近代以来的认识论的理想基地——"我思故我在"的明见性及其原初性也就落在了自身意识上。②所以,胡塞尔在该章中说:"第一个意识概念起源于第二个意识概念"。这里的起源,不仅是指明见性意义上的根基,也指"意识流的统一性"③意义上的根基。

因此,**对于作为相应感知的明见性的直观而言,只有"自身给予"才是其特征;而自身给予的真实含义就是绝对意识及其创造活动。**④ 可是,由于每一体验本身都是一"生成流",所以,虽然仍然有某种"内在的持存的绝对合法性"⑤,但是毕竟"在精确思考下,只有一个流动的绝对原初的位相⑥。于是,胡塞尔甚至很极端地说过:只有"纯粹自我"才是相应的,"自我并不仅仅从一面显示自身……事实上,纯粹自我是在绝对的自我

---

① 参见胡塞尔《纯粹现象学通论》,李幼蒸译,商务印书馆 1995 年版,第 128—129 页。黑体为引者所加。

② 参见胡塞尔《逻辑研究》(第二卷第一部分),倪梁康译,上海译文出版社 1998 年版,第 391 页。

③ 同上书(第二卷第一部分),第 388 页。心理元素之间的连接问题是休谟的伟大的力学问题,但是被胡塞尔批评为"在意识的准空间内类似于自然事件"(胡塞尔:《纯粹现象学通论》,李幼蒸译,商务印书馆 1995 年版,第 462 页)的科学主义想象,无法触及体验的本性。格式塔心理学实际上也是此种自然主义。但是,连续性问题实际上仍然潜藏在胡塞尔"意识整体性"这一提法的内部。而系统论式的对"整体"的理解,以及对这种与元素有质的差异的整体作精神性(以至于作动态性、开放式的精神性)的诠释,都仍然潜着这种连续性思想。胡塞尔自我问题的提出及其对时间的诠释,海德格尔把时间性理解为作为整体性的烦的意义,也都有这种潜质。但是,二人"绽出"性的时间观却又为对此连续性(实即现代性)的革命奠定了基础——后现代言及时间性就是说差异性。由此看来,再从前摄的角度来理解未来,就实在是做实证性的科学研究了。

④ 对于胡塞尔的这种"原初给予的直观"(胡塞尔:《纯粹现象学通论》,李幼蒸译,商务印书馆 1995 年版,第 48 页),利科的一句话非常到位:"胡塞尔现象学的全部独创性正是'看'和'给予'的这种同一性。"(同上书,第 523 页)

⑤ 胡塞尔:《纯粹现象学通论》,李幼蒸译,商务印书馆 1995 年版,第 192 页。

⑥ 同上书,第 191 页。

性中被给予的……它是绝对单纯地、绝对清晰地呈现在那儿的"①。**这种意义上的"自我"——具有"自身意识"的"绝对""意识自身"——是贯穿胡塞尔思想的根本**,后期《笛卡尔式的沉思》中"通过先验还原而被给予的"的先验本我的绝然性,"也就是胡塞尔在《纯粹现象学与现象学哲学的观念》第一卷中赋予'内在感知'和相关的'内在存在'的无疑性"②。而事实上,《逻辑研究》从 A 版到 B 版的改变(直至《观念Ⅰ》),其最大的契机就是作为相应感知的明见性的真实含义或根基的这种"自我"问题。似乎只有在这种现象学"自我"的问题域(problematic)中,前文所提的问题,即自身意识与反思——作为前对象的、前课题的自身给予与课题性的自身给予——的真实含义及其关系的脉络才会更加凸显。于是,这种意义上的"自我"究竟是什么含义或意蕴,便成为根本性的问题。

三、从明见性到自我

我们还是按照本节的脉络,从明见性的含义入手,以求逐层清理到"自我"的核心。

首先,现象学的反思不同于自然意识,而是"使这些意识行为本身和内在的意义内涵成为对象"③。意识总是对象性的,这本身是自然的,也是胡塞尔通过现象学的反思所直观到的,意向性本性。自然意识意义上的反思也总是"对象性"的,即总是把对象性思维(对象的规定性)带到意识行为上去,但它混淆了显现的对象和对象的显现。这正是胡塞尔所反对的心理主义的症结所在。在现象学反思中,感知行为被体验,但不成其为对象;当对象被感知时,却无体验。只有体验才不仅具有"绝然"(即

---

① Husserl, *Ideas*, Vol. 2: *Studies in Phenomenology of Constitution*, trans. R. Roiecwicz and A. Schuwer, Dordrecht: Kluwer Academic Publishers, 1989, p. 111.
② 倪梁康:《自识与反思:近现代西方哲学的基本问题》,商务印书馆 2002 年版,第 378 页。
③ 胡塞尔:《逻辑研究》(第二卷第一部分),倪梁康译,上海译文出版社 1998 年版,第 8 页。

无可怀疑)的存在①，而且才有完全的相应性："作为当下在现在中被构造出来的东西是绝对的自身，它不具有未知的面"，这是它们"绝对的本质"。② 甚至——或者本来就是——本质直观也是在此种现象学反思的基础或意义上才是可能的。"在通常情况下，胡塞尔是用'绝然'概念来标识本质或先天的被给予方式。"③实际上，本质直观作为"在对体验的范例性个别直观的基础上进行的"纯粹描述，所描述的正是体验本身（"感知、判断、感情等本身"）。④

只是这里还须进一步厘清这种本质直观的三层含义：一是观念化目光的形成，即现象学反思的形成。这属于本质直观的源问题，是在发生学意义上探讨无兴趣的现象学家及其目光如何而来的问题。但是这一层的基本要义却是，原初直观是心灵的本质⑤。问题在于如何理解"心灵"、"自我"（详见下文）。二是在观念化目光的朝向（即行为动态意义上的"本质直观"）中，即对感知、判断感情等本质行为（集中在感知行为上，参见《逻辑研究》"第五研究"第四、五两章）的直观中所呈现的本质性的过程。胡塞尔认为"不言而喻"的是："在[对感知的反思]那里被体验的必定是感知，而在[对判断的反思]那里被体验的则必定是判断或判断直观(实事状态感知)，(只有)这样，各个抽象才能成立"⑥。对这种成为内感知"对象"的（现象学）体验进行"直观"，并从中给出感知的总体规定，正是胡塞尔在《逻辑研究》第二部分的"引论"中就明确界定的任务：一般体验的现象学"仅仅研究那些在直观中可把握、可分析的体验的纯粹本

---

① 参见胡塞尔《纯粹现象学通论》，李幼蒸译，商务印书馆1995年版，第126—127页。
② 参见胡塞尔《生活世界现象学》，克劳斯·黑尔德编，倪梁康、张廷国译，上海译文出版社2002年版，第66页。
③ 倪梁康：《自识与反思：近现代西方哲学的基本问题》，商务印书馆2002年版，第377页。
④ 参见胡塞尔《逻辑研究》(第二卷第一部分)，倪梁康译，上海译文出版社1998年版，第16页。
⑤ 参见胡塞尔《纯粹现象学通论》，李幼蒸译，商务印书馆1995年版，第464页。
⑥ 胡塞尔：《逻辑研究》(第二卷第二部分)，倪梁康译，上海译文出版社1999年版，第141页。

质一般性"①。正是在这里,开始出现另一层面上的"意向及其充实""实在体现内容与观念性的意向内容"等等,即另类的意向性,或者说是意向性的"某种特殊样态"。② 由此呈现体验的种类本质。用胡塞尔的话说:"对某某对象的感知"就是"对感觉的体验";而从总体上说:

> 如果我们观看纯粹的体验及其特有的本质内涵,那么我们便观念地把握住纯粹的种类和种类的实事状态……**然后**我们也可以明察到这样一个总体性的本质事态:被感觉的内容的存在完全不同于被感知的对象的存在。③

后面的这个结论我们曾经说过是整个现象学的起点,**但这个起点(或结论)的获得却是第二层直观的结果**。对丁这种"现象学考察",胡塞尔在其最为明晰的导论《笛卡尔式的沉思》中,说得很精炼:"我把客体当做现象,我朝向处在相关性中的显现和显现者。"④总之,这一层的要义是:只有将观念化的目光朝向感知(等意识行为)本身,才能使感知本身的本质化行为(意向性特征、本质性直观)得以呈现。由此便得出本质直观的第三层含义:观念在感知中的呈现。但是,日常的理解却是从第三

---

① 胡塞尔:《逻辑研究》(第二卷第一部分),倪梁康译,上海译文出版社 1998 年版,第 2 页。众所周知,《逻辑研究》的主体部分(即第二卷)是从语言表述开始的,这不仅是由于本书的逻辑本性使然,胡塞尔首要的真实的兴趣也不在于具体的心理体验,而是在于观念。但是,理论性的东西毕竟是在"心理体验中实现自身,并且在心理体验中一个别的方式被给予,这是一个事实"[同上书(第二卷第一部分),第 3 页],逻辑之物"必定在具体的充盈中被给予"[同上书(第二卷第一部分),第 4 页],其明见性必须在被给予中得以澄清。就是说,要完成"从认识论上澄清逻辑观念、概念和规律的重大任务"[同上书(第二卷第一部分),第 4 页],就要"对心理体验和寓居于其中的意义作出足够广泛的描述性理解"即"通过对含义意向和含义充实之间的本质联系的回溯性分析研究"使逻辑的基本概念得以澄明[参见同上书(第二卷第一部分),第 5 页]。于是,逻辑(语言、表述)最终落实到了现象学的体验中。所以,在胡塞尔这里,"回到实事本身上去"的原初义竟是"逻辑概念必定起源于直观"[同上书(第二卷第一部分),第 5 页]。

② 参见胡塞尔《纯粹现象学通论》,李幼蒸译,商务印书馆 1995 年版,第 211 页。

③ 胡塞尔:《逻辑研究》(第二卷第一部分),倪梁康译,上海译文出版社 1998 年版,第 421 页。黑体为引者所加。

④ 胡塞尔:《笛卡尔式的沉思》,张廷国译,中国城市出版社 2002 年版,第 131 页。

层含义入手，如此便有了"感知"及其"对象"的"扩展"问题。胡塞尔在《逻辑研究》中是到最后，即在"第六研究"中才把它作为一个需要说明的所谓"漏洞"加以弥补的，并称这个"扩展"为"启蒙"。实际上，这三层含义中最为根本的在于：第一层含义的最终奠基必然导出作为根源的"自我"。

其次，如果说具有相应明见性的现象学反思就是前文所说的胡塞尔意义上的内感知，那么，随着胡塞尔于 1906—1907 年间开始正式区分内意识与内在意识，亦即自身意识与反思①，此种明见性所具有的歧义性便被胡塞尔展开并向其特有的方向发展了。我们刚刚说明了现象学反思的所谓"与对象相关的"的真实含义，实际上，内感知所具有的伴随性和对象性，都属于"自身给予"的范围，它们之间不仅是前对象性与对象性的区别②，而且更主要的是对自身意识及自我问题的深化。这一深化是由胡塞尔对意识-体验的时间性本性的进一步认识所引发的，简单地说就是，时间性使得现象学反思的"相应"明见性失落了，而胡塞尔对明见性的持久性追求又使得他渐渐将其落实在了"自我"身上；也就是说，"绝然明见性"逐步代替了"相应明见性"。对此，胡塞尔说得很清楚：整个先验现象学的产生与其所导致的意义的转换都是"与'我'有关"③的。具体说来这个深化有以下几个层面：

1. 现象学时间是一切体验之普遍特性。时间性表示一般体验的本质特性，它不仅属于每一个体验，而且也是把体验与体验结合在一起的一种必然形式；进而，每一现实的体验都必然是一种持续的体验，而且它随此绵延存于一种无限的绵延连续体中，换句话说，就是"延续的感知是

---

① 参见倪梁康《自识与反思：近现代西方哲学的基本问题》，商务印书馆 2002 年版，第 396 页。
② 准确地说，二者内部仍可继续再划分为朝向性的与课题性的。但是这样区分，无意间仍然带有以客体性认识为归宿的认识论向度。
③ 胡塞尔：《生活世界现象学》，克劳斯·黑尔德编，倪梁康、张廷国译，上海译文出版社 2002 年版，第 452 页。

以感知的延续为前提的"①。这不仅是对时间客体,也是对所有具有延续性的客体的感知而言的,可以说"对于感知及其所有现象学构造成分而言……现象学的时间性……(都)属于它的不可扬弃的本质"②。一方面,感知是一种"本原地构造着现在的行为"③;另一方面,"存在之物的任何一种构造和在任何阶段上的构造都是一种时间化"④。总之,所有的综合功效都是时间意识的原初综合的重复和变异的结果。依黑尔德的观点⑤,这里有以下原因:(1)时间是前对象地被意识到的,也就是说,在奠基顺序的意义上,时间是第一个被意识到的东西。(2)每一个当下意识都是本原的时间意识,这有两个含义:一是说意识本身就是一条体验流,由于其属我性而形成的综合统一在胡塞尔看来就是时间性。二是说本原地被给予的时间始终以作为其关系中心的现实当下来定位,即过去和未来是以回忆和期待的方式被当下化。当然,这里的当下意识是由原印象及其周围的晕(滞留和前摄)组成的、有"广延"的时间场;因为只有对瞬间的超越才有真正的"现前"(Praesent),这种"现前"才是最原初的"意识到"或"被给予";而意识在如此获得了其内时间视域的同时也就为所有客观对象获得了前对象的形式基础,即由期待、原印象、滞留不可分割地联结在一起的这种当下意识所具有的统一性成了所有由我进行的综合的原初形式。(3)就其立义就"**是一个观念的界限**"⑥而言,"**现在**"的**立义其实就是纯粹的本质直观,"就像红-种类的连续朝着一个观念的、纯粹的红转化一样"**⑦;**对"现在"的界限的确定与"本质变更"中对常项的确定,这两者是同类性质的源发性构成问题。**在《观念》中,胡塞尔直接

---

① 胡塞尔:《生活世界现象学》,克劳斯·黑尔德编,倪梁康、张廷国译,上海译文出版社 2002 年版,第 78 页。

② 同上。

③ 同上书,第 101 页。

④ 同上书,第 23 页。

⑤ 参见同上书,黑尔德的"导言"的第四部分。

⑥ 同上书,第 99 页。

⑦ 同上。

"把体验看做内在反思中呈现的统一时间过程"①,到《经验与判断》(第64节),"甚至一般之物的无时间性也通过它的被给予方式而被回溯到意识的时间性上"②。

2. 因为自身意识"这种前对象性的自我意识无非就是在本原的原初状态中的时间意识而已"③,所以,明见性最终便又落实在时间性上。需要注意的是,即使在引入先验自我为"我在"的相应明见性(即内意识的相应明见性)作保证后,以黑尔德的看法,"作为自我的自身当下"("活的当下")起着终极作用的实际仍然是时间性的自身意识。④ 这里有两点值得注意:一是"明见性"的含义已由狭义的相应感知(实项性的内意识)发展为植根于"滞留-原印象-前摄"三位一体的当下意识的构造意义上的本质直观。二是胡塞尔后来所引入的纯粹自我(先验自我)的本性其实仍然是时间性。时间问题"可被看做'转向自我'的这种现象学的基准",事实上,时间意识之所以是"谜",就是"因为它触及了自我本身的这种原构成"⑤。由于"每一作为时间性存在的体验都是其纯粹自我的体验"⑥,而"体验流的形式"也就"必然包含着一个纯粹自我的一切体验的形式"⑦,所以,胡塞尔的总结是,一个纯粹自我与一个体验流是必然的相关项。在《观念》第二卷中,胡塞尔更是直接将自我称作"内在时间的统一"⑧。

3. 更为根本或更具本原性意味的是,这种时间性意义上的纯粹自

---

① 胡塞尔:《纯粹现象学通论》,李幼蒸译,商务印书馆 1995 年版,第 214 页。
② 胡塞尔:《生活世界现象学》,克劳斯·黑尔德编,倪梁康、张廷国译,上海译文出版社 2002 年版,第 99 页。
③ 同上书,第 24 页。
④ 参见倪梁康《自识与反思:近现代西方哲学的基本问题》,商务印书馆 2002 年版,第 392 页。
⑤ 胡塞尔:《纯粹现象学通论》,李幼蒸译,商务印书馆 1995 年版,第 533 页。
⑥ 同上书,第 81 页。
⑦ 同上书,第 82 页。
⑧ 转引自倪梁康《自识与反思:近现代西方哲学的基本问题》,商务印书馆 2002 年版,第 437 页。

我,与其说是一个表示关系中心的极点(既空泛而又有所谓的"目光"朝向),甚至是表示某种超越性的精神实体或超时间的永恒的主体(笛卡尔或黑格尔意义上的),或者是表征一种在自我的最深维度中"持久"与"流动"合为一体的一个活的存在[①]等等,不如说它就是"智性"[②]行为本身。从精神实质上看,这是德国唯心主义哲学的精神传统的又一次彰显[③],对它作任何意义上的对象化都是一种自我异化[④],只有"行为"才是纯粹自我的实质。这种"行为"在胡塞尔这里就是"意向体验"(不是心理活动)。[⑤] 对这种活生生的意识行为,胡塞尔在后期更多的是直接用"生命"来表述的。[⑥] 正是对此意识行为的体会的深化,才使胡塞尔在后期向更深的"起源"发掘,"被动"综合直接成为主题。[⑦] 尤其是,保持一种既不可课题化又非混沌的前反思的自身意识,即时间性意义上的纯粹自我,作为活生生的源头或源发构成域或机所(Instanz)[⑧],正是自身意识哲学的活力(也是黑格尔"本体就是主体"的精义);只有像萨特那样断言"在自我意识之内不能发生任何关系"[⑨]时,"我"才会有"形而上学化"之嫌。这里,关键的问题在于,意识统一性可以蕴涵着主体的产生。或许意识统一体(这个"体"本身相对于意识体验,即便是具有统一性的意识,也是一

---

① 黑尔德语。参见胡塞尔《生活世界现象学》,克劳斯·黑尔德编,倪梁康、张廷国译,上海译文出版社 2002 年版,第 24 页。

② 参见倪梁康《自识与反思:近现代西方哲学的基本问题》,商务印书馆 2002 年版,第 188—195、257 页等处。

③ 至于胡塞尔与德国古典哲学在此类自我问题上的区别,耿宁作过权威的评述(参见同上书,第 441 页)。

④ 参见德布尔《胡塞尔思想的发展》,李河译,三联书店 1995 年版,第 462 页。

⑤ 参见胡塞尔《逻辑研究》(第二卷第一部分),倪梁康译,上海译文出版社 1998 年版,第 462 页。

⑥ 参见 Robert Sokolowski, *The Formation of Husserl's Concept of Constitution*, The Hague: Martinus Nijhoff, 1970, p. 207。

⑦ 当然,因为胡塞尔对严密科学、明晰性和形式性的精神性追求,其以时间性综合为基础的"被动的发生"并未呈现出如后继者所想象的那种质料性的、异质性的纯粹被动性、本欲性和身体性。

⑧ 参见曼弗雷德·弗兰克《论个体的不可消逝性》,先刚译,华夏出版社 2001 年版,第 158 页。

⑨ 同上书,第 62 页。

种超越物)等于主体(所以是理想概念)，但是由意识统一性并不必然推出自我。当康德剥离出纯粹自身意识，并把它等于所谓"进行意识的主体自身"时，这与费希特的哲学入口的自我一样，只是一个本体论上的假想点。因此，也正如费希特所说明的，把握这个入口"只能用想象力"，康德的作为"智性表象"的"在我思中的自我"本身就是一种有"创造性的想象力"①；实际上，它们的本义都是(歌德对《约翰福音》第一句"太初有道"的诠释)"太初有为"意义上的"行动"。缘此，康德第一次明确地将"自身意识"标识为人类认识的"最高原理"；而正是源自康德的费希特(使费希特声名彰显的正是他对康德的模仿之作)开始在哲学史上全面展开自我学说，并由此开辟了德国古典哲学。文德尔班说："唯心主义的原则就是自身意识"②；而谢林则明言：自我就是纯粹的行为、纯粹的行动③；并且，在谢林那里，自我不仅出名词变为动词，更开启了自我历史化的历程，而这种实践理性意义上的自我则一直发展成为黑格尔的绝对精神。因此，可以说，以知识理性为开始，以实践理性为完满，是德国(唯心主义)哲学的基本旨趣。胡塞尔属于这个精神传统。④

让我们再次回到胡塞尔本人的思想历程上来。H. B. Schmidt 曾经专门绘制过一张表格，清楚地表明了相应明见性与绝然明见性在胡塞尔著作中此消彼长的过程。⑤ 绝然明见性愈来愈重要，而相应明见性到后来却几乎完全不用了。其间，在 1924—1925 年间的《第一哲学》中，胡塞尔把相应性归于绝然性，认为如果没有绝然性，相应性在原则上就是无

---

① 曼弗雷德·弗兰克：《论个体的不可消逝性》，先刚译，华夏出版社 2001 年版，第 171、190 页。

② 文德尔班：《哲学史教程》(下)，罗达仁译，商务印书馆 1996 年版，第 801 页。

③ 参见谢林《先验唯心论体系》，梁志学等译，商务印书馆 1997 年版，第 34 页。

④ 当然，每个哲学家都是一个世界，他们与(黑格尔或伽达默尔意义上的)客观精神的关系本身就是哲学研究的对象。而"自我"问题在胡塞尔本人的思想发展中也经历了细致而曲折的演变，其要义可参见倪梁康《自识与反思：近现代西方哲学的基本问题》，商务印书馆 2002 年版，第二十二讲。本节的宗旨只是探究相应感知所蕴含的自我及其本性问题。

⑤ 参见 Hans B, Schmidt, "Apodictic Evidence," in *Husserl Studies*, Vol, 17, No. 3, 2001, p. 223。

法实现的。① 在《笛卡尔式的沉思》中,胡塞尔认为单子自我也是不透明的。黑尔德对此的解释是,只有先验自我具有绝然明见性,或者说绝然性只是"先验的经验"的一种理想,这就是说,现象学也是在一个无限开放的视域中的经验,本质并非绝然在此,而毋宁是无尽的变更过程中的一个过渡性产物。

到《形式的与先验的逻辑》,胡塞尔甚至说:"任何绝然明见性都是可错的"②。或许我们依据胡塞尔后期尚未发表的 C 手稿(主题是"作为形式构造的时间构造")中"自身时间化"这个概念能够对此有更深的体会:**反思本身就是一种时间化,它以自我为课题,并揭示出自我的时间性;但是原流动的自我并不是通过反思的认同才形成,而是已经具有"前时间化"的存在方式,表明的又正是反思能力的可能性。**③ 应该说,这是对他本人在这个维度上的整个思路的总结。

第三节　交互主体性:先验自我论域中的他人

作为胡塞尔哲学理想的明见性,本身有一个从相应性向绝然性的转变,而这正是在"自我"问题域中发生和展开的。实际上,相应明见性与绝然明见性的区分,作为"本我论"中的问题,也是《笛卡尔式的沉思》(以下简称《沉思》)的主题之一。绝然明见性作为一种"自身最初的明见性"④,它所引向的是一切哲学的基础:先验主体性、先验自我。这是因为,从明见性理想的角度看,一方面,绝然性中真正"相应"的只是一个核

① 参见 Hans B, Schmidt,"Apodictic Evidence," in *Husserl Studies*,Vol, 17, No. 3, 2001,p. 24。
② 转引自同上书,第 235 页。
③ 参见倪梁康《胡塞尔现象学概念通释》,三联书店 1999 年版,第 428 页。从"前对象"的角度切入"可能性""时间""原构成"等问题,已经愈来愈成为当下胡塞尔研究的主题,同时也是对胡塞尔本人思想的又一次"原"发掘。
④ 胡塞尔:《笛卡尔式的沉思》,张廷国译,中国城市出版社 2002 年版,第 22 页。凡译文有所改动处皆依据 Drion Cairns 的英译本 *Cartesian Meditations:An Introduction to Phenomenology*,The Hague:Martinus Nijhoff,1960。

心,"这种经验每一次显示出来的都只是那种真正相应的经验活动的一个核心:即活生生的自身当下",除此之外还有"一个不确定的视域"①;另一方面,相应明见性也是一个无限的过程。虽然最终将达到一种"绝对完满的明见性……最终将按照对象所是的一切来给出对象……一切……都将获得相应的充实",但是这"并不是要将这种明见性现实地产生出来"。因为"这对于一切客观实在的对象来说将会是一个毫无意义的目标"。② 事实上,正是因为二者都永远无法达到完全的充实,所以要实现明见性的理想,就须重新奠定一个绝然无疑的基础。因此,在《沉思》中,二者的真实意义都只是要揭示各自领域(自我与对象)中的本质结构。③ 这是一种"本质感知"④或本质研究方法,而"一切本质研究就无非是对一般先验自我的普遍本质的揭示"⑤——这是至为关键的一步。在这个意义上,即便是那个在充分的具体性中所设定的"单子的"自我,由于它在意向生活的流动着的多种形态中所达到的永远只是不相合的明见性,也需要先验的批判。因此,与其如《沉思》的编者施特洛克所论,"关于确然明见性和相应明见性的重要区分,更是有利于本我论"⑥,还不如说正是二者的共同指向保证了本我论的现象学建构。明见性的"自身""给予"终于落实在了先验自我。这是我们自本章开始就一直追踪的胡塞尔思想的真实含义及其潜在进路。下面,让我们从明见性的论题中走出来,看看自我的进程及其在《沉思》中的展现。

---

① 胡塞尔:《笛卡尔式的沉思》,张廷国译,中国城市出版社 2002 年版,第 30 页。凡译文有所改动处皆依据 Drion Cairns 的英译本 *Cartesian Meditations : An Introduction to Phenomenology*,The Hague:Martinus Nijhoff,1960。

② 参见同上书,第 85 页。

③ 参见同上书,第 20、85 页。

④ 同上书,第 96 页。

⑤ 同上书,第 98 页。

⑥ 同上书,第 19 页。

一、自我与时间性

在《逻辑研究》时期,自我就是意识经验之流,在"自我"的名义上所展现的是"被给予的内意识";《观念Ⅰ》的观点是:"只是由于目光朝向对象,直观显现一般来说才被构成"[①],"目光朝向"就蕴涵着一种立场,一个位置,一个发出性的自我,于是,自我成为一个极点,并由此完成了对整个世界(主要是客观世界)的重塑;到《沉思》,自我从单子论的角度被还原出来,他人、交互主体的客观世界得以在原真还原后重建。这是一个"主体性"或主体的"先验性"逐步呈现的过程。在这个进路上,可以说,从《逻辑研究》开始奠基的现象学反思,其真正的对象,或真正能够没有"内部矛盾"的、原本地自身给予出的,就是《沉思》中的纯粹自我,"纯粹自我的基本特征在于……是在内在反思(即现象学反思——引者)中本原地被给予的"[②]。如我们在上文所论述,作为相应感知的狭义的直观(甚至可以说是理想的直观)意味着对"原本给予"的直接把握,但是其源始的含义却正是"我给出";"我给出"不仅意味着意识的主动性,而且亮出的就是主体性本身。在这个意义上,真正能够"绝对地"被给予的只有"自我";或者说,这是"原本的自身直观"或"内在的被给予"本身就已具备的一种意味。[③] 这种自我在《逻辑研究》时期只是自身意识,到《观念Ⅰ》成为先验意识(先验经验),而到《沉思》就是单子论意义上的"大全共同体"了。所以,与其如马尔巴赫所说"胡塞尔对自我问题态度的变化是以他对现象学本身之理解的变化为基础的"[④],倒不如说这种"变化"是胡塞尔对主体性或自我的内容(或意义)逐步"严格"地加以"清晰化"的结果,在此过程中,现象学的主旨和作为其方法论基石的现象学反思并没

---

① 胡塞尔:《纯粹现象学通论》,李幼蒸译,商务印书馆 1995 年版,第 211 页。
② 倪梁康:《自识与反思:近现代西方哲学的基本问题》,商务印书馆 2002 年版,第 434 页。
③ 参见同上书,第 432 页。
④ 同上书,第 445 页。

有改变。若说变化,也只是在严格的清晰化方向上的充实而已。

《沉思》将此唯一的绝对的自我①分为"自身充分具体化的本我"(Ego,或称做单子)和"作为同一极和习性之基底的自我(Ich)"②。但是,一方面,作为极点式"中心的自我并不是一个空洞的同一性极(正如任何一个对象也不是空洞的极点一样)"③,而是"持久地一个如此这般作出判定的自我",以至于可以"进一步地把自己构造成了'固定的和持续④的'人格自我"⑤;另一方面,这种自我(Ich),甚至连同所有的对象,它们"持续存在和如此存在的每个特征,都是自我执态的那种在自我极中构造自身的习性的相关项"⑥。因此,通过现象学还原的方法,最终达及的就只有一个先验自我。而这种先验自我本身却是不可能被课题化的,它或者只能是一个隐匿的对象,或者在作自身把握时因为无限后退而成为真正意义上的"原"自我。换句话说,作为"只能从每个我思(Cogito)的本原被给予性中……本原地并且绝对自身地获取"⑦的纯粹自我,它不藏匿任何隐含的内部财富,而是绝对简单、绝对敞明,它所有的财富都包含在我思(Cogito)及其功能方式之中。⑧ 胡塞尔在《沉思》中的观点是,"先验的自身经验"并不在于"我在"的空洞同一性,而是"自我的一种普遍确然的经

---

① 参见胡塞尔《笛卡尔式的沉思》,张廷国译,中国城市出版社 2002 年版,第 94 页。
② 同上书,第 92 页。在那篇著名的文章《胡塞尔的现象学哲学及其当代批评》中,芬克认为胡塞尔有三个自我:世俗自我(在世之在)、先验自我和观察者(现象学还原操作者)(参见 R. O. Elveton ed., *The Phenomenology of Husserl*:*Selected Critical Readings*,Chicago:Quadrangle Books,1970,pp. 115 - 116)。对这三者,胡塞尔在《沉思》中都涉及了(参见胡塞尔《笛卡尔式的沉思》,张廷国译,中国城市出版社,第 48、92、94 页等)。可能需要注意的问题是,非建构性的现象学分析与建构性的意识本质是两个不同的向度,前者由旁观者操作,后者则是主体的本性。
③ 同上书,第 90 页。
④ 同上书,第 91 页。
⑤ 同上书,第 92 页。
⑥ 同上。
⑦ Husserl,*Ideas*,Vol. 2:*Studies in Phenomenology of Constitution*,trans. R. Rojecwicz and A. Schuwer,Dordrecht:Klumer Academic Publishers,1989,p. 118.
⑧ 参见同上书,第 111 页。

验结构(例如,体验之流的一种内在时间形式)"①;体验的时间结构就是纯粹自我的功能方式,也就是"绝对的主体性",是主体"内在先天的""绝然的"结构。② 例如,"客体"化行为中最关涉客体的"感知"实际就是"内时间统一性"。③ 但是,这种时间性不是"持续"意义上的"历史","持续的自我本身作为持续的自我规定性的一极决不是体验的连续性"④。胡塞尔在《内时间意识现象学》中曾经把这种主体性——可以具有一个"河流"的形象——的绝对特性标识为:"现在""涌现"。⑤ 到对时间意识有了新的发展——原印象的优先地位转让给了滞留与前摄之间的关系——的"贝尔瑙手稿",胡塞尔也还是在尽可能展示"现前域-发生"⑥,虽然有从"现在"到"现前域"的转变,但涌现-发生的"原流动"是一脉相通的。正如上节所述,这里最为根本的一点是,这种纯粹自我标志着一种精神,一种被承继的精神传统,即德国唯心主义的"自我"传统。关于它在现象学中的功能或意义(在此意义上也可称作现象学的对象),胡塞尔从时间性的角度将其展示为:随意向活动之时间化的一同时间化,自我的滞化和生命统一,习性的自我。⑦ 这是纯粹自我的自身时间化由深到浅或由源到流的三个层面。其中,第一个层面是最具根源性意义的,对这个层面的自我,胡塞尔在《沉思》中说,它是与人格自我不同的完全具体的本我(Ego),它"只是具体地存在于它的意向生活……的流动多样性之中。

---

① 胡塞尔:《笛卡尔式的沉思》,张廷国译,中国城市出版社 2002 年版,第 39 页。

② 参见 R. Sokolowski, *The Formation of Husserl's Concept of Constitution*, The Hague: Martinus Nijhoff, 1970, p. 186。

③ 参见胡塞尔《经验与判断:逻辑谱系学研究》,兰德格雷贝编,邓晓芒、张廷国译,三联书店 1999 年版,第 127 页。

④ 胡塞尔:《笛卡尔式的沉思》,张廷国译,中国城市出版社 2002 年版,第 91 页。

⑤ 参见胡塞尔《生活世界现象学》,克劳斯·黑尔德编,倪梁康、张廷国译,上海译文出版社 2002 年版,第 131 页。

⑥ 黑尔德:《胡塞尔与海德格尔的"本真"时间现象学》,载《中国现象学与哲学评论》(第六辑),上海译文出版社 2004 年版,第 10 页。

⑦ 参见倪梁康《自识与反思:近现代西方哲学的基本问题》,商务印书馆 2002 年版,第 438—439 页。

对此，我们也把本我说成是具体的单子"①。而所谓"先验本我"就是对这种具体的本我的"超越"，并因此而终究是一种"构造"，尽管是"内在的"。但是，这不是一般意义上的构造，而是所有构造的基础，"（自我对自身而言的构造问题）必须无一例外地包括所有的构造性问题。结果就是这种自我构造的现象学与一般现象学相吻合"②。这个"基础"不是操作意义上的"平台"，也不仅仅是视域意义上的"背景因素"；**先验自我就是视域本身，就是视域的构造功能本身**。这时，胡塞尔说：

> "先验还原"就是一种彻底的转释，即把纯粹意识的"无基地化了的"内部性理解为先验的主体性……由此而使严格意义上的先验经验得以可能，这种先验经验的展开作为先验主体性的自身认识就是先验（静态的发生的）构造的理论。③

换句话说，"被经验的世界正是由先验主体性构造起来的……之所以迈出反思的步骤，其目的就在于建立自我-存在的绝然明见性，以此来确保先验现象学的最终基地"④。黑尔德认为胡塞尔最终把这种起终极作用的先验自我（原-自我）的存在方式落实为"活的当下"。⑤ Sokolowski认为，"作为主体性的条件"的此等"活的流动的当下"的时间性才是胡塞尔"构造"概念的"绝对"基础。⑥ 本书以为，将原本直接当下拥有的现象学精髓与其时间性-先验主体性的终极本质充分融合，这就

---

① 胡塞尔：《笛卡尔式的沉思》，张廷国译，中国城市出版社2002年版，第92页。译文有所改动。

② 同上书，第93页。

③ 倪梁康：《胡塞尔现象学概念通释》，三联书店1999年版，第399页。

④ 黑尔德语。转引自倪梁康《胡塞尔现象学概念通释》，三联书店1999年版，第37页。

⑤ 参见同上书，第181—183页。但是，黑尔德认为这种原-自我就是现象学反思者自身，即"不感兴趣的旁观者"，是后者要为自己眼中的现象学世界（视界、视域）奠基。这就混淆了方法和对象两个不同的层次，实际上也是在单子意义上的Ego与习性的基地Ich的二位一体的运作之外又叠床架屋地平添了同样须如此解释的对象。

⑥ 参见R. Sokolowski, *The Formation of Husserl's concept of Constitution*, The Hague: martinus Nijhoff, 1970, pp. 199-201。也正如Sokolowski在第211页等处所阐明的，即便是"纯粹感性状态，也已成为发生构造的一个阶段"。

完成了时间性的先验主体的现象学建构。①

二、他人与意向性

因为只有在先验交互主体性中,那些使一个客观世界的构造成为可能的条件才会发生,所以,先验现象学必须对交互主体性的经验领域从构造上进行分析,其自身才会有完整的形态(《沉思》第 41 节)。这是胡塞尔先验现象学的整体思路。下面,我们进入《沉思》的文本,对这里涉及的"他人"问题作具体的分析。

在"本己性"中如何有"陌生性"经验,胡塞尔在第 44 节中的基本观点是认为这等同于"本己性"中如何出现"客观性"的问题。解决的途径是,首先,要从先验的态度看,在其中,所有存在的东西都是现象、意义、意向相关项。其次,要从一切陌生性(为所有客体所具有)中抽象出来以达到先验。这种先验经验具有最终的奠基性,它关涉整个世界或世界的统一,并使本真的自然界得以呈现。在这个层面上,"为每个人的"即"素朴"意义上的客观世界也被抽象掉了。最后,在由此达到的本己性中,唯一凸显的"客体"就是我的身体。依胡塞尔的描述,这是一种先验经验降生在人的身体中的所谓世俗化行为。这种身体的行为就是"原真行动";而与此同时,在我的精神本己性中,我却仍然一直在构造着并因此拥有着整个世界。很显然,这是一种精神-身体的两元,并且是悖谬的形式。

在《沉思》第 45 节中,胡塞尔进一步将先验自我界定在现实的体验和习惯之中,具有同一性的自我就是这种世俗化的结果,也就是人格自我。当然,从胡塞尔的思路看,这种自我更像是自我统觉,因为先验本己

---

① 当然,这里要注意的是,"单单主体性并不能解释被构造的东西的实际性(facticity),它只是从静态的和发生的两个方面为被构造的东西提供了可能性的条件"(R. Sokolowski, *The Formation of Husserl's Concept of Constitution*, The Hague: Martinus Nijhoff, p. 199)。就是说,主体性只是意义与现实呈现的可能的条件,而不是其充足理由;"发生性"也只是对这种意义给予的前谓词阶段的描述。简单地说,绝对主体性毕竟没有创造世界,而只是在遭遇并解释世界这个维度上说明"解释"就是"给予意义"。

性中的东西在这里又被他当做心理之物了（当然，这种统觉也会是通向先验自我的途径）。此节的结论是，"陌生者"，无论是意识，还是呈现，都属于本己本质性。第46节的主题是在先验经验的基础上对自我的说明或构造，"在本原上，只有通过说明才能构造出自身"①。此时的自我是内在时间性中的存在，是一种不断的构造活动。事实上，直到将一切对象性都归属于本己本质性领域的第47节，胡塞尔都仍然是在先验本己的范围内论述着。只是从第48节开始，胡塞尔才真正进入了"陌生性"问题。胡塞尔发现，"并非一切我所固有的意识方式都属于我的自身意识样式这样一个领域……在我本己的自身和谐系统中还有其他一些经验"②，这些经验有一种"新型的意向性"，它具有一种存在意义，使得自我能完全超越他的本己性。正是对这种新型意向性的解释构成了该书以后内容的核心。这是胡塞尔意向性理论的一大发展。第49节是以后各节的一个概述，其思路是，从他人到自我共同体，再从单子共同体"通过群体化地构造着的意向性"③构造出同一个世界，这样，先验的交互主体性本身就有了一个交互主体的本己性领域，而"客观世界"就作为"内在的"超越性寓于其中了。值得注意的是，这里有一个从对他人的意向性开始到更新型的意向性的发展过程。下面，我们看看这个具体过程。

胡塞尔从一开始就已经意识到：如果他人能够在我的经验中本原地被给予，也就是说，如果他人的本己本质性是可以直接通达的话，那么它只能是我的本己本质的一个要素，而且他本身和我自己最终将会是同一个东西；这与他人被作为"躯体"而隶属于我没有本质上的差异，即仍然没有"他""人"。因此，胡塞尔认为，"在这里，一定存在着某种意向性的间接性……它向意识呈现为一个共在此"④，这种"共在此"涉及的"共现"

---

① 胡塞尔：《笛卡尔式的沉思》，张廷国译，中国城市出版社2002年版，第138页。
② 同上书，第144页。
③ 同上书，第147页。
④ 同上书，第149页。译文有所改动。

不是事物感知意义上的共现。因为,在我的原真世界中惟一的躯体(以后能被构造为身体)是我自己的,所以,要把"在那儿的"立义为躯体,就只能运用类比化的立义(与我的身体相类似)。胡塞尔说:

> 从一开始就很清楚的是,只有在我的原真领域内的把在那里的那个躯体与我的躯体连接起来的相似性,才能为把那个躯体作为另一个身体的类比化的立义提供动机基础。①

胡塞尔认为,这种立义是由"某种统觉转换"而来的,或者就是"一种特定的类比化的统觉"。实际上,每一个统觉"都往回意向地指明了一个'原促创'",而"每一种日常经验都可以把一种本原地促创出来的对象意义类比化地转递为某种新的意义,也就是在对对象意义的预期立义中转递为一种类似的意义"。② 这就是说,不仅是我们这里讨论的类比化统觉,**实际上每种统觉都意味着一种"原促创"**。胡塞尔还以小孩第一眼就可以理解剪刀为例加以说明(由此甚至可以说,每一次本质直观的实现都是一次原促创的完成)。而经由每一次对对象意义的预期立义,原促创的意义又进一步地转递为类似的新意义,于是便有了愈来愈丰富的预先被给予性的意义。在胡塞尔后期作品中对这种预期立义(相应地还有未来概念、主体性方面的习惯性积淀等)的重视和分析,与对"被动性"、来自对象方面的刺激、原触发等的重视和分析相辅相成,相得益彰,因为"这些统觉的阶段形态都是与对象意义的阶段形态相对应的"③。因此,我们可以说,**类比化立义或类同化统觉并非立义或统觉的异类,而只是统觉原本就具有的原促创性的一种表现**。④ 换句话说,"一切已知的东西

---

① 胡塞尔:《笛卡尔式的沉思》,张廷国译,中国城市出版社 2002 年版,第 151—152 页。译文有所改动。

② 参见同上书,第 152 页。

③ 同上书,第 152 页。

④ 实际上,在《经验与判断:逻辑谱系学研究》中所谓"被动性"的分析中完成的恰恰是在原促创层面上主体-统觉的建构及其发生性分析。

都指向一种本原的认识活动"①。在陌生经验中,类比化立义之所以能够实现意义的转递,就是以"结对"或"结对联想"为依据和途径的(虽然结对并不必定是在陌生经验中②,但却是以后者为典型的体现),而结对"作为联想的被动综合的一种源始形式",却正是先验的(和相应的意向心理学的)领域中的一种普遍现象。在"最普遍的现象学"③所探讨的发生行为中,主动性的任何构造都是以某种预先给予的被动性为前提的④,而被动发生的普遍原则就是联想⑤,所以联想"是一个对于纯粹自我之具体构造的某种意向本质规律性的称谓,是一个'天赋的'先天领域"⑥。简单地说,"结对"就是在纯粹的被动性中两个或两个以上的材料,作为不同的显现者,在现象学上建立起一个相似的统一体,也就是被作为一个对象,而一旦出现了这种意向的重叠,就会有一种"生动的相互的唤醒",即一种按照对象的意义而相互递推着的自身叠合。此种相合的结果就是在已结对的东西身上实现了意义的转递,而一种类比化统觉也由此得以实现。

在陌生经验中,这种结对所实现的就是,他人在空间中的显现唤醒的是"把我本人的身体构造为空间中的躯体"那样的显现系统;而进一步的相互唤醒便进入到结对中的外部躯体从我本己的东西那里类似地获得了"身体"这一意义,更进一步地获得了"属于类似于我原真世界的另一个世界的身体"这一意义。这其中具体的"意向情形"是:

> 每一种经验都指向更进一步的、可对共现的视域加以充实和证实的诸多经验,它们在非直观的预期形式中就包括了那种和谐的进

---

① 胡塞尔:《笛卡尔式的沉思》,张廷国译,中国城市出版社 2002 年版,第 109 页。
② 《经验与判断:逻辑谱系学研究》把相似性联想作为意识活动的一个最初级然而最根本的功能,参见第 16 节。
③ 胡塞尔:《笛卡尔式的沉思》,张廷国译,中国城市出版社 2002 年版,第 105 页。
④ 参见同上书,第 107 页。
⑤ 参见同上书,第 109 页。
⑥ 同上书,第 110 页。

一步的经验可潜在地加以证实的综合。①

胡塞尔认为这是"一种不可原本通达的而又具有可证实的可通达性",即"不能原本地自身给予的,但却能前后一致地证实某种已指明的东西"。②具体地说,就是这样一种陌生的共现,在不断继续起作用的联想中总是提供着新的共现内容,从而使变化着的另一个自我的内容获得了某种确定的认识:最初可确定的内容是有关身体行为的,进一步的则是在更高的心理领域的同感中获得的。这样,胡塞尔说:

> 由于在那里的躯体(即前文所述"在空间中的显现、那里",与我的这里相对而又不可相互进入,只能在联想上得到描述——引者)是与在这里的我的躯体一起进入结对联想的,而且,又因为它是在感知中被给予的,并成为一种共现的核心,所以,这个自我必须按照联想的整个意义给予过程而被必然地共现为处于在那里的样式中的现在共此在着的自我。③

"陌生者"的经验由此实现。

对此所谓"陌生经验"或"对他人的感知"需要辨明的是,虽然胡塞尔认为我自己的过去(或过去的我,既成的、人格的我)也与此陌生者类似,也有一种意向的变式,并且也是在回忆的和谐综合中被经验地证实的④,但毕竟——胡塞尔的宗旨在此彰显——陌生者"只能被设想为本己者的一个类似物……是我自己的变样"。所有被共现的东西,虽然"首先是作为他(即陌生者——引者)的原真世界",但终究是作为"完全具体的自我"的我的具体的东西。换言之,这毕竟是"在我的单子中共现地构造出

---

① 胡塞尔:《笛卡尔式的沉思》,张廷国译,中国城市出版社 2002 年版,第 156 页。译文有所改动。
② 参见同上书,第 157 页。
③ 同上书,第 163 页。
④ 参见同上书,第 158 页。

的另一个单子"。① 正是因此，我们会发现，他人并非由于是非原真感知而成为他人，相反，他人恰恰就在原真感知中。质而言之，虽然陌生感知是奠基于结对的类比化统觉，是不同于"认同的"被动综合的"联想的"被动综合，但它终究是"通过联想而与那种本真的感知融合在一起的当下化"，并且又是"在共感知的独特作用中与本真的感知融合在一起的"，"这两者是如此地融合，以至于它们都处于一种感知的共同作用之中"。② 事实上，结对、联想作为共现形式，本来就是本真感知的一种源始形式，可以存在于任何一种现实感知中，只不过是在陌生经验中突出地表现出来而已。换个角度说，在我的原真领域中的我自己的躯体要想获得其自身在那儿的、事实上的存在，也必须根据联想的共现（结对）所决定的意义而定。③ 综而言之，这种类比的共现作为一种当下化，正是直观的或本原给予的，我自身的给出和他人的给出都是如此。因此，我们甚至可以说，在具有绝然明见性的"我在"（即先验自我）中，自身在此的他人，其躯体（陌生经验中的躯体本就不属事物感知领域）是原本被给予的，其心灵也是原本被给予的，因为，身体行为和所谓更高的心理活动同样都需要的只是结对性的联想、结对性的同感与和谐的综合证明。

正是由于被动发生对于主动发生的基础地位（通过原促创），所以在发生现象学中，他人与自我同样有共现性质的给出，而且相应地必然产生出同一个原真自然。胡塞尔认为，人们之所以有"群体化之谜"④，就是因为"自我的"与"他人的"这两个原本领域被区分开了⑤。胡塞尔说："对我来说，单子的多数性是不可设想的，除非它是一种清晰地或暗含地被群体化了的多数性。"⑥同样地，任何一个"世界"，也都"必然是作为从原

---

① 参见胡塞尔《笛卡尔式的沉思》，张廷国译，中国城市出版社 2002 年版，第 157—158 页。

② 参见同上书，第 166 页。

③ 参见同上书，第 167 页。

④ 参见同上书，第 165 页。

⑤ 参见同上书，第 166 页。

⑥ 同上书，第 190 页。

真的东西出发可通达的并有序地开启的存在视域而被给予的"①。于是,关键之处或结论就是:

> 作为被我设想的东西……它们事实上都属于一个惟一的、我自身也被包括在内的大全共同体,它包括了可被设想为共存的所有单子和单子群体。②

因此,只有"一个"世界是现实而必然的,可以说,"意向性地说明""一个"最终奠基于并包融于先验自我的大全共同体(或自身群体化的单子大全)以及与其相应的唯一"一个"客观世界,正是胡塞尔他人现象学的宗旨。这正如耿宁所说,胡塞尔的他人绝非源于非本真感知。不过,黑尔德说得更到位:陌生经验就是对其他自我的构造;在对诸多自我和世界的经验那里所发生的实际上是一种"共体化"过程;而由陌生身体所引发的对本己的原真领域的跨越,最终又被共体化所统摄。③ 当然,我们也可以反过来说,若共同当下的被给予方式永远不能由我进行,那么每个主体最终就只能是他人。

总之,正如胡塞尔在第 62 节中作总结时所强调的那样:

> 我们首先应该注意的是,无论在什么地方,先验的态度,先验悬搁的态度都不应被放弃,并且我们关于陌生经验、关于"他人"经验的"理论",只是要解释"他人"的意义,把这种意义看做是从那种经验的构造性的生产性中产生出来的,也把"真实存在的他人"的意义看做来自于相应的和谐的综合。④

这是一种先验解释,或"自身解释","就是对我在我自身中发现的东

---

① 胡塞尔:《笛卡尔式的沉思》,张廷国译,中国城市出版社 2002 年版,第 183 页。
② 同上书,第 191—192 页。译文有所改动。
③ 参见倪梁康《胡塞尔现象学概念通释》,三联书店 1999 年版,第 166 页。
④ 胡塞尔:《笛卡尔式的沉思》,张廷国译,中国城市出版社 2002 年版,第 202 页。

西的解释"①。胡塞尔是要由此证明一切实证性陈述的先验合法性,即"一切超越性都是被先验地构造出来的"②。这也回应着前四个沉思所达至的总体基调:

> 在任何一种形式上的超越性都是在自我内部构造出来的一种存在意义。任何一种可设想的意义,任何一个可设想的存在,不管它是被称做内在还是超越的,都处于先验主体性的……领域之中。③

也就是说,这只是对"这个本己的东西本身"的解释,是由此为基点去理解"在这个本己的东西内部",非本己的东西如何"同样"获得存在的意义。④ 在这个意义上,我们可以说,正是由于再次回到了原真的本己性,胡塞尔才真正诠释了共现、陌生、客观、综合等等的含义,才完成了现象学的先验的观念论。这也是胡塞尔本人在对"唯我论"的批评进行反省后的结论。

我们可以有三个结论。首先,应该说,只有"自我"(主要是先验自我)的存在方式及其构造机制才是胡塞尔先验现象学的最根本的核心问题。这是胡塞尔直到《危机》时的立场:只有"这个总是独一无二的'我'在它的原初的在自身中发生的进行构成的生活中"才能构成对象、他人,交互主体和客观世界⑤;他人作为这种自我的一种成就只是一个需要去"解释"——"直观"就是"纯粹意义解释"⑥——从而跨越的环节。其次,似乎是中性的意向性理论的基本内容和真实含义,也须在自我的"视域"中得以展现。实际上,正是在《沉思》(尤其是所谓"他人经验")中我们看到,**意向性与先验自我之间的圆融及其完备才是胡塞尔本人最着力的地**

---

① 胡塞尔:《笛卡尔式的沉思》,张廷国译,中国城市出版社 2002 年版,第 203 页。
② 同上。
③ 同上书,第 114 页。
④ 参见同上书,第 204 页。
⑤ 参见胡塞尔《欧洲科学的危机与超越论的现象学》,王炳文译,商务印书馆 2001 年版,第 224—225 页。
⑥ 胡塞尔:《笛卡尔式的沉思》,张廷国译,中国城市出版社 2002 年版,第 205 页。

方。最后,可能会让我们有些意外的是,若此论述是正确的,我们竟会发现,在胡塞尔这里,自我与他人的区别最终将消解在这个唯一的世界中。

三、关于"原真还原"

不同于还原到普遍性意识的先验还原,"原真还原"是还原到个体,或确切地说,是还原到自我的"自身"经验,还原到的"直接原本"的被给予之物(甚至有以事物感知为基础之义),还原到最实在绝然的层面,即具体自我或个体自我的层面。或许可以形象地说这是一个灵魂附体的过程,是对普遍性自我(先验意识)的个体化诉求。由此,"源始性"也随着明见性从相应到绝然的转换而被移植到了"发生"的意义上。这种主题性的悬搁要求暂时抹去所有那些与陌生主体性有任何关系的东西,而对所有那些通过陌生主体性才得以共同完成的意义构造所作的这种方法上的排除,就把我的先验经验领域还原到了本己性领域或"原真领域"。借助于这种排除,实际上所达到的是"一个纯粹自然的世界"[1],在其中,其他的主体只能作为躯体,即作为空间事物现象而保留下来,同时,我自己也是人类的、心理-物理学的实在。原真领域的关键作用是要说明"本我的各个意向性的联系",从而"为同感提供了动机基础"。[2]

这里有几个问题可能还需要进一步地辨析、说明和探讨:1. 这个原真领域仿佛是一个自然主义的世界,一切似乎都成为时空中的物体,他人、自我皆然。这里的关键是自我的身体化,身体的客体化、肉体化,并由此使自我的"这儿"成为世界的中心。胡塞尔在这样做时,并非已经有了交互主体的预设,而是还原到世俗世界、自然世界,或准确地说"生活世界"。但是,对于胡塞尔,交互主体的世界毕竟是在一个"先验"领域中,即便有"众多的"先验主体。这一点,直到其最后著作《危机》,胡塞尔

---

① Peter Reynaert, "Intersubiectivity and Naturalism: Husserl's Fifth Cartesian Meditation Revisited," in *Husserl Studies*, Vol. 17, No. 3, 2001, p. 209.

② 参见倪梁康《胡塞尔现象学概念通释》,三联书店 1990 年版,第 370—371 页。

都是明确的:主体性确是"只存在于交互主体性中",但后者毕竟只"是起决定性作用的我"。①

2. 将我的身体(Leib)肉体(Koerper)化,这已经超出了原真领域的界限;由此出发,不是交互主体性得以共生,而是回溯到了事物感知层次的自然世界。可以说,后来的梅洛-庞蒂在《知觉现象学》中所论述的、建立在"意识是有身体的"基础上的他人现象学与胡塞尔在此把他人现象学建立在感知的意向性的基础上是一致的,当然两人的基点不同,一个是先于类比的对他人的知觉②,一个最终是主体性。

3. 由此,这就回到了"意向性"这一现象学真正的源始领域。**可以说,正是"意向分析"才是《沉思》这本书的最大成果。**胡塞尔不仅在意向对象的反思方向上对"被给予方式""视域"等做了深入的探究,更在意向行为的反思中明确揭示了意向的构造性。而且,正如该书编者所论:"最具决定性的结论之一就是揭示出了这种意向性是一种能起发生作用的意向性,它在'促创意义的作用'中构造起各种对象性。"③正是在这个进路上,奠基于感知中最基本的同质性联想的那种"同感"才得以发生,并成为他人经验(陌生感知)的基础。这里的问题是,同感和共现所建立的还仍然是肉体,而如何从肉体到身体再到另一个先验的主体,实际上仍然没有解决。胡塞尔在《观念Ⅱ》第三部分中用"人格主义态度"来解释本来就是"社会的"精神世界的构造时倒是对此提供了一个解决方案。④

4. 所以说,《沉思》的问题和主题与其说是他人问题,倒不如说是如

---

① 转引自施皮格伯格《现象学运动》,王炳文等译,商务印书馆 1995 年版,第 794 页。着重号为该书原有。这是该书作者在对梅洛-庞蒂把胡塞尔的主体性归结为交互主体性产生怀疑后,遍查了《危机》一书所摘引的与梅洛-庞蒂正相反的、被"法国现象学改变了观点"的一段原义。中译本原文是:"主观性只有在主观间共同性之中才是它所是的那个东西——即才是以构成方式起作用的自我"(第 208 页)。

② 参见梅洛-庞蒂《知觉现象学》,姜志辉译,商务印书馆 2001 年版,第 443 页。

③ 胡塞尔:《笛卡尔式的沉思》,张廷国译,中国城市出版社 2002 年版,第 10 页。

④ 参见 Peter Reynaert,"Intersubjectivity and Naturalism: Husserl's Fifth Cartesian Meditation Revisited,"in *Husserl Studies*,Vol,17,No,3,pp,207‐216。

何更完善地建立自我论。这实际上是一个从重塑自身开始的建构(或意义解释)进程。在这个意义上,这里真正的逻辑漏洞反而不在于人们常讨论的对"他人心灵"的感知问题,而在于把"自我"肉体化的同时就已经预设了他人的目光。[①]当然,"预设"不等于"真实存在",在这个意义上,胡塞尔甚至说,就"他"人的含义"预设"了我的身体而言,也不能说我就"真实存在"。[②]但是,这毕竟要么是同感"预设"了更源始的原真意向性,就是说同感源于原真的意向性,因此根本不需要他人的存在——但若如此,则又会回到了上文所述的意向性问题;要么就是只有在发生性的原真领域中才有"真实存在",这样,就只有在发生现象学中才能真正解决这个问题。因为在静态现象学中,原真领域只能是我自己的,只有在发生现象学中才能真正"发生"其他先验主体的真实的同感经验。[③]事实上,发生现象学也确实成为胡塞尔后期思想的主题。然而,胡塞尔最终并没有能系统地完成这种发生现象学意义上的交互主体现象学。

第四节　时间意识:被动综合与反思

对于作为绝对主体性的时间之流,胡塞尔的矛盾——或许正是由此显示出其主体性之创生和其方法论之根基——在于:既把这条时间流当做前自我的或使自我得以生发的绝对构造(absolute constituting),又认为这种时间流有形式上的结构(即"活生生的当下"),并且正是绝对意识进行本质直观后的发现,即被构造的(constituted)。于是,本来作为方法论基础的现象学自我(实际上,即便是这种自我,其本身也还有发生的问

[①] 这还只是舍勒所批评的那种循环论证——"类比推理必须以它应解释的东西为前提"(参见梅洛-庞蒂《知觉现象学》,姜志辉译,商务印书馆 2001 年版,第 443 页)——的一个表现。

[②] 转引自 Nam-in Lee, "Static-Phenomenological and Genetic-Phenomenological Concept of Primordiality in Husserl's Fifth Cartesian Meditation," in *Husserl Studies* Vol. 18, No. 3, 2002, p. 181.

[③] Namin Lee 认为胡塞尔在"第五沉思"中对原真性的分析实际上有静态现象学和发生现象学两个角度。

题），同时又成为这种绝对的时间之流的基础，或使其得以显现的条件、前提和预设。而后者本来已经是在"向某某显示"意义上的在场（的形式结构），却又成为所有在场的东西得以存在的根据。这样的矛盾在胡塞尔的现象学中极其突出地表现在所谓"充实"意义上的"构造"这个宗旨上。在上文，我们已经从直观明见性入手，简要地说明了胡塞尔现象学的构造本性，以及自我在"意义世界"和"他人"的构造中的方法论和存在论上的基础地位，并且力图阐明在"现象学自我"问题域中"内在的超越"和"绝对的时间意识流"之间的悖结。现在，我们可以说，这个悖结就集中表现在时间-意识的被动综合的功能及其阐释上。这是胡塞尔向发生现象学过渡的原因，也是他后期的主题之一。下面，我们就探究在隐晦之处的时间意识以及常常有可能成为盲点的现象学的方法论基础中的时间问题。

一、感性个体与时间意识

在胡塞尔的《经验与判断》中，作为逻辑谱系学（即逻辑发生学）的"先验逻辑"将一切谓词明见性奠基于经验明见性之上，而经验"在最初和最确切的意义上被定义为与个体之物的直接关系"①，于是，作为"对象的自身给予"的明见性便落实在个体对象的明见性之上了，"这样，探讨对象明见性的性质就是探讨个体的明见的被给予性。而个体对象的明见性则在最广泛的意义上构成了经验概念"②。但是，对这种"最终源始的经验明见性"或者说"真正原创活动"的发现确实"不会那么轻而易举"③。实际上，胡塞尔认为排除全部观念化是不可能的，这不仅是语言

---

① 胡塞尔：《经验与判断：逻辑谱系学研究》，兰德格雷贝编，邓晓芒、张廷国译，三联书店1999年版，第42页。
② 同上。
③ 同上书，第58页。

的普遍性问题①,而且更在于,凡是谈及对象的地方就已经有一种主动性了:"对象化总是一种自我的主动作用"②,"一切从背景中发出刺激作用的东西从一开始就是在某种'对象性的理解'中被意识到的……作为知识取向的可能基底而被理解的……未知性在任何时候都同时是一种已知性模态"③。于是,在胡塞尔所谓"完全素朴的"、"指向单纯的物体性的""感性知觉"④中所获得的"作为被动地预先给予的经验基础的纯普遍的自然界"⑤,即作为"信念基础的领域"⑥的世界,最终成为"一切可能的判断基底之视域"⑦。**在这个"视域"中发生的仍然是"本质直观",个体再次成为观念的例子,或者说"个体"本身就是观念化的产物,是在世界视域中凸显的。**正是因为"任何有关一个单个物的经验都有其内在视域"⑧,所以,"在发生学上"更源始的对"单个的存在物"的指向⑨,最终也只有回落到作为"普遍的"被动的预先被给予性,即作为"整体"的世界信念中。用胡塞尔的话说:"自我之所以能够经验到一物,这取决于一种本质的发生。"⑩

　　总之,在胡塞尔那里,意识总是保持清醒的⑪,即使不是对象性的场景,也不会是"单纯的混沌",它"总是具有确定结构"⑫。这种原被动性尚且如此,就更不用说那种"作为在一种固有的习性中保留下来的构成物

---

① 胡塞尔:《经验与判断:逻辑谱系学研究》,兰德格雷贝编,邓晓芒、张廷国译,三联书店1999年版,第76页。
② 同上书,第80页。
③ 同上书,第54页。
④ 同上书,第73页。
⑤ 同上书,第74页。
⑥ 同上书,第70页。
⑦ 同上书,第56页。
⑧ 同上书,第48页。
⑨ 参见同上书,第47页。
⑩ 胡塞尔:《笛卡尔式的沉思》,张廷国译,中国城市出版社2002年版,第107页。
⑪ 参见胡塞尔《经验与判断:逻辑谱系学研究》,兰德格雷贝编,邓晓芒、张廷国译,三联书店1999年版,第99页。
⑫ 同上书,第92页。

的多种统觉的被动发生"①的"第二性的被动性",即对新的主动性而言是动机性的被动的在先被给予性了。《经验与判断》所论述的被动性实质上就是"构造",论述的主体部分就是从最基本的"综合"开始的②。应该说,这是胡塞尔的智识主义知识论宗旨的必然归宿:

> 通过把现象学的问题还原为对可能意识的诸对象性的(静态的和发生学的)构造这一统一的总标题,现象学似乎就正当地表明了自己是一种**先验的认识论**。③

不过,不是本质向度上的感性原素问题也早就处于先验现象学转变后的胡塞尔的视野中了。在"贝尔瑙手稿"中,在处理"新奇之物"(Neuheit)以及原体现的可能性问题时,胡塞尔虽然最终再次将其归入先验逻辑,但也曾一度处于自我怀疑之中④,其中就有对"以时间性为根基的个体性"(实即"感性原素或被动性")的关注。但是,真正的个体性——突出地以"原被动性"的方式呈现出来——只有在时间性问题域中才可能凸显。因为在胡塞尔这里,个体性问题只是被作为被动"综合"的一个维度,而"被动综合"作为一种使两个感性的原素统一体从它们自身得到连接的、触发性的、联想的结对,虽说是从感觉材料自动发生的自身联想中自己呈现出来的,但终究还是被胡塞尔归结为时间自身的综合问题:"这种使其他一切意识综合成为可能的普遍综合基本形式,就是无所不包的内在时间意识"⑤,而作为综合的基本形式的"认同"就是"以连续的内在时间意识的形式向我们呈现"⑥的。当然,这种"支配一切的被

---

① 胡塞尔:《笛卡尔式的沉思》,中国城市出版社 2002 年版,第 108 页。
② 胡塞尔:《经验与判断:逻辑谱系学研究》,兰德格雷贝编,邓晓芒、张廷国译,三联书店 1999 年版,第 93 页以下。
③ 胡塞尔:《笛卡尔式的沉思》,中国城市出版社 2002 年版,第 111 页。黑体为引者所加。
④ 参见贝耐特《胡塞尔贝尔瑙手稿中的时间意识新现象学》,载《中国现象学与哲学评论》(第六辑),上海译文出版社 204 年版,第 131 页。
⑤ 胡塞尔:《笛卡尔式的沉思》,中国城市出版社 2002 年版,第 59 页。
⑥ 同上书,第 56 页。

动地流逝着的综合"①不以主体的任何能动性为前提,反而是所有能动性得以可能的前提。② 但是,这种前建构的时间之流仍然具有"内在时间性的源始建构的合规律性"③,任何一种"纯触发性的在先被给予性"④,作为一种视域意识,"一个完整的觉知场景"⑤,都是时间意识综合的结果。不仅如此,我们甚至可以说,正是借主体天生具有的时间化的构造能力构造出体验的原初统一,意识才在时间化中构造了自身。

胡塞尔的"他人",作为"个体性",在知觉场景中的显现就是一个很好的例证。在胡塞尔的现象学中,同质性和异质性是联想性结合的两种基本方式的不同结果,一切源始的对比(比如"结对")都以联想为基础,他人就是在此基础上出现的。我们在上一节已经对此作了叙述,这里只想强调:这种联想作为被动综合,仍然是以时间性的综合为基础的。胡塞尔说,"时间意识是建构一般同一性之统一体的策源地"⑥,联想也不例外,"联想发生的现象是笼罩着被动的预先被给予性这一领域的现象,它上升到了内时间意识的综合阶段"⑦。我们可以简单做一总结:所有的感性被给予性都已经是某种建构性综合(联想)的产物;而从"感性场景"——"某个感性场景的统一性只有通过联想性融合(同质性联想)才是统一体"⑧——开始的所有被动的预先被给予性就更是一个具有同一性的统一体了,这就像知觉场景是由多个感性场景的综合建构起来的一

---

① 胡塞尔:《笛卡尔式的沉思》,中国城市出版社 2002 年版,第 56 页。
② 这种在我思之前甚至在无自我的情况下发生的"时间化",被胡塞尔称为"原被动性"。他认为,总体来看,"主动性的任何构造都必须把某种预先给予的被动性作为最初阶段设定为前提"(同上书,第 107 页)。
③ 胡塞尔:《经验与判断:逻辑谱系学研究》,兰德格雷贝编,邓晓芒、张廷国译,三联书店 1999 年版,第 132 页。
④ 同上书,第 78 页。译文有所改动。
⑤ 同上书,第 99 页。
⑥ 同上书,第 92 页。
⑦ 同上书,第 94 页。
⑧ 同上书,第 95 页。

样。① 作为个体的他人就是在此知觉场景中显现的。

二、无意识与时间意识

在胡塞尔的先验现象学中，即便无意识也仍然属于被动综合中的时间问题。根据倪梁康先生的看法②，首先，胡塞尔的无意识概念主要就是"作为内时间意识现象学课题"的无意识，是被遗忘的但仍起作用的"背景意识"。这是一种"原初遗忘性的无意识"，是"不再被意识到的滞留的东西"，遗忘的特征是在其本性上"可以一再地被唤醒"。实际上，不用说这种原本就是被把握为"原印象"的"过去"，即便是在原印象中没被把握到的东西，在扩展了的意识行为的意义上，作为"行为萌动"，也仍然具有"触发的力量"（affektive Kraft），虽然从一开始就"不清楚"。其次，如果从对象中没有发出任何触发性的东西，那么这些对象便沉入一个独一无二的黑夜之中，并在特别的意义上成为无意识。前一个无意识，实际上是现在的过去或前展，作为背景意识仍然是一种主动的意识行为，因为，即便是最微弱的触发，在胡塞尔这里也是自身性的，即"自身触发"的，而以自身触发为起点的所谓"被动的"发生，不仅仅关涉"内容"，即不仅仅关涉统觉本身的发生问题，还涉及统觉内部意识流中个别事件的"相互接续"，所以，在胡塞尔这里，"发生的法则"就是"原初时间意识的法则"。可以说，更深层次的、真正具有胡塞尔意义的区分，与其说是作为历史性的时间性与从形式结构角度所说的时间意识之间的区分，毋宁说是直观内部感知和想象之间的区分，以及更关键的滞留和回忆的界分。③ 而后一个无意识，虽然

---

① 胡塞尔：《经验与判断：逻辑谱系学研究》，兰德格雷贝编，邓晓芒、张廷国译，三联书店1999年版，第92—95页。

② 参见倪梁康《胡塞尔时间分析中的"原意识"与"无意识"》，载《哲学研究》2003年第6期。本节这一部分基本上是建立在对倪先生这篇文章解读的基础之上的。

③ 在此我们不禁想到德里达对"滞留"与"再造"的混淆。本书以为，这种混淆似乎不应该是德里达的理解能力问题，真正的问题出在对直观原则的构成本性（例如下文黑尔德所谓的"现前域的临界构成"问题）及其先验自我基础所带来的真正先验之谜（而"出生，死亡，无梦的睡眠"是不应该属于"先验"领域的）的理解上。事实上，这更是一个哲学观上的分歧问题。

是没有了任何触发性的力量,但仍然还是"对象"沉入遥远的过去的"结果";而且,这种"零""空乏"意义上的"无意识"实际上只是"标志着这个意识活力的零"。因此,可以说,这两种无意识都不是真正意义上的"无"意识,胡塞尔说得很清楚,即便是触发力量的零也不意味一个虚无。①

为了探索过去和前展,胡塞尔把现在点发展为其本质是一种发生性的运动的现前域。黑尔德对这一点有着中肯的认识,"原印象的现在核心标志着现前域内的一个界限,它实际上并不是直接被经验到的,而只展示着一个思想操作的产物,即作为临界构成(Limesbildung)的理念化的产物②。"这种理念化的现在甚至是一种不在场,"时间作为切近相互接近着'到达'与'曾在'的不在场,这恰恰是由于它通过扣留和拒绝而将这两者不可逾越地远隔开来(ent-fernen)"③。可这并没有逃出德里达所批评的"现前形而上学",因为虽然现前域已经不是静态的理念化的产物,但现前仍然是关注的核心,滞留和前摄、过去和未来这些名词本身就已经充分表达出了这种意味。胡塞尔本人对所谓"无意识"的说明,从更深的层面揭示的也正是这个现象学直观的基础。**问题不是"形而上学",而是"现前"(从点到域、从静止到动态都没有改变这个基本的格局和格式);而"现前"的关键就是主体。**探究主体的先验发生与谱系权力不过是"发生的神话"的肯定与否定两个对立从而一体的运作。

真正的无意识应该是从真正的"外"到内、从真正的"无"到有地"被动"发生的。它不是主动性行为的过去(遗忘的本性恰恰在于它能被唤醒);它不经过现前域的出现,不是过去来自现在,而是现在出自过去,而这个过去是从未现在过的。真正的无意识不是曾经出现在现前,而是永远都无法现前的,宣称从过去调出无意识来,只不过是自身把握的又一

---

① 这实际上就是胡塞尔的"责任"主体性,无可推诿的意识自主性。
② 黑尔德:《胡塞尔与海德格尔的"本真"时间现象学》,载《中国现象学与哲学评论》(第六辑),上海译文出版社 2004 年版,第 104 页。
③ 同上书,第 113 页。

次图谋。^① 但这已经是以后列维纳斯的观点了。胡塞尔是没有这类"异质"触发的概念的。

三、反思与时间构成

方法论的反省是胡塞尔思想发展的动力,而反思或对象性意识也一直是胡塞尔方法论的基石。自我,作为反思的操作者或意识流的归属者(实际是意识流的整体性问题),也是这条进路上操作性的结果。当然,在没有自我的情况下,意识流也可以统一,统一的内在机制就是时间意识,以至于胡塞尔说时间意识就是绝对的主体性。但是,这种说法一方面表明在《内时间意识现象学》(1906—1907)中纯粹自我尚未出现,另一方面还说明对主体性的追求是胡塞尔一贯的宗旨,即便在《逻辑研究》时期,意识流也是被称作"现象学自我"。在这里,一个自然而然的问题是,这种意识流或体验与反思的关系是什么?

胡塞尔在《逻辑研究》时期是反对那种不能成为对象的意识形式的,就如同不赞同那托普的"不能成为对象"的关系中心,至少在第一版时是这样的。但是,自身意识虽然不是对象性的,而是伴随性的,本身不可能成为意识的对象,但却是意识对象的前提,而且是自我得以可能的前提。因此,我们就很有必要根据"原意识"^②与反思之间奠基与被奠基的成对关系,切入事实上正是构成二者共同背景或本真意味的先验主体性问

---

① 从拉康的角度看,无意识是他者的话语,而每一次所谓的自身把握都是想象界中的象征性的满足,是他者的又一次胜利。当然,这个他者与作为本书主题之一的列维纳斯的他者又是意趣迥异的。

② 根据倪梁康先生的看法,原意识在胡塞尔那里有两个基本含义:一是原印象,一是自身意识。二者都不是对象性行为,但又可以称为"特殊的意向性"。胡塞尔在《内时间意识现象学》(附录九)中提到"原意识"时说的是"构造性体验的开始段",虽然不能够通过在其后的滞留而成为反思的客体,但因为不可能是"无意识的",因而是以"非对象性"的方式存在的,是在原意识中"被意识到"的原初河流。本节这里的原意识只取与反思相对的自身意识的含义。而实际上,若以本书后文的立场看,原意识的不好分辨的这两个含义的一体性正是胡塞尔在意识始基处的"歧义性",留有了列维纳斯切入的缝隙。

题,或许可以在其中找到走"出"意向性意识的路径。

让我们首先来界定一下反思。胡塞尔对一般反思的界定是:"目光从所意识到的某一物向对该物的意识的转移"①。耿宁指出,胡塞尔的反思不是感知,因为作为其对象的被反思的意识(行为)"永远不会是直接的当下"②。那么,反思的基础是什么呢?耿宁认为:"对意向体验的反思只有在当下化(Vergegenwaertigung)的基础上才是可能的"③。就是说,反思不仅使体验本身获得存在(即被论证了如何存在,或如何可能),更使体验的本质得以揭示(即被直观到,现象学的直观就是本质直观,即把对象转变为"本质普遍物的例示",而这也就是现象学的还原)。④ 当然,反思本身作为体验的一种类型,也是现象学分析的客体,可以有"关于反思的本质研究"。对此经验类型,胡塞尔认为有两个特征:一是具有"意识变样"的特性,包括目光转移、态度改变、事后性、必须有原意识的奠基等等。二是任何意识都能加以经验。⑤ 正是由于反思既可以揭示体验的本质,而所有的体验又都可以经验此反思,一句话,"内在本质把握的和内在经验的一切样式都包含在反思概念之内",所以反思对于现象学"具有根本的方法论意义"。⑥ 胡塞尔说:

> 反思现象实际上是一种纯粹的和完全明晰的所与物领域。它是一个由于是直接的所以是永远可达到的**本质洞见**,它从作为对象的所与物开始,永远能反思所与的意识及其主体……显然,由于其本质……像意识和意识内容这类东西(在真实的或意向的意义上)才能仅只通过这种反思被认识。因此(甚至)上帝也受到这种绝对的和洞见中的必然性的制约,正如 $2+1=1+2$ 这种洞见要受到这

---

① 胡塞尔:《纯粹现象学通论》,李幼蒸译,商务印书馆 1995 年版,第 190 页。
② 倪梁康:《胡塞尔现象学概念通释》,三联书店 1999 年版,第 403 页。
③ 耿宁:《什么是对意识的反思?》,载《中国学术》(第 15 辑),商务印书馆 2003 年版,第 7 页。
④ 参见胡塞尔《纯粹现象学通论》,李幼蒸译,商务印书馆 1995 年版,第 187 页。
⑤ 参见同上书,第 189 页。
⑥ 参见同上书,第 190 页。

种制约一样。上帝也只能通过反思获得对其意识和意识内容的认识。①

总之,在胡塞尔这里,能够以"以洞见方式把握在意识范围内所与物"的只有反思。

在反思的目光中,意识领域有三个层面的本质得到了描述:被意识者(本质直观视域中的非反思体验的对象)、被反思的体验(意向性体验、感知体验)和纯粹体验。② 在"纯粹体验"这里,有四个递进的层次——实际上也正是(也只有在这里才有)胡塞尔思想之所以有不同阶段的原因及其标志:作为整体的体验流、时间意识(这是以后两次阶段性进展的蓄水池)、(《逻辑研究》B版和《观念Ⅰ》中的)纯粹自我、发生性境域性的先验自我。这个递进的过程也是胡塞尔现象学所特有的"被给予-构成"平衡式逐渐向后者偏移的过程。正是在这个由四个层次所构成的"纯粹体验"的层面上,才有被胡塞尔称作谜的(enigmatic)与超越的某物的关系的"意向性"③以及"时间意识之谜"④,才有"在先验纯化体验领域的普遍本质特殊性中,真正具有**首要地位**的是每一体验与纯粹'自我'的关系"⑤这个问题域,并由此才呈现真正令人迷惑的首要问题,即反思的可能性及其合法性根基问题,而且也正是在这里才有胡塞尔现象学的"先验性"(或先验自我)问题。

对此,利科的观点可以为我们提供一条线索。利科指出:"反思的本质涉及现象学时间的构成。"⑥我们可以肯定地说,"本质上属于体验本身的"、作为"一切体验的统一化形式"⑦的"现象学时间"承担了几乎全部的

---

① 胡塞尔:《纯粹现象学通论》,李幼蒸译,商务印书馆1995年版,第198—199页。
② 参见同上书,第195页。
③ 同上书,第210页。
④ 同上书,第204页。
⑤ 同上书,第201页。
⑥ 同上书,第531页。
⑦ 同上书,第203页。

作用。正如利科所言,"如果有一个时间意识之'谜',正因为它触及了自我本身的这种原构成"①。胡塞尔本人对于这个"构成了一个自足研究领域的东西"是十分慎重的,因为他非常清楚:

> 我们通过还原产生的先验"绝对"实际上并非是最终物;它是在某种深刻的和完全独特的意义上被构成的东西,而且它在一种最终的和真正的绝对中有其根源。②

而这个最终的和真正的绝对就是所谓"先验主体性"在其中得以呈现的"时间性"。胡塞尔在《观念Ⅰ》中的论述非常简明,我们可将其概述如下:时间性不仅普遍属于每一单一体验,而且也是把体验与体验结合在一起的一种必然形式;进一步说,每一个作为时间性存在的体验都是纯粹自我的体验,这就是说,不仅每一个体验都是时间性的存在,而且也正是时间性才把所有的体验统一起来,可以说时间性就是纯粹自我的存在方式;一个"纯粹自我"就是一个"体验流","体验流是一无限统一体,而体验流形式是一个必然包含着一个纯粹自我的一切体验的形式"③。按照贝耐特的理解,这种体验流,作为"'绝对的'滞留性意识的河流,因此就在自身中包含着一种双重的意向性,后者一方面关系到内在的时间对象,另一方面又具有一种自身关联或者一种关于河流的自身意识的形式。胡塞尔把滞留性意向性的前一个方向称为'横意向性'(Querintentionalitaet),把后一个方向称为'纵意向性'(Laengsintentionalitaet)"④,当然,这两种意向性是不可分割地联系在一起的。

该如何把握这样的体验流呢?胡塞尔的做法是,并不把它"作为一个单个体验来把握,而是以一种康德意义上的观念的方式来把握"⑤。一

---

① 胡塞尔:《纯粹现象学通论》,李幼蒸译,商务印书馆1995年版,第533页。
② 同上书,第204页。
③ 同上书,第206—207页。
④ 贝耐特:《胡塞尔贝尔瑙手稿中的时间意识新现象学》,载《中国现象学与哲学评论》(第六辑),上海译文出版社2040年版,第128页。
⑤ 胡塞尔:《纯粹现象学通论》,李幼蒸译,商务印书馆1995年版,第208页。

方面,虽然两种把握都是以直观为基础的,但是不同于"在内在知觉中达到纯粹给予性"的一般体验存在,这种"观念"(或理念)的"内容上的充分规定性"是不可能达到的,因为,这是一个"关联域","这整个关联域本质上不会由单一的纯粹目光给予或能被给予",而只能"在内在直观的**无限进程**方式中被直观把握"。但另一方面,这种有着"无限进程"的"内在直观"又是一种"从一个把握到另一个把握的连续进程",正是由此"连续"进程,作为"统一体"的"体验流"就以某种方式(及上述康德式理念的把握方式)被把握了。其所发生的情形是,这个"进程"是"从被确定的体验通向其体验边缘域"的,在这种目光的"连续"中,不仅有由于"注意"的转移而使原来处在边缘域中的晦暗逐渐明晰的过程,实际上,这更是一个光晕(Hof)逐渐扩大,背景(Hintergrund)逐渐清晰的过程;而其中的关节就在于,这里的目光所朝向的是体验本身,而不是被体验物,所以,光晕或背景、边缘域,其所指就已经是体验流本身了;于是,在此关联域范围内存在着的反思目光的可转移性及其整体连续性,就成为一种"先天可能性",即不再是或然的或仅是假定的东西,而是康德意义上的具有必然性的无限整体性理念,胡塞尔甚至说"它是一种绝对无疑的所与物"。因此,我们可以说,作为边缘域或视域,体验流不仅使每一个体验得以凸显、存在,也使它们之间的连接成为可能;而纯粹自我就是使此视域得以存在的先天可能性本身。

这里凸显一个问题:反思作为意识行为的一种,是不是意向性的?确实,反思(即以主体意识为研究对象)本身可以作为意识类型之中的一种,但这只是经验性反思①,而不是"现象学反思"。而如果仅仅是经验性反思,无论如何都有超越性的成分,那么,"自身呈现"就只有在自身意识

---

① 当然,即便这种反思也不是感知,感知是反思的对象和结果。至于《逻辑研究》和《观念》把反思等于内感知,则说明"内感知"这一提法本身是有问题的,由此正说明胡塞尔对"反思"这一方法论的基石的阐释是有问题的。

中,或在不成为"对象"①的条件下才可能,因此,我们甚至可以说:"完全相应"的"内感知"实际上是处在自身意识(即原意识)和对象意识(即反思,"反思是对象性意识"②)之间的,例如,在《逻辑研究》第一版时它就是作为"反思"的极限或理想状况而为反思作方法论的奠基的。此处的关键在于,胡塞尔把"内"界定为"在明见性中构造的自身被给予性",绝对的内在就是内在于意识,因此,当意识成为绝对的,也就是在先验转向完成之后,这类意义上的"内感知"就成为彻底的明见性反思,即现象学反思,至此,就可以说,意向性本身都是由现象学反思揭示的。这种现象学反思因此就只能是本质直观,这是作为方法论的现象学的必然结果——本质直观与现象学反思不仅可以相等同,而且几乎为共生性的。实际上,"对'意向性'之把握的惟一途径在胡塞尔看来是本质直观的反思"③,这种反思不仅发现了意向性结构——整个现象学分析都是在现象学反思中进行的,而且还发现了"内在性中的超越性"即先验性自我——当然,也可以直接从反思的"施行者"推出自我的超越性(观照整个内在性)的存在。所以,我们的结论是,胡塞尔的"谁的意识流"的问题本来就不是经验性存在的意义上的,它所意味的正是反思的基础问题。

　　总之,反思是以自身意识的存在为前提的。而自身意识是"作为非反思的'背景'存在于此"④的。一方面,自身意识属于所有意识的"内部"行为;另一方面,它又是所有行为的"背景"。实际上,自身意识在意向性分析中就一直是一个幽灵式的存在。不过这个幽灵又可以是正面的:它恰恰表明了主体性本身的存在。这也是现象学的哲学意义之所在。所

---

① 这里的对象不仅是指客体(Obiekt),而且包括所有形式的对象(Gegenstand),如想象的对象、回忆的对象、观念物、情绪甚至是不可能的、无意义的悖谬等等;而依据《胡塞尔现象学概念通释》(倪梁康著,三联书店1999年版),还有一般泛称意义上的"对象"("意向对象"如此被规定的对象")和"含义"之分——对应于后期胡塞尔的发生现象学中的"自我朝向的对象"和"课题"之区别(参见上书,第179页)。
② 倪梁康:《胡塞尔现象学概念通释》,三联书店1999年版,第426页。
③ 同上书,第251页。
④ 同上书,第425页。

以,从哲学(史)的角度看,自我确立或首先存在,才有反思;或反过来,只有反思才有自我的真实(实项性的)存在。[①] 从胡塞尔一以贯之的时间意识的角度看,自我或主体性就是最真确的,即最具实项性内涵的"所有在**时间**上流动性的意指行为(意向行为)都是实项的内涵"[②]。也就是说,**noesis 的时间性本性以其最具现象学真确性(即明见性)的方式,表明了主体性本身的存在。**正是在这个意义上,胡塞尔说时间性就是绝对的主体性,现象学可以用最具明见性的方式(即以自身拥有的方式)去展开这种主体性,即便追溯到意识开端的几微之处,都有体现了主体性的时间的被动综合。当然,在胡塞尔的现象学中,这种主体性最终只是意识本身。

---

① 这也是黑格尔的贡献,只是黑格尔是从外部(意识的成果-对象、他人的观照-承认)社会-历史的角度说明的,或者说他是在自我意识中引入了社会-历史因素。
② 倪梁康:《胡塞尔现象学概念通释》,三联书店 1999 年版,第 250 页。

第二章 海德格尔的时间性：此在-世界与源始存在

随着对被动综合和时间意识的溯源式的探究,胡塞尔的先验主体性已经布展到了清醒意识的最开端。而且,随着注意力或反思目光的转向,原本所谓"无意识"的内容都会成为主体"负责任"的范围。类似地,作为胡塞尔的助手,作为现象学家,海德格尔实际上所做的也绝不仅仅是如他的那句主旨性口号所明言的"让那自身显现者以自己显示自己的方式在自身中被观看"①,我们应该深究,在这个主旨的具体运作中,现象学方式或框架是如何潜行的。在本书的问题域中,我们要考究的就是作为胡塞尔现象学描述根基的时间意识是如何运作(或潜在地运作)于海德格尔具体的现象学描述过程中的。当然,在《存在与时间》中,海德格尔的时间性与胡塞尔的时间意识已经分别构成了各自思想的背景、境域或根基,因而在用同一个"时间"时,往往会有叠加甚至套接的悖谬,这使得我们在梳理海德格尔于其独特的"时间性"境域中展开的现象学描述中所蕴含的胡塞尔的基于时间意识的现象学分析方法时,感到尤其困

---

① Martin Heidegger, *Sein und Zeit*, Tuebingen：Max Niemeyer Verlag, 2001, S. 34：海德格尔：《存在与时间》,陈嘉映,王庆节译,熊伟校,三联书店 1987 年版,第 43 页。简作第 34 页/第 43 页,以下同页中重复引用这两种版本,皆沿此例。

难。但是,无论是这种困难还是"这是两种不同的范式,不具可比性"的惯常理解,都不能掩盖这种梳理的必要性。

简单地说,在胡塞尔这里,时间意识即绝对的经验本身,并且已经关涉到自我本身的源始生成,但它们最终都被"完全封闭"①在作为最高实在的先验主体性的构成性意识的范围内,没有存在论的意义。海德格尔在《存在与时间》的一条注释中集中表明了对胡塞尔的意向性的时间特征的理解及其要将其深化的意向:

> 所有知识都以"直观"为标的。这一命题的时间性意义就是说:所有认识都当前化……胡塞尔用"当前化"这一术语来表征感官的感知……对一般感知和直观的**意向性**分析会使我们更易了解这现象的"时间性"特征。至于"意识"的意向性**植基**于绽出的时间性之中以及它如何**植基**于绽出的时间性,我们在下面的章节中说明。②

从时间性的角度去诠释胡塞尔的直观,并将作为其基石的意向性奠基于"绽出的"时间性之上,这是海德格尔对自身进路的规定。具体地说,比如,"当前拥有"(gegenwaertigen,即《存在与时间》中译本的"当下化")的"生存论意义"就在于"借寻视考虑而把周围世界带近前来";而反过来说,这种"寻视的当前拥有""向来就属于时间性的一种完备的绽出统一性",只不过它"奠基在对用具联系的一种居持中"而已。应该说,海德格尔是了解时间意识在胡塞尔现象学中的根基地位的,这不仅反映在海德格尔把时间作为理解存在意义的境域,也反映在被海德格尔本人后期所扭转了的主体性倾向上。我们将在追踪海德格尔时间性思想的脉络的同时,努力揭示这种主体性倾向及其被扭转的意义。

---

① 胡塞尔:《纯粹现象学通论》,李幼蒸译,商务印书馆 1995 年版,第 182 页。

② Martin Heidegger, *Sein und Zeit*, Tuebingen: Max Niemever Verlag, 2001, S. 363;海德格尔:《存在与时间》,陈嘉映、王庆节译,熊伟校,三联书店 1987 年版,第 428 页。

第一节 时间性的源起

大致说来,海德格尔的新时间性的引入有三条途径:一是恩典时刻(Kairos)的进路。Kairos 德文对应词即 Augenblick(眼下),"本真的当前即眼下"①。区分"当前化"和"眼下",对把握海德格尔的时间性的切实要义至关重要。在《存在与时间》作出此区分的该页的注释中,我们不仅可以看到作者对克尔凯郭尔赞赏的原因,也可以知晓为什么作者在表征其思想历程的《路标》中,会将对雅斯贝尔斯《世界观的心理学》的评论文章作为其"起点"(或初始化)放在第一篇。"眼下"的这种"本真",简单地说,就是对真正的能在、真正的可能性——永远不能实现(否则是目的论)但又最无可推脱——即"死"的直接承担,这是一条真正个体化的道路。而更重要的是,这一"承受"本身就具有"恩典时刻"的意味。二是从"时间概念"到《现象学基本问题》的进路。其根本主张在于"时间性是源始的、自在自为的'出离自身'本身"②。Das Ausser-sich 或 Ekstasen(绽出)是时间的本性即"到时",即时间自身生发出来,或使自身显现出来。这是现象学的"观"中所呈现的情景。由此就再次牵涉到元现象学的问题,即从胡塞尔的反思的可能性到海德格尔的使时间性本身得以显现的那种"观"的可能性问题——二者既是同一个问题,也是同一个问题的两个阶段。(详见本章第二节。)三是由《康德书》引入的有限性。本节我们将分别对第三和第一两条进路进行描述。不过,首先要区分两个概念。

一、Zeitlichkeit 与 Temporalitaet

Zeitlichkeit 是海德格尔"时间性"一词的标准用语。在"此在使其自

---

① Martin Heidegger, *Sein und Zeit*, Tuebingen: Max Niemeyer Verlag, 2001, S. 338;海德格尔:《存在与时间》,陈嘉映、王庆节译,熊伟校,三联书店 1987 年版,第 401 页。
② 同上书,第 329 页/第 390 页。

己的存在时间化并因此构成了时间""使时间存在""时间就是此在""此在不仅仅是在时间中,此在就是时间本身"等意义上说的时间都是Zeitlichkeit。

而 Temporalitaet 在《存在与时间》中的使用有两类:(1) 主要用于讨论历史问题的地方。具体在第六节,赞赏古代存在论已经能够从"一定的时间样式即'现在'(Gegenwart)"去领会存在者了,也就是说,"存在者是在其存在中作为'在场'(Anwesenheit)而得到把捉"了。海德格尔把这种存在论定位在"存在论时间状态"(ontologisch-temporal)的水平上,即已经"有时间问题之光"[①]了,但是"对时间的基础存在论的功能并不甚至全无了解"[②],以至于还把时间作为一个存在者,没有到达"作为一切存在的领悟的境域"的时间层面。其中,失误的核心在于把当下当做时间的首要现象,而不是把将来作为首要现象,更进一步或更确切地说,没有对"以将来-曾在为依托的在场的运行机制"——此为"时间性"一词的本真意蕴——作出说明,甚至根本没有看到这个问题。(2) 实际上,Temporalitaet 在《存在与时间》的开始是被用来作为一般存在领悟(相对于此在的 Zeitlichkeit)得以可能的条件,即 Temporalitaet des Seins。这在《存在与时间》中只出现过一次,而且是以"时间状态问题"[③]的方式出现的。总的说来,在《存在与时间》中,此词都是要么作为有待"清理"的问题[④],要么作为有待"解释"的基础[⑤]而出现的。

此外,似乎还有 Temporalitaet des Seins 和 Zeitlichkeit des Daseins 之别,特别在《现象学的基本问题》中对前者有专题讨论。但是,我认为:(1) 前者的主要意思是从形式上说明"所有现象都由时间决定",而其存

---

① Martin Heidegger, *Sein und Zeit*, Tuebingen: Max Niemeyer Verlag, 2001, S. 25;海德格尔:《存在与时间》,陈嘉映,王庆节译,熊伟校,三联书店 1987 年版,第 32 页。
② 同上书,第 26 页/第 33 页。
③ 同上书,第 39 页/第 49 页。
④ 参见同上书,第 19、23—26 页/第 24、29—33 页。
⑤ 参见同上书,第 147 页/第 180 页。

在论的意义自《存在与时间》开始就已经逐渐被根源于或等同于 Dasein 的 Zeitlichkeit 所代替了。^①（2）Zeitlichkeit 最早是在 1920 年的夏季讲座中首先被使用的，以与超时间的先天形式（康德和胡塞尔皆然，虽然胡塞尔将此形式时间意识化了，但是此时间依然是在意识之中，或确切地说就是意识本身）相对抗（当然也不是表明认知过程的那种"在时间之中"）；到 1920—1921 年的冬季讲座，此词被用来描述基督徒的生活；到 1922 年 10 月，Zeitlichkeit 被用来与有死性的 Dasein 相关，此在的具有恩典时刻意味的时间性呈现。（3）Temporalitaet des Seins 实际上是（2）这种进路中的（1）的遗迹，从（2）反观也可知（1）实际仍然有胡塞尔的认知性的形式意味。这种遗迹连同这种用语随后都会从海德格尔的著作中消失，这可以从以下对与此相距最近的《康德与形而上学问题》（简称《康德书》）的究查中得到证明。下面，我们就直接从《康德书》入手。

二、《康德书》的进路

事实上，被海德格尔称为《存在与时间》的历史导论的《康德书》，应该算是进入《存在与时间》最符合学科规范的路径。

先作个基本说明：康德的时间是作为先天感性形式而内在于意识（或如胡塞尔所真正达到的现象）中的，而作为意识根基的先验统觉本身却不是时间性的，它基于时间意识之下。康德在第一版中甚至认为"想象力（Einbildungskraft）之纯粹（产生的）综合（先于统觉者）之必然的统一原理，为一切知识所以可能之根据，尤为经验所以可能之根据"^②，就是说，想象力先于统觉，独自成为根基。海德格尔的论述就是以此先验想

---

① 参见约瑟夫·科克尔曼斯《海德格尔的〈存在与时间〉》，陈小文等译，商务印书馆 1990 年版，第 277—278 页；Theodore J. Kisiel, *The Genesis of Heidegger's Being and Time*, Berkeley: University of California Press, 1993, p. 505。
② 康德:《纯粹理性批判》，蓝公武译，商务印书馆 1960 年版，第 132 页。

象力为起点的，当然，这种想象力在海德格尔这里已然成为"发生性的境域"或"纯存在论的地平域"了。

1. 先验想象力与纯粹直观

就像我们在第一章中讨论胡塞尔的时间性要从直观开始一样，海德格尔在《康德书》中也是从直观入手的。

我们知道，康德把纯粹直观（时间和空间）叫作"源始"表象。海德格尔的诠释是，这种"源始"不是（与存在论层面相对的）存在者或心理学的层面上的，它与现成在手状态无关，也不是在心灵中的"内在性"；毋宁说，这个"源始"表明了表象之被呈现的方式所具有的特征，即让（某物）生发出来。当然，限于人的有限性，纯粹直观不可能让任何存在者创生出来，但是，它们是构成的（塑造的，bildend），实际上，时间和空间作为"'前塑形（Vorbildung）的形式'，事先就构成了（bilden）纯粹的观（reinen Anblick），成为经验直观的视域"①。就是说，它们事先把时空之"观"（注视，Anblick）树立（vor-stellen）为多种多样的整体性，而这正是规范的（bildende）自身给予，换句话说，纯粹直观本身就是"源始的"，是"源始显露"（exhibitio originaria）。海德格尔认为，正是在这种生发性的表现中有着纯粹想象力的本质。实际上，这些纯粹直观只能是"源始的"，因为，**依其本质，它们就是那种从自身出发并以构造的方式给出了观的纯粹想象力本身**。海德格尔说：

> 如果我们探询那些在纯粹直观中被直观到的东西的特征，那么就会非常清楚为什么说纯粹直观是根植于纯粹想象力的。实际上，解释者常常会太频繁太快地否认在纯粹直观一般中是有某物（etwas）被直观的，认为它只能是"直观的形式"……（而事实上）纯粹直观必须源始地统一着，即给出统一的方式，给出这种统一的观

---

① Martin Heidegger, *Sein und Zeit*, Tuebingen：Max Niemever Verlag, 2001, S. 143；海德格尔：《存在与时间》，陈嘉映、王庆节译，熊伟校，三联书店 1987 年版，第 98 页。

(erblicken)(即"看出"这种统一——引者)。因此,康德在这里说的并不是一种综合(Synthesis),而是一种**总揽**(Synopsis)。①

关于这种"综合"和"总揽"的区分,海德格尔认为,在纯粹直观中被直观的东西的整体并不是用来表征如概念的普遍性那样类的统一性,也就是说,"总揽"是一种在给出图像的想象中事先就被看到的统一性(erblickte Einheit),它不能从"知性的综合"中生发出来,时间和空间的这种整体性的 syn 属于构造性"直观"的一种功能。海德格尔说,这样一种纯粹的总揽,如果说它构成了纯粹直观的本质,那么,这只有在先验想象力中才是可能的,就如同先验想象力是所有"综合的"的根源。如果说,"先验想象力是所有综合的根源",那么,实际上,这个综合就包括了直观的"总揽"和知性的"综合"。

当然,在想象中,被构造的并不一定就是一种存在者的显现,海德格尔说:"在纯粹直观中被直观到的是一种想象物(ens imaginarium)。因此,在其本质的基础上,纯粹直观就是纯粹想象。"②这种想象物,是某物(etwas),但不是现成在手状态意义上的客体(Gegenstaende),因而甚至可以说它是"虚无"(Nichts)的可能形式。因此,在与现成在手事物的认知关系上,或者在一种主题性统觉的意义上,这种作为"纯粹"想象物的纯粹直观(形式)可以说是不存在的。但是,海德格尔说:"以一种源始的、构造的给予的方式,它们又是被直观到的。"③这就是海德格尔所谓的"把纯粹直观解释为纯粹想象力"的那种"源始的解释"。这里已经有从存在者层面到存在层面的跨越作为背景了。可以说,"超越"

---

① Martin Heidegger, *Kant und das Problem der Metaphysik*, Frankfurt am Main: Vittorio Klostermann, 1991, S. 142; Martin Heidegger, *Kant and the Problem of Metaphysics*, trans. Richard Taft, Bloomington and Indianapolis: Indiana University Press, 1990. pp. 97-98. 简作第 142 页/第 97—98 页,以下重复引用这两种版本,皆沿此例。
② 同上书,第 143 页/第 99 页。
③ 同上书,第 144 页/第 99 页。

(Transzendenz)的最内在的本质就根植于纯粹想象力之中，这甚至是整个先验(transzendental)哲学的根本特点。事实上，德国哲学在"自身(Selbst)的本质在于自我意识"这一基本点上是共通的，海德格尔的特点只是在于将这种自我意识的存在方式奠基于"自身的存在"，"自我在这种意识中作为什么以及如何存在，这是由自身的存在(Sein des Selbst)所决定的"①。

2. 作为道德感觉的尊重与作为纯粹感性的理性

在《康德书》的脉络中，对于实践理性，海德格尔的基本观点是，就其本质结构，实践的自我意识的起源也是在先验想象力之中。

这里的核心是对"尊重"的论述。因为"人格"(Persoenlichkeit)本身就是那种道德律理念以及与其不可分割的那种"尊重(Achtung)"，而如果尊重构成了道德自我的本质，那么它就一定会表现出自我意识的一种存在方式。尊重发生在道德律面前，这种对………的尊重就是道德律本身首先能与我们"相遇的方式"，尊重不仅是道德律呈现的方式，也使行动者得以成为自我，而且，"尊重只朝向人，从不朝向物"。在律令面前的尊重之中，我"屈从"的是作为纯粹理性的自我本身，在这种屈从于自我的过程中，我提升了自己，使自我具有自己决定自己的自由本质。海德格尔的结论是："尊重是我的自身存在的方式……是本真的自身存在(das eigentliche Selbstsein)"②。康德把这种尊重界定为一种"感觉"(Gefuehl)，海德格尔认为，这种道德感觉就是"我的生存的感觉"(Gefuehl meiner Existenz)，也就是说，"'感觉'这个表述必须要在这种

---

① Martin Heidegger, *Kant und das Problem der Metaphysik*, Frankfurt am Main: Vittorio Klostermann, 1991, S. 143; Martin Heidegger, *Kant and the Problem of Metaphysics*, trans. Richard Taft, Bloomington and Indianapolis: Indiana University Press, 1990, p. 156/107.

② 同上书，第159页/第109页。

存在论-形而上学的意义上来理解"①。

海德格尔认为，人类的纯粹理性必须是一种纯粹的感性的理性，也就是说，这种纯粹理性本身必须是感性的。这是因为，在接受直观意义上的感性(Sinnlichkeit in der Bedeutung der hinnehmenden Anschauung)就是人类的有限性。甚至可以说，不是因为我们是身体性的，所以我们的理性才是感性的；恰恰相反，"人类，作为理性的有限的生物，只有在一种超越的（即形而上学的）意义上才'拥有'其身体，因为这样的超越先天就是感性的"②。换句话说，在使有限性得以凸显的超越结构(der die Endlichkeit auszeichnenden Transzendenzstruktur)中感性是一个必要的因素。可以看到，感性或纯粹感性，在海德格尔的整个论述过程中已经成为一个关键环节："如果先验想象力要成为人类主体性——在其统一性(Einheit)和整体性(Ganzheit)上——的可能性的源始基础的话，它就必须使一种纯粹的感性的理性(eine reine sinnliche Vernunft)成为可能"，因为实际上，"纯粹感性就是时间(die Zeit)"。③

3. 先验想象力就是源始的时间

这样，海德格尔认为，先验想象力与时间的关系就明确了：

> 先验想象力已经被揭示为纯粹的、感性的直观的根源。因此原则上也就已经证明时间——作为一种纯粹直观——是从先验想象力中生发出来的。④

这里，最关键的环节是：

---

① Martin Heidegger, *Kant und das Problem der Metaphysik*, Frankfurt am Main: Vittorio Klostermann, 1991, S. 159; Martin Heidegger, *Kant and the Problem of Metaphysics*, trans. Richard Taft, Bloomington and Indianapolis: Indiana University Press, 1990, p. 109.

② 同上书，第172页/第117页。

③ 参见同上书，第173页/第118页。

④ 同上。

作为纯粹直观的时间既不仅仅意味着在纯粹直观着的行为中所直观到的东西,也不仅仅意味着缺少"对象"的那种直观行为。作为纯粹直观,时间是在一个(直观)中对被直观到的东西的构造着的直观。这是第一次对时间有一个充分的把握。①

这第一次被把握到的就是,**时间就是构造着的直观。**

在海德格尔看来,"想象力的构造本身就是与时间相关的……纯粹想象力之所以叫纯粹就是因为它从自身构造了自己的形象(Gebilde),而因为它自身与时间相关,所以它首先就必须构造时间",纯粹想象力的这种自身形象就是时间,而作为"让时间作为现在序列生发出来"的先验想象力,就是源始的时间。② 这种"让……生发出来"(entspringenlassende)意义上的源始时间,已经是《存在与时间》中的那个"出离自身"的时间性了。海德格尔认为,康德本人还没有达到这一步,但是,康德已经把握了这种"在想象力的想象中构造的三维统一的特征"(diesen dreifacheinigen Charakter des Bildens im Einbilden der Einbildungskraft)——用康德的术语说就是在构造能力(Bildungsvermoegen)中包括 Abbildung, Nachbildung, Vorbildung 三个方面,想象力(Einbildung)就是这三种维度的统一。③

4. 作为纯粹自身触发的时间与自我的时间特征

依照康德的说法,客体表象的概念都受时间的影响(affizieren,刺激。《纯粹理性批判》A77/B102),而时间本身(空间亦然)最多构成影响的境域。海德格尔则认为时间本身也会影响我们。当然,海德格尔是对"影响"做了新的界定:所有的影响都是现成在手存在者的"自身呈报"(Sich-melden)。但是,时间既不是现成在手的存在者,也不是

---

① 参见 Martin Heidegger, *Kant und das Problem der Metaphysik*, Frankfurt am Main: Vittorio Klostermann, 1991, S. 175; Martin Heidegger, *Kant and the Problem of Metaphysics*, trans. Richard Taft, Bloomington and Indianapolis: Indiana University Press, 1990, p. 120。

② 同上书,第175—176 页/第120 页。

③ 实际上,这里暗示胡塞尔的时间意识-直观也还停留在康德的层面上。

一般意义上的"在外面"（draussen），因此，时间的所谓"影响"是纯粹的自身影响。实际上，这种纯粹直观（或康德所说的纯粹感性形式）是与被直观的东西一起被激活的（或才得以开始的，angeht）。海德格尔认为，确切地说：

> 作为纯粹的自身触发①，时间不是一种现实的刺激对现成的自我进行冲击。作为纯粹的（自身触发）它构成了自身关涉（Sich-selbst-angehen）那样的东西的本质……也构成了主体性的本质结构。②

之所以会有这个结论，是因为：首先，所谓"纯粹的接受性"就是"自身触发自身"，"纯粹的接受（rein Hinnchmen）意味着在没有经历（erfahrungsfrei）的情况下的被刺激，也就是自身刺激自身（sich selbst affizieren）"，而这首先就是指感性的形式，就是说，作为内感官的触发，"必须存在于从纯粹自身中产生的纯粹接受中，即在这样的自身性的本质中自身建构，并由此首先自身产生"。③ 其次，这种作为自身触发的时间（也就是有限的纯粹直观本身）支撑并使所有的纯粹范畴（也就是使知性）成为可能，"纯粹自身触发的观念被规定为先验的最内在的本质"。④ 再次，海德格尔更进一步地认为，作为纯粹自身触发的时间并不依附于纯粹统觉而在心灵中产生，相反，作为"自身性的可能性基础"的时间早就已经在纯粹统觉中存在了，并且正是这种时间才"使得心灵成其为心

---

① 在使自身得以呈现或被激活的意义上，我们这里用"触发"来代替仅仅表示来自外部的"刺激或影响"。——引者

② Martin Heidegger, *Kant und das Problem der Metaphysik*, Frankfurt am Main：Vittorio Klostermann, 1991, S. 189；Martin Heidegger, *Kant and the Problem of Metaphysics*, trans. Richard Taft, Bloomington and Indianapolis：Indiana University Press, 1990, p. 129.

③ 参见同上书，第 191 页/第 131 页。

④ 参见同上书，第 190 页/第 130 页。

灵"。① 到了这里,基于同样的"为自身"或"本原的自身性",时间就使得自身(Selbst)得以呈现。换句话说,时间的这种自身刺激自身首先使纯粹自身的存在及其构建成为必要和可能,"纯粹的自身触发提供了这种有限自我的先验的源始的结构"②。康德的心灵(Gemuet)也因此成为一个有限的自身(endlichen Selbst)。这样,纯粹自我不仅有了所谓时间的特征,而且实际上,"时间和'我思'……是同一个东西"③。

看起来,这里还有一个关于在"持存"(stehend)和"驻留"(bleibend)意义上的"自我"(Ich)的疑难。但是海德格尔的解释很简洁:这"不是存在者状态上的关于自我的恒常性的陈述",而是"先验的规定",即以先行持有(vorhaelt)的方式,建构自身性的视域,换句话说,这种"持留在先验的意义上就是自我……即作为有限性的自身"④,正是源此,所有的同一化才可以呈现或实现,"自我建构了一般持久性的相关项"⑤,使得"同一的对象在变化中成为可经验的"。不仅如此,海德格尔借康德之口甚至说,如果时间本身是驻持的、不变化的,那么,"如此地具有时间性,以至于它就是时间本身"的自我就是"持留的自我";而这种非时间的即"不在时间中的"自我的功能就是"使某某在对面站立"并由此建构对象:"'我思'('我置于前')是把某物带到自己面前站立并持存着"。简而言之,作为源始时间,自我构成了对象的置立及其视域;而反过来,"使对面站立中(又)本质地包括了自我的'持留'"⑥。

这就是说,自我(das Ich)在先验的意义上就是时间本身,而作为纯粹的自身触发的时间性,在"自身性"(自己触发自己)的意义上也就是

---

① 参见 Martin Heidegger,*Kant und das Problem der Metaphysik*,Frankfurt am Main:Vittorio Klostermann,1991,S. 190;Martin Heidegger,*Kant and the Problem of Metaphysics*,trans. Richard Taft,Bloomington and Indianapolis:Indiana University Press,1990,p. 130。
② 同上书,第 191 页/第 131 页。
③ 同上。
④ 同上书,第 194 页/第 132 页。
⑤ 同上书,第 193 页/第 132 页。
⑥ 同上书,第 193 页/第 132 页。

"有限的自身"(endliches Selbst)。于是,在此"本原的自身性"中,《存在与时间》中的"时间性"(Zeitlichkeit)正式呈现。

5. 结论:康德的奠基性工作的真正成果

"我能够知道什么? 我应该做什么? 我可以希望什么?"海德格尔认为,康德的这三个根本性问题都在探讨同一个东西,即有限性。"人类理性在这些问题中不仅泄露了其有限性,而且其最内在的关切是指向有限性本身的",所以,"对人类理性来说关键在于……要意识到这种有限性,以便在有限性中坚持自身"。① 海德格尔的意思是,正因为人类理性是有限的,它才提出这样的问题,因为它的理性存在取决于其有限性本身。这样,就关涉到康德的第四个问题"人是什么?"海德格尔认为前三个问题从根本说就是这第四个问题:一方面,前三个问题是从第四个问题中释放出来的;另一方面,第四个问题只有落实在前三个问题中才有解决的可能。换句话说,"人是什么"就是对人的"有限性"的探讨,而对人的有限性的探讨本身就是在为形而上学奠基了。用海德格尔的话说就是:"理性的有限性就是有限化,也就是为了能够成为有限而操心(Sorge)"②——《存在与时间》中的核心词"操心"在此获得了其"根基于有限性"的根本旨趣。

至此,整个《存在与时间》的基本要义就可以揭示了:

> 生存作为存在方式,本身就是有限性,而作为有限性,它只有基于存在领悟才是可能的……基于存在领悟,人就是这个"此"(Da),它以其存在而使存在者被首次突入而启开,以至于存在者作为存在者能够对它自己显示出来。比人③更源始的是人的此在的有

---

① 参见《海德格尔选集》(上),孙周兴选编,上海三联书店 1996 年版,第 107 页。

② 参见《海德格尔选集》(上),孙周兴选编,上海三联书店 1996 年版,第 107 页。

③ 德文本第一版中海德格尔在此对"人"(Mensch)有个注释:ex-sistent (Martin Heidegger, *Kant und das Problem der Metaphysik*, Frankfurt am Main: Vittorio Klostermann, 1991, S. 229)。这或许会是一个重要的提示:Endlichkeit 要比 ex-sistente 更源始。

限性。①

此在的有限性的最内在本质就是"存在领悟本身",正是基于这种此在,人才是人。这样,海德格尔实际上已经回答了人们对他的人类学指责,也由此提出了"作为基础存在论的此在形而上学"。《康德书》的最后一部分就是对此基础存在论,也就是对《存在与时间》的整体说明。不过,需要指出的是,此时的海德格尔甚至还把基础存在论作为"此在形而上学的第一阶段",而此在形而上学实际上又是为整个形而上学奠基的。这样,结果竟然是,《康德书》在愈来愈切入存在问题本身的同时,又愈发是形而上学的语言了。

三、时间性生成的神学语境

在海德格尔上高中时,一位牧师(后任弗莱堡的大主教)给了他布伦塔诺的书《论存在在亚里士多德那里的多种意义》,海德格尔自称此书成为他"窥视希腊哲学的最初向导"。也正是在这一年(1907),海德格尔开始接触《逻辑研究》。从此,现象学与神学便交织于海德格尔一生。1909年,海德格尔进入弗莱堡大主教管区神学院,因为依附于天主教内可以得到经济和职业上的保障,但是神学中吸引他的只是其中的哲学内容。考虑再三,1911年,海德格尔最终还是放弃了当牧师的念头。海德格尔1913年夏完成的博士论文《心理主义中的判断理论》体现了胡塞尔的深刻影响,但其指导老师却是天主教哲学讲席的主持人。当年夏天,这位教授应聘到斯特拉斯堡执教后所留下的空缺,成为海德格尔追求的目标,直至1915年,他都在为这个职位而写教职论文《邓·司各特的范畴与意义理论》。尽管海德格尔在这篇著作中努力要在中世纪的思辨语法

---

① 《海德格尔选集》(上),孙周兴选编,上海三联书店1996年版,第118页。

中找到隐藏的现代性,甚至把司各特做成胡塞尔现象学工作的先驱①,但是,在胡塞尔看来,这"还是本初学者的书"②。到1916年初,此书被海德格尔最后改定时,"活生生的行为"、"生活"才第一次迸发出来,此前的海德格尔还完全没有理解生活哲学的觉醒,而是热衷于在纯逻辑的帮助下接近认识论问题,要给"存在"划分区域,因而更像一个典型的经院哲学家。但是,此时他所发现和诉诸的也还只是黑格尔和狄尔泰的活生生的历史性,虽然是以现象学的方式③,尽管这时的海德格尔已经非常关注个体性(haecceitas个体性形式,直至现实的个体性 singularitaet),但直到与胡塞尔密切合作之后,他才真正做到这一点。两人的合作是从1918年11月海德格尔服完兵役回到弗莱堡后才真正开始的。从1919年初开设"哲学的观念和世界观问题"讲座起,海德格尔便自觉跻身于时代争论(由韦伯引起的),但他并不想用形而上学调和科学价值与世界观,而是要去揭示一个更源始的世界,即跟着直观,回到"体验的原初状态"。由其著名的"讲台体验"而来的"世界世界着",便是海德格尔自己独创的第一个哲学词汇。④ 但此时,海德格尔所开设的一系列课程又正是宗教现象学的,保罗、奥古斯丁、路德、克尔凯郭尔成为这些课程的主题。海德格尔在1921—1922年度的讲座《对亚里士多德的现象学解释》中所提出的"向个体真实生活自身回撤"意义上的"高举双手祈祷上帝",实际上是对激烈批判"把上帝加以文化同化"现象的卡尔·巴特的辩证神学的补充,即不仅要把上帝从生活那里拉出来,更要把生活从上帝那里拉回来。这意味着:要真正使上帝隐身,就必须源始地居有生活,进入一个崭

---

① 参见吕迪格尔·萨弗兰斯基《海德格尔传:来自德国的大师》,靳希平译,商务印书馆1999年版,第90页。
② 约瑟夫·科克尔曼斯:《海德格尔的〈存在与时间〉》,陈小文等译,商务印书馆1990年版,第9页。
③ 参见吕迪格尔·萨弗兰斯基《海德格尔传:来自德国的大师》,靳希平译,商务印书馆1999年版,第95—98页。
④ 参见同上书,第130—132页。

新的世界;而只有这样,又才能使上帝的意义真实地呈现。① 在此意义上,海德格尔甚至说:"目前只有在卡尔·巴特那里才存在精神生活"②。正是在这篇被那托普称为"天才的提纲"的讲稿(以及海德格尔 1923 年在弗莱堡所作的最后一次讲座"本体论问题")中,"此在""生存"这些《存在与时间》中的核心思想的雏形呈现了,"现实生活"得以立足的"生活澄清自身"的观念③和"形式指引"的方法④也基本形成了。可以说,从1919 年到 1923 年正是《存在与时间》的基本思想成形的时期。在此之前,按照海德格尔在《我进入现象学之路》中的直陈,他一直苦恼于无法掌握现象学的方法,甚至不能就现象学提出真正的问题。也是此时期,海德格尔才逐渐形成了自己的现象学观点,即把实事本身的确定性建立在存在者的遮蔽和去蔽中,而不是建立在意识现象上。具体说来就是,借助于现象学,海德格尔重新发现了——"源始地居有"了——亚里士多德(具体地说是直接从《形而上学》第 11 卷第十章,《尼各马可伦理学》第六章等有关 aletheia 的论述开始)以及整个希腊哲学的意义。于是,Logos 就是现象学,而现象学就是解释学,即从神学问题而来的解释学,在这个意义上,海德格尔甚至说《存在与时间》就是从神学问题开始的。⑤

以当时还没有发表的宗教现象学讲稿为研究依据的波格勒尔(O.

---

① 当然,这种自由的新教教徒式的上帝观,既可以因为被理解为复现宗教的原初经验,而受到新老派教徒的欢迎(如教廷和布尔特曼等存在主义神学家),同样也会因为这样做实际上是把人提高到上帝的高度(参见《人道主义通信》),而受到正宗原教旨主义的激烈抨击,详见下文海德格尔的早期学生约纳斯(Jonas)对海德格尔的无神论的批评。另外,这里必须注意区分:布伯的(在生活情景意义上利用现象学和海德格尔的思想而)作为"你"的上帝、列维纳斯在他人的面容上呈现的上帝以及奥托作为绝对的他者的上帝。

② 吕迪格尔·萨弗兰斯基:《海德格尔传:来自德国的大师》,靳希平译,商务印书馆 1999 年版,第 153 页。

③ 参见同上书,第 154—161 页。

④ 参见同上书,第 148 页。

⑤ 参见海德格尔《在通向语言的途中》,孙周兴译,商务印书馆 1999 年版,第 81 页。

Poeggeler），在《海德格尔思想之路》①中所分析的源始基督教信仰经验对海德格尔的深刻影响，也为我们这里的分析提供了一个重要的方向和佐证。② 此时的海德格尔尤为关心的是《帖撒罗尼迦前书》的第四章和第五章。在这篇最早的《新约》著作（约公元 51—52 年）中，在有关主的降临问题的范围内（帖前 4：13—18；5：1—11），源始基督教的生存领悟中的一个关键因素得到了说明："主的日子的来到，好像夜间的贼一样……所以，我们不要睡觉，像别人一样，总要警醒谨守"。这里显然不是一个年代学上的具有实际内容的陈述，而是神秘的"恩典时刻论"（Kairologie），它要求人们放弃末日预言式的幻觉和最后时间的指示（后者使人们的目光转向一种令人安慰的时间间距之中），使人们彻底地朝向实际的生活，把人们置于决定关头，置于决断之中，置于未来的威胁之中。这是一种不再根据重要事件来记时的时间，是一种生命不能被客观化的实现历史（Vollzugsgeschichte）。保罗正是因为充分利用了当前的"恩典时刻"，并且以唯一可能的方式去响应，日复一日的牺牲劳役对他而言才成了"拯救的日子"，感受到"在一切患难中分外的快乐"。这一切，在海德格尔这里，相应的就是："清醒的畏把自身带到个别化的能在面前，坦然乐对这种可能性。在这坦然之乐中，此在摆脱了求乐的种种'偶然性'。"③

　　当然，对于基督教信仰而言，恩典时刻不只是一种"可能性"，它还被经验为持久的"威胁"；并且，也绝不可能把上帝之当前等同于我们本己的当前。在布尔特曼的末世论那里就有这种混同，莱曼认为，布尔特曼

---

① 参见 Otto Poeggeler, *Martin Heidegger's Path of Thinking*, trans. D. Magurshak and S. Barber, Atlantic Highlands, NJ：Humanities Press International, INC, 1987。Poeggeler 认为，在任何时候，海德格尔在其道路上都从《圣经》-神学的传统中得到了启发，参见该书第二章第二节。海德格尔对该书整体上是赞同的。

② 当然，另一个或许是更根本的是胡塞尔对时间意识的描述，至少后者为全新地或真正地理解前者奠定了基础。

③ 海德格尔：《存在与时间》，陈嘉映、王庆节译，熊伟校，三联书店 1987 年版，第 368 页。

与克尔凯郭尔一样都紧密地与德国唯心主义(主要是指费希特)那个超越时代的主体概念相亲近,都是无历史地存在于主体的内在性的基础之中,这样,"布尔特曼的设问从一开始就离开了海德格尔的实际问题"①。莱曼精到地指出,只有"在得到正确理解的'瞬间'概念中达到其顶点"的"历史性分析"才是海德格尔的真正问题之所在,"时间本身就是存在",而"存在本身以一种十分彻底的方式是历史性的……存在本身就是一个发生事件"。② 确实,海德格尔不仅在"现象学与神学"的讲座中明确界定"十字架上的受难及其全部内涵乃是一个历史性事件"③,而且在解释保罗书信时也特别揭示了基督再临的"时机化"特征。④ 在这个意义上,有的神学家甚至认为,海德格尔的"存在"具有"基督降临的特征"。⑤ 莱曼的结论是:

> 对源始基督教的历史领悟的经验毋宁说是一个惟一可能的"立足点",由此出发,传统存在论的局限才可能在其对存在之意义的领悟中并且也在这种局限的顽固性中凸显出来。只有在这里,海德格尔才找到了一个阿基米德点。⑥

在《从一次关于语言的对话而来》一文中,海德格尔曾对自己思想的发展做过一个说明。他说,1923 年夏季,也就是在刚刚开始写《存在与时间》的草稿时,他引入了"解释学"这个概念,目的是"试图更源始地来思考现象学的本质,从而使现象学适得其所地嵌回到它在西方哲学内部应

---

① 莱曼:《基督教的历史经验与早期海德格尔的存在论问题》,载刘小枫选编《海德格尔与有限性思想》,孙周兴等译,华夏出版社 2002 年版,第 51 页。

② 参见同上书,第 54—55、56 页。

③ 海德格尔:《路标》,孙周兴译,商务印书馆 2000 年版,第 59 页。

④ 参见 Theodore J. Kisiel, *The Genesis of Heidegger's Being and Time*, Berkeley: University of California Press, 1993, pp. 164‑191。

⑤ 参见刘小枫选编《海德格尔与有限性思想》,孙周兴等译,华夏出版社 2002 年版,第 170 页。

⑥ 莱曼:《基督教的历史经验与早期海德格尔的存在论问题》,载刘小枫选编《海德格尔与有限性思想》,孙周兴译,华夏出版社 2002 年版,第 59 页。

有的位置"①,而他恰恰"是因为研究神学而熟悉'解释学'这个名称
的"②。海德格尔说:"当时,特别令我头痛的问题是《圣经》典籍的词语与
思辨神学的思想之间的关系。不管怎么说,那是同一种关系,即语言与
存在的关系。"③正是针对这个渊源,紧接着就有了海德格尔很有名的那
句话:"没有这一神学的来源我就决不会踏上思想的道路。而来源
(Herkunft)始终是未来(Zukunft)。"④其结果正如对话者所"挑明"(这是
海德格尔对这个对话者的首肯,见对话稍后部分⑤)的那样:"如果(来源
与未来)两者相互召唤"、回到开端,"就有了真实的当前"。⑥ 一句话,正
是神学的语境发轫了海德格尔的存在之思。

对此,作为海德格尔的四个最著名的犹太学生之一的约纳斯在其文
章《海德格尔与神学》⑦中已经表述得非常透彻,实在无须我们多言。

> 就亲缘关系而言,我们不能否认海德格尔思想——至少这种思
> 想的语言——对于基督教神学家的吸引力。海德格尔强调了为哲
> 学传统所忽视或者压制的一切,诸如与形式要素相对的呼唤(Ruf)
> 要素、与在场要素相对的天命(Schickung)要素、与观察相对的让自
> 己感动(Sich-ergreifen-lassen)、与对象相对的居有事件(Ereignis)、
> 与概念相对的应答(Antwort),乃至与自律理性相对的承纳之谦恭,
> 以及一般地与主体之自我炫耀相对立的一种凝神态度。最后——
> 为了再次采纳斐洛的提示——,在观看(Sehen)的长期统治地位以
> 及客观化过程的魔力之后,受到压制的聆听(Hören)主题获得了倾

---

① 海德格尔:《在通向语言的途中》,孙周兴译,商务印书馆1999年版,第80页。
② 同上书,第81页。
③ 同上。
④ 同上书,第80页。
⑤ 参见同上书,第84页。
⑥ 参见同上书,第81页。
⑦ 参见刘小枫选编《海德格尔与有限性思想》,孙周兴等译,华夏出版社2002年版,第212—
　234页。

听;这样,基督教思想就能够把其不再受形而上学幻觉迷惑的眼睛转到这一方向上来,使它们转变为耳朵,以便重新聆听它的声音,并且也许能够使之重新回响起来。……初看起来我们必须承认,福音新教神学在此听到了熟悉的声音,感到比在其他一些现代的或传统的思想的变种那里更加得心应手……众所周知,海德格尔所讨论的思想乃是一种合乎存在之恩典的思想……本质性思想的言说(Sagen)就成了谢恩(Danksagung)。这里显然有《圣经》的回声。海德格尔思想中的有些东西乃是世俗化的基督教。这一点从其开端即《存在与时间》开始就已十分明显。①

我们甚至可以说,海德格尔的思想是《圣经》的榜样本身在反思中的活动。当然,海德格尔会更愿意说:依照思想的这种命运性的特征——作为存在本身的自身澄明的历史,基督的言说以及在其中保存的存在之展开状态,恰恰是通过我们的传统而成为命运的一个不可或缺的部分,我们的思想必须与之相应和。②

海德格尔曾经说过,他不是要摧毁和否定形而上学,这只是一种"幼稚的僭妄要求",是对历史的贬低;他所力求的只是对思想的所有历史的

---

① 刘小枫选编:《海德格尔与有限性思想》,孙周兴等译,华夏出版社 2002 年版,第 214—215 页。

② 实际上,约纳斯这里精辟表述的早已是一种事实了。而且正是针对这种"众所周知",约纳斯才提醒道:"难道它在此不是也许过于得心应手了吗? 这些熟悉的声音在那里是合法的吗? 莫非这种神学可以在陌生的基地上受到这些声音的诱惑? ——这个陌生的基地通过神秘之物的外壳、灵感的声音而只是变得更加危险,它使异端信仰更加难以认识。"(同上书,第 215 页)对此,约纳斯警告说:"哲学对这些层面也许过久地锁闭了,到一定程度,海德格尔就可以通过对这诸多层面的揭示获得成功。不过神学家却没有任何理由,为自己庆贺获得了一位富有影响的思想家对神学的可贵遗产的赞赏。就我的理解来看,神学家应拒绝把自己的信息处理成历史命运的主题、一种传统的诸因素中的一个、本身可分的东西、对无信仰者的选择来说已经现成摆在那里的东西。神学家应当追问的是,人们是否能够部分地利用神学的主题,而又没有歪曲整体——正如反过来,他进而将不得不追问,是否能够部分地利用海德格尔的哲学,而又没有接受整体。"(同上书,第 217—218 页)约纳斯的洞见是惊人的:"在这里,我们必须讲一下海德格尔把主动性归于存在的做法表面的、虚假的谦卑——这对基督教神学家十分具有诱惑力,但实际上却是全部思想史上最大的亵神罪孽……有关本质性思想的理念表面上很谦逊,事实上很自负,这可能完全毁灭掉思想。"(同上书,第 229 页)

一种"**源始地具有**"。① 我们就以此为背景或类比,简要地把海德格尔与神学为关系归纳如下:(1)源自神学:生存源自源始信仰体验,时间性源自末世论。(2)从时间性到历史性:"思想"应"倾听""存在的天命"(自行解蔽与遮蔽),向存在开放才可有源始行动。(3)布尔特曼的神学使用并未达到海德格尔的深度(海德格尔却曾献词于他),奥特才是对海德格尔思想的真正吸纳,到约纳斯则呼吁神学家对海德格尔加以鉴别并抵制。(4)列维纳斯以犹太教伦理反对存在的霸权及其所谓源始性,更是明确要从存在到他者。

最后,必须加以说明的是,对于这一在现代哲学史上从克尔凯郭尔开始其光辉业绩的眼下瞬间传统,这一某种意义上是源始基督教的末世论神学的恩典时刻,海德格尔还有另一面的说法,他认为 Kairos 的发现应归功于亚里士多德的《尼各马可伦理学》第六卷②。这一准修辞性或考据性的说法非常类似于海德格尔对胡塞尔的现象学方法的描述,也就是说,海德格尔认为亚里士多德的 Aletheia 要比胡塞尔更源始地开启了自身显现的现象学。在这种意味上,海德格尔甚至还把现象径直落实在了亚氏的存在者的存在上。③

第二节 前期的时间性现象学

一、作为根基的时间性

对于胡塞尔与海德格尔的关系,Poeggeler 曾有这样的总结:

海德格尔用此在代替了胡塞尔的先验自我。此在不是那个构

---

① 参见海德格尔《在通向语言的途中》,孙周兴译,商务印书馆 1999 年版,第 91 页。

② 参见 Martin Heidegger, *The Basic Problems of Phenomenology*, trans. Albert Hofstadter, Bloomington:Indiana University Press,1982,p. 288。

③ 参见海德格尔《我进入现象学之路》,载《海德格尔选集》(下),孙周兴选编,上海三联书店 1996 年版,第 1285—1286 页。

建了所有的存在者而自身却没有任何一个存在者特征的自我。相反，它的存在的意义是被主动地确定为"实际的生存"，从而与所有其他的存在者区分开来了。①

1927年为《大英百科全书》撰写词条时，胡塞尔和海德格尔那次著名的分歧就主要集中在先验自我以及（依胡塞尔）建基于先验自我之上的世界的存在问题（依海德格尔）即一般的存在问题上。但是，实际上，胡塞尔的先验自我并不是空洞的形式，海德格尔的此在也并非事实性的存在者，二者的根基都在于时间性，都以其绽出（Ekstase）结构作为意识或此在的存在形式，对"将来"和"当下"概念都有精深而实际上脉络相通的描述，只是因旨趣迥异而有各自的问题域和各自的世界。或许，真正的哲学家都有各自的世界，其差异如同范式之不可通约，但其神脉之关联又孕育或共生于他们共属的民族-客观精神。

在《我进入现象学之路》一文中，海德格尔自认为他对现象学的理解来自《大观念》，"即先验的主体性通过现象学成功地进入了更为源始和普遍的可规定性之中"②。至于一开始就一直迷惑着他，让他迷惑于"自称为'现象学'的运思程序是如何进行的"③《逻辑研究》，海德格尔则是直到亲身体验了胡塞尔本人亲自进行的"现象学的'看'"的逐步训练后，才对其逐步了解的，以至于可以主持高年级学生的《逻辑研究》讨论。而在此"了解"发生的同时，海德格尔就走上了他自己的现象学之途，即一方面把现象学理解为自身显现，另一方面则发觉现象学并非空前的独创，其旨趣早已蕴涵于整个希腊哲学。④ 从海德格尔的观点看，作为现象学主题的"事情本身"不再是胡塞尔的"意识和意识的对象性"，而是"在无

---

① Otto Poeggeler, *Martin Heidegger's Path of Thinking*, trans. D. Magurshak and S. Barber, Atlantic Highlands, NJ：Humanities Press International, Inc.，1987, p. 56.

② 《海德格尔选集》（下），孙周兴选编，上海三联书店1996年版，第1283页。

③ 同上书（下），第1282页。

④ 海德格尔后来更是把现象学理解为一种"持存着的思的可能性，即能够符合有待于思的东西的召唤"[同上书（下），第1288页]。

蔽和遮蔽中的存在者的存在"；现象学的核心观点"意向性"也不再只是意识的结构，而是此在与世界的原初关联。于是，对海德格尔来说，"意向性"的意义在于，在"现象上"，即在"体验中"，自我与世界是不可分割地联系在一起、一同给出的，就"如同"在胡塞尔那里意识与其对象集中体现在 noesis 和 noema 一体关系上的一同给出。

二、此在与时间性

"去存在"和"向来我属"是此在的两个根本属性①，它们不是固定的命题式的属性，而是海德格尔要展开的两个向度。"去存在"是基础，甚至不需要"向来我属"也可以在存在论的维度上为胡塞尔的意识现象学奠基。只是在"向来我属性"这个向度上才有本真与非本真之别，它们向两个极端引领此在的"去存在"：一是堕落到现成状态的"我"(Ichheit)，海德格尔在对"日常此在是谁"的分析中将其明确为"常人"，只有"常人"。二是提升到理想的本真状态，在此才有真正的"自我"。而总的来说，达及本真自我要经历四个层面：(1) 通过对他人、世界的反思达到对作为世内存在者的"自我识认"(Sichkennen)。(2) 经由"首要地和整体地关涉到生存"的透视(Durchsichtigkeit)达及真正的"自我认识"(Selbsterkenntnis)，即"澄明境界"，认识到自我就是此在的展开状态，自视(sichtet〈sich〉)就是透彻的(durchsichtig)。② (3) 理解到"烦"就是使此在澄明，即敞开自身，在源始的意义上，就是"绽出的时间性源始地使此澄明"③。(4) 最后通过最本真的可能性或唯一的可能性——死亡——所通达的才是本真的自我，因为此在作为"纯粹的可能性"就是"向死而在"。

但有意味的，与这种"本真自我"相对的所谓"非本真状态"恰恰又是

---

① 参见海德格尔《存在与时间》，陈嘉映、王庆节译，熊伟校，三联书店 1987 年版，第 52—53 页。
② 参见同上书，第 179 页。
③ 同上书，第 451 页。

"第一性的"和"首先的",因为它已经直接关涉存在,从而也已经在最充分的意义上展开了对此在的生存论暨存在论分析:此在就是在世,世界和自我都是在世这个机制的属性,而作为从世界中呈现的他人,本来就属于这个结构,因而此在就是共同此在。由此所呈现的已经是一套完整的"社会存在"本体论和"大众文化"阐释了。但是,对于海德格尔,这只是《存在与时间》的第一篇,即"准备性的此在基础分析",到该篇的末尾,真正的问题才开始。就是说,至此的描述既没有能够使一般存在问题的境域得以展开,也不够"源始",用海德格尔的话说就是:

> **前此的此在生存论分析不能声称自己具备源始性**……此在之存在的阐释,作为解答存在论基本问题的基础,若应成为源始的,就必须首要地把此在之存在所可能具有的**本真性**与**整体性**从生存论上带到明处。①

于是,整体性由死亡——死亡实际上是此在唯一本己(没有第二个)的可能性,既无可躲避又永远只是可能——引入,本真性由良知保证,《存在与时间》第二篇开篇两章的中心任务就是要完成此等进路。对此"准备性的此在基础分析所根本致力求解的问题:应得如何从生存论存在论上规定业经展示的结构整体的整体性?"②海德格尔的解决方案是,在第一篇中,此"整体性"由"烦"承担,而"烦"的整体性由"畏"提供基地;第二篇,借助于时间性,再从根本上超越具有很重的克尔凯郭尔意味的"畏"。③ 海德格尔认为:"既经展示了此在的一种本真的能整体存在,生存论的分析工作就能落实此在的源始存在的机制"④。于是,在"应得怎

---

① 海德格尔:《存在与时间》,陈嘉映、王庆节译,熊伟校,三联书店 1987 年版,第 281 页。

② 同上书,第 219 页。

③ 我们从海德格尔对克氏的三次由扬到抑的评价,也可以看出海德格尔自身思想的递进过程及其真正的立义所在。第一篇第 230 页注释对克氏高度评价,到第二篇的第 283 页的注释中就指出"他还完全处在黑格尔的以及黑格尔眼中的古代哲学的影响之下",再到第 401 页的注释,海德格尔就明确克氏的根本缺陷:"他停留在流俗的时间理解上"。

④ 海德格尔:《存在与时间》,陈嘉映、王庆节译,熊伟校,三联书店 1987 年版,第 282 页。

样合聚这两种现象"①——准确地说是二者怎样能各自得以成其为自身——的意义上，"时间性"问题才真正得以呈现。

众所周知，时间性是《存在与时间》一书的中心论题，"一切存在论问题的中心提法都植根于正确看出了的和正确解说了的时间现象以及它如何植根于这种时间现象"②，甚至"任何一种存在之理解都必须以时间为其视野"③。具体在两篇衔接处，这就体现在时间性被理解为烦之所以可能的源始条件。但是，无论是在整本书的导论中④，还是在第二篇的引论里⑤，"时间性"的引入都是相当突兀的。在其行文中，真正关键的只是这样一句话："源始地从现象上看，时间性是在此在的本真整体存在那里，在先行着的决心那里被经验到的。"⑥要理解行文的这种突兀，就必须回溯海德格尔思想的发生历程昼至其整个进程。

实际上，早在1924年的演讲"时间概念"中，海德格尔就已经明确地把此在的存在界定为时间性："在其最极端的存在可能性中被把握的此在就是时间本身"⑦，"时间就是此在……此在就是时间，时间是时间性的。（更应该说，）此在不是时间，而是时间性"⑧。这种界定相应地在《存在与时间》中就是："从将来回到自身，决心就有所当前化地把自身带入处境"，这是此在的生存论的源始状态；而"如此这般作为曾在着的有所当前化的将来而统一起来的现象"，就是时间性。⑨　可以说，在此时的海

---

① 海德格尔：《存在与时间》，陈嘉映、王庆节译，熊伟校，三联书店1987年版，第359页。
② 同上书，第24页。
③ 同上书，第1页。
④ 其中第六节论述了历史性，但它只是作为没有写出的第二部的纲要，而且，这时所说的时间也不过是此在的时间性生存的一般特征的一个例证。（参见 David Wood, *The Deconstruction of Time*, Atlantic Highlands, NJ：Humanities Press International, Inc. 1989, p.157）
⑤ 参见海德格尔《存在与时间》，陈嘉映、王庆节译，熊伟校，三联书店1987年版，第282页。
⑥ 同上书，第361页。
⑦ 海德格尔选集（上），孙周兴选编，上海三联书店1996年版，第19页。
⑧ 同上书（上），第24页。
⑨ 参见海德格尔《存在与时间》，陈嘉映、王庆节译，熊伟校，三联书店1987年版，第387页。

德格尔这里，早就没有了普遍的时间；而作为存在之理解的视域的时间性就是此在，个中的关键是，时间性不是此在的属性（也不是所谓本质属性），此在也不是时间性的（仿佛还别的什么也是时间性的），此在就是时间性。海德格尔说：

> 本真的时间就是从当前、曾在和将来而来的、统一着其三重澄明着到达在场的切近。它已经如此这般地通达了人本身，以至只有当人站在三维的达到之内，并且忍受那个规定着此种到达的拒绝着-扣留着的切近，人才能是人。①

可以看出，海德格尔直到 1962 年的演讲"时间与存在"中的这些说法仍然延续着《存在与时间》的主题，只是要从更源始的时-空、本有中给出存在与时间本身以及二者的关系。可以说，海德格尔思想中一以贯之的基本线索（或最低基准）就是要从时间来探讨存在的意义，但是，有佯谬意味的是，这种探讨的前提和真实含义却又是要从存在来探讨时间的本性。以下，先回到《存在与时间》的文本语境。

三、作为整体性的自身性与将来

此在的整体性一直是海德格尔关注的中心。从《存在与时间》的叙述逻辑看，整体性正是时间性出现的方法论前提，这表明"自身性"仍然是其努力要重建的，就是说，虽然"总是已经""共在"地"在世"着，此在却仍然要寻求"本己"，即便本己只是一种绽出结构，即时间性。② 当然，"原初统一"的现象本身就已经将自身呈现为一种存在论基础（虽然还只是表现为一种个体性诉求），非本真的烦和畏就是这种现象。海德格尔说，"我们曾把这一自身的存在（独立自主性）理解为烦"，只是"包含在烦之

---

① 《海德格尔选集》（上），孙周兴选编，上海三联书店 1996 年版，第 678 页。
② 如同胡塞尔认为时间"河流"的统一性就在于其形式上的"现在涌现"结构，这条河流就是绝对的主体性，甚至可以说时间性就是胡塞尔的主体性。（参见胡塞尔《生活世界现象学》，克劳斯·黑尔德编，倪梁康、张廷国译，上海译文出版社 2002 年版，第 130—135 页）

中的自身这一现象需得一种源始的本真的生存论界说"①,即"将此在的
基础结构……理解为时间性到时的诸样式"②。可以说,"烦"就是一种源
始的"自身性"现象,"烦不需要奠基在某个自身中","充分理解了的烦之
结构包括着自身性现象"。③ 概而言之,"烦之本真性的这种样式包含着
此在的源始独立性(持驻于自身的状态)与整体性"④。"畏"的现象更是
如此:"此在自身本真地存在在缄默着期求畏的决心的源始个别化之
中"⑤。总之,"烦""畏"关涉的都是此在"自身"的"整体性"的问题(可以
说,整体性不过是自身性的征候),即"整体性如何统一的生存论问题"。
而"时间性"就是海德格尔从生存论角度为这个整体性问题提供的答案,
"烦的结构的源始统一在于时间性"。⑥ 我们都知道,海德格尔的"源始而
本真"的时间性的首要现象是"将来",但究其实质,"源始而本真的将来"
就是指来到"自身"。⑦ 换句话说,"此在""生存着"的意思就是,"此在根
本就能够在其最本己的可能性中来到自身,并在这样让自身来到自身之
际把可能性作为可能性保持住"⑧,而"保持住别具一格的可能性并在这
种可能性中让自身来到自身,这就是将来的源始现象"⑨。所以,如果说
死亡就是此在最本己的可能性,那么作为生存的"向死而在"的此在就是
"作为将来的存在",此在"在其存在中根本上就是将来的"⑩,一句话,"生
存性的首要意义就是将来"⑪。正是由于此等意义上的"将来","此在"才
就是"时间性"。进而,如果说将来就是来向"自身",那么,"只有当此在

① 海德格尔:《存在与时间》,陈嘉映、王庆节译,熊伟校,三联书店1987年版,第361页。
② 同上书,第362页。
③ 参见同上书,第383页。
④ 同上。
⑤ 同上书,第382—383页。
⑥ 参见同上书,第388页。
⑦ 参见同上书,第390—391页。
⑧ 同上书,第385页。
⑨ 同上。
⑩ 同上书,第386页。
⑪ 同上书,第388页。

如'我是所曾在'那样而存在,此在才能以回来的方式从将来来到自身……先行达乎最极端的最本己的可能性就是有所领会地回到最本己的曾在①,就是说,将来所达及的是曾在,将来就是"作为曾在的将来",是与曾在一起到时的(zeitigen),Eigentlich zukuenftig *ist* das Dasein eigentlich *gewesen*("在本真的将来的意义上,此在本真地就**是曾在**"②)。"回到"或"来向自身"意味着"揭示""已经是的"或"已经在的","只有当此在如'我是所曾在'那样而**存在**,此在才能以**回来**的方式从将来来到自己本身③,先行于最极端的和最本己的可能性就是有所领会地"回到""最本己"的"曾在"(Gewesen)。正是这种"来向自身"即"回到曾在"意义上的"将来",才使时间性成为自身,也才使此在成为自身。对**这种**意义上的"将来"的强调才是海德格尔的特色。

四、本真的当前:"眼下"

将来从自身放出的,不仅是曾在,更有当前。实际上,本真的当前才是海德格尔时间性问题的焦点。这样说,至少有以下几层含义:(1)"从将来回到自身来,决心就有所当前化地把自身带入处境"④,就是说,只有通过当前化(gegenwartigen)⑤,时间性本身才存在起来,才有 Da 的 sein,即才有此在,此在的 Da 才得以开放,世界才世界着(即存在者才得以有其存在)。一句话,当前化就是在世,因而就是时间性本身的展开。(2)因此,才有本真与非本真的当前化之分。海德格尔用眼下(Augenblick)这一在现象学中略显生疏的词汇来表达本真的当前,意思

---

① 海德格尔:《存在与时间》,陈嘉映、王庆节译,熊伟校,三联书店 1987 年版,第 386 页。
② 同上。译文有所改动。
③ 同上。
④ 同上书,第 387 页。
⑤ 这是《存在与时间》中译本的译法,并且相应地将 Vergegewaertigen 译为"再现"。倪梁康先生则分别译为"当前拥有"和"当前化"。本书则故意取此不一致的译法,聊以界说两者的区别。在本节的最后一部分,则把海德格尔的 gegenwaertigen 翻译为"当下具有"。

是把当前"从涣散于切近烦忙之事的境况中拉回来,并将其保持在将来与曾在中"①,所以,当前化既是沉沦的基础,又是本真能在的所在。这是海德格尔"本真-非本真"辩证法一贯的特色。(3)当前化实际是从胡塞尔的作为其一切原则的原则的核心的"当下拥有"发展而来,只是"意义-对象"被置换为"存在"。比如,"当前化"的"生存论意义"就在于"借寻视考虑而把周围世界带近前来",或者反过来说,这种"寻视的当前化""向来就属于时间性的一种完备的绽出统一性",只不过它"奠基在对用具联系的一种居持中"而已。②

我们先从非本真的当前与本真的当前的区分开始。海德格尔说:"从形式上领会起来,一切当前都是有所当前化的,但并非都是'眼下'的。"③因为前者是从可烦忙之事来筹划能在的,人只"是"人所烦忙的东西④,因而是非本真的、无决心的。而"与之相反,眼下则是从本真的将来到时的"⑤,正是来自将来的决心才真正开展出了此在。由此可见,虽然正是因为增加了"存在的厚度",即处于生存论-存在论的语境中,(始源于胡塞尔的)时间性才凸显为一切意义的境域并从此成为显性的主题,但是,只有进入本真领域,海德格尔时间性概念中真正革命性的一面才得以彰显。当然,胡塞尔在后期手稿中也强调了"前摄"的意向性功能,并且也有研究者由此认为海德格尔在时间性的进程中并没有那么革命,但是,前摄毕竟不能和来自死亡的将来即决心相比,二者的区别不是一个大小时段的问题,而是意味着从意向性意识到生存论-存在论的范式转换;只有经历此种转换,"最本己的能在"(即真正的个体性)才得以呈现。

所谓"当前化",就是指此在作为时间化,使事物成为当前。首先,我

---

① 海德格尔:《存在与时间》,陈嘉映、王庆节译,熊伟校,三联书店1987年版,第400—401页。
② 参见同上书,第424页。
③ 同上书,第401页。
④ 参见同上书,第381页。
⑤ 同上书,第401页。

们须得明了，虽然时间性在第二篇才被引入，但是无论是烦心还是烦神意义上的当前化——"'对象'及对象领域的基本机制"①——都是必须奠基于时间性（胡塞尔）或更深的奠基于生存论的时间性（海德格尔）之上才能"弄清楚"的。就是说，"沉沦"同样以时间性为根据，因为"沉沦于所烦所忙的上手事物与现成在手事物这一状况之首要基地就是当前化"，而这种当前化正是"源始时间性的样式"，并且"始终包括在将来与曾在中"。② 因此，海德格尔在第二篇开始要做的只是"**凭据充分地、持驻地以现象学方式再现**前此整理出来的此在生存论机制"③，将其"理解为'时间性的'，理解为时间性到时的诸样式"④，重演前此已经展开的时间性叙事而已。海德格尔这里引入的"时间性"，其主旨有二：一，朝向此在"自身"，换句话说，就是只有以"自身性"为基准才有作为对前此的生存各环节进行统一的"整体性"之说的必要。这是因为，一方面，"源始地从现象上看，时间性是**在此在**的本真整体存在那里，在先行着的决心**那里被经验到的**"⑤；另一方面，所谓"源始而本真的时间性的首要现象"的核心要义就是：只有"向着自身到来"才是"将来的源始现象"⑥。二，最要紧的环节是：时间性就是要借助"决心"，打开此在（Dasein）的那个 Da，将其展示为一种处境⑦，"从将来回到自身，决心就有所当前化地把自身带入处境"⑧，实际上，时间性的本质就在于"它打开并保持此在特有的领域"⑨。因此，与非本真状态那种"从那些不是自己的东西中领会自身"相对反，本真状态就是"曾在着的将来**从自身放出**当前"，这就是所谓的"绽出"

① 参见海德格尔《存在与时间》，陈嘉映、王庆节译，熊伟校，三联书店 1987 年版，第 361 页。
② 同上书，第 389 页。
③ 同上书，第 361 页。黑体为引者所加。
④ 同上书，第 362 页。
⑤ 同上书，第 361 页。黑体为引者所加。
⑥ 同上书，第 385 页。
⑦ 参见 Otto Poeggeler, *Martin Heidegger's Path of Thinking*, trans. D. Magurshak and S. Barber, Atlantic Highlands, NJ. Humanities Press International, Inc. , p. 45。
⑧ 海德格尔：《存在与时间》，陈嘉映、王庆节译，熊伟校，三联书店 1987 年版，第 387 页。
⑨ 比梅尔：《海德格尔》，刘鑫、刘英译，商务印书馆 1996 年版，第 61 页。

（Ekstase）。质而言之，**时间性的所谓绽出（Ekstase）就是此在的生存**（**Existenz**，为表示这种同源意义，海德格尔还常将其分开写作 **Ek-sistenz**）。换句话说，**"此在的存在"就"是""源始地、自在自为地'出离自身'"**①，就"是""时间性"。言说此在的存在的所谓"意义"，就是言说"此在的存在"本身，而并非意味着此在的存在另有意义；反过来说，时间性说的就是此在的存在。

简而言之，海德格尔的时间性的界说——"将来曾在与当前显示出'**向自身**'、'**回到**'、'**让照面**'的现象性质"②——有两面性：一方面要从"对象化的领域"中回到此在自身，而另一方面又要把此在自身"打开"为一种处境化的警醒状态。如果说前一方面的核心是回到自身的"将来"，那么这后一方面的要义就在于被将来所唤醒的本真的当前即"眼下"（Augenblick）。前一方面的悖结集中在"自身性"上，后一方面的难题则在于"恩典时刻"上。

海德格尔在最初提出"眼下"概念的表述中就表现了这两方面的回环纠缠："下了决心的此在恰恰是从沉沦中**抽回身来**，以求在'眼下片刻'愈加本真地朝向**展开的处境**在'此'。"③在第二次提到"眼下"时，即在谈及基于将来的"领会"时，海德格尔又再次明确，对于这种绽出样式，"必须在积极的或动态的意义"④上来理解。到第三次，即谈论基于曾在的现身尤其是畏时，海德格尔甚至有些夸张地表述为"它以**正在跃起**的方式把握住这一眼下"⑤。与那种"为当前之故而当前化"所造成的"此在到处存在而又无一处存在"的情形——这就是所谓"在当前中有其生存论意义"的沉沦——相反，这种"眼下""则把生存**带入处境并开展着**本真的

---

① 海德格尔：《存在与时间》，陈嘉映，王庆节译，熊伟校，三联书店 1987 年版，第 390 页。
② 同上书，第 389 页。
③ 同上。黑体为引者所加。
④ 同上书，第 401 页。
⑤ 同上书，第 407 页。

'此'"①。总之，在"将来"和"曾在"状态中作为"当前"而"到时"的"此在"，只有作为"眼下"才能"本真"地"开展"[或此在才成其为"此-在"（Da-sein）]；而就是在此从"生存状态上经验到了这种眼下"之时，一种"更为源始的时间"便出现了。

实际上，所谓"本真的当前"就是真正的当前（Gegenwart）本身，因而"眼下"揭示的也就是真正的时间本身。如同所有的本真与非本真之分都是以"自身性"为基准，此在的本真状态说的也就是此在本身；而当海德格尔把此在界定为时间性时，此在就是时间性本身了。这一点与胡塞尔把先验主体性界最终坐落在时间-意识上的做法，在现象学的主导思路上应该是一致的。但有意思的是，二人的主要分歧，除了从意识哲学到存在论的范式转换外，恰恰就是在这个二人似乎最为相通的时间性问题上，而且这个分歧并不在被海德格尔提升为源始而首要现象的将来，而就在这个"当前"上。与在《存在与时间》中开始对非本真的当前和本真的当前进行区分时便援引了最后一个基督徒克尔凯郭尔的生存体验②相类似，海德格尔在同期讲座"现象学基本问题"中谈到此"眼下"时引入了 Kairos，即基督教的恩典时刻（虽然行文上是从亚里士多德的《尼各马可伦理学》第六卷中引入的）③，这种与人的有限性密切关联的警醒与胡塞尔作为永恒在场的无限意识在根本上是不同的。在时间性这个现象学基础上，胡塞尔的"滞留-原印象-前摄"意义上的时间结构与海德格尔

---

① 参见海德格尔《存在与时间》，陈嘉映、王庆节译，熊伟校，三联书店 1987 年版，第 411 页。黑体为引者所加。

② 参见同上书，第 401 页。

③ Kisiel 通过研究发现，在海德格尔早期文本中，Augenblick 最早被作为主题也是在 1922 年介绍亚里士多德作品时进行的，但是海德格尔早在 1917 年研读施莱尔马赫的宗教作品时就已经形成了这个概念，并在 1920—1921 年冬季学期的讲座中坦承了它真实的基督教渊源。海德格尔是要找基督教的源始经验才追溯到亚里士多德的。当然，他又在后者那里发现了"原现象学"（Proto-Phenomenology），这成为他一生思想不可分离的主题，但是即便如此，他的宗教课程还在继续。（参见 Theodore J. Kisiel, *The Genesis of Heidegger's Being and Time*, Berkeley: University of California Press, 1993, pp. 491 - 492, p. 224, p. 228, p. 229 等处。）

将来-曾在-当前的生存结构也不是在一个层面上。这种形式上的同构性及其演进的情形与意向性结构从胡塞尔的意识到海德格尔的生存的范式转换是同类的。当然，也可以简略地说，海德格尔的当前（Gegenwart）若从胡塞尔的时间意识的角度看，内部还应有"滞留-原印象-前摄"的结构，但这样做已经没有什么意义了，因为，从非本真的当前到本真的当前，再到眼下的发生和作用机制，已经是独特而又完整的一套存在论阐释了。但是，也应该看到，一方面是胡塞尔最终把先验主体性落在"活的当下"，另一方面是海德格尔把本真的此在（即此在本身）落在"眼下"，要论述二者的相关性也绝非是牵强的①，相反，相对于二人在意向性形式结构上的所谓"现象学"关联来说，这还可能是更深层和更切要的脐连。海德格尔后期之所以走直接从存在本身出发的理路，也是与此种相关性有关的。而此相关性中最切要的一点是要从"在场状态"的意义上来理解"当前"，这是被海德格尔所明确的，但同样也是胡塞尔作为"时间-意识"的绝对主体性的潜行却又根本的原则。

五、"在场"作为时间性现象学问题

我们还是从海德格尔关于时间性的定义开始：Dies dergestalt als gewensend-gegenwaertigende Zukunft einheitliche Phaenomen nennen wir die *Zeitlichkeit*.②英译本为：This phenomenon has the unity of a future which makes present in the process of having been；we designate it as "temporality".③英译本的意思比较明白些，时间性：一是一种现象学意义上的现象④。二是这个现象有一个统一的结构（或许用"存在机

---

① Kisiel 就直接用"活的当下"来译此 Kairos，参见 Theodore J. Kisiel, *The Genesis of Heidegger's Being and Time*, Berkeley：University of California Press，1993，p. 253。

② 参见 Marin Heidegger, *Sein und Zeit*, Tuebingen：Max Niemeyer Verlag，2001，S. 326。

③ 参见 Marin Heidegger, *Being and Time*, trans. John Macquarrie and Edward Robinson, New York：Harper & Row，1962，p. 374。

④ 参见海德格尔《存在与时间》第七节的辨析。

制"Seinsverfassung 比较合适）。三是这个统一体的核心是将来。四是这个将来是在过去中呈现，即成为现在的。可以换个角度，跟通常的理解性的解读不同，我以为这些含义的重要性或关键性是依次下行的，即只有先理解"现象"的含义，再理解"存在机制"的含义，才可能把握作为"来到自身"的将来（"为它本身之故"①），才能理解海德格尔是怎样"解构"（打破并另作编排或统摄）惯常是作为"现在序列"的时间，从而给"现在"和"过去"以全新的意味（习以为常的 Jetzt 变成 Gegenwart，Vergangenheit 变为 Gewesenheit）并展现时间性本身的存在论底蕴的。这里的根本要义是要把"时间"作为以其自身的方式显示自身的"现象"或"事物本身"；这是一种在场（Anwesenheit）机制，其"绽出"形态表现的不过是"回到"（只有有"曾在"才可能谈"回到"，所以将来与曾在一直是相连的）"本己的能在"（"能在"说明"绽出""出离自身"之义），其要旨即首要的（allererst）是在"将来-曾在"（或"曾在-将来"，zukuenftig gewesen）的依托之下"唤醒当前"②。于是，"回到自身"正是"当前化"的结果，用海德格尔的话说就是，先行的决心就是这样"开展着 Da 的当下处境"的。具体地说，就是"只有在当下具有的意义上（im Sine des Gegenwaertigens）作为**当前**（*Gegenwart*），决心才能是它所是的东西"，即：一方面让周围世界寻视烦忙的东西如其所是地自身呈现出来，"无所伪饰地让它有所行动地加以把握的东西来照面"；另一方面，此在的所谓"从将来回到自身"，就是"决心当前具有地把自身带入处境（bringt sich die Entschlossenheit gegenwaertigend in die Situation）"，这里有两层意义，关键的一层当然是决心的"处境化"，但另一层意义却又在于此处境化的途径或方式又是"当下具有"（英译 resoluteness brings itself into the Situation by making present，似乎丢失了这层意味），因此，这里说的是这样一种"在场"，其机制是，曾在的（更好的说法是：曾在着的）将来从

① 海德格尔：《存在与时间》，陈嘉映、王庆节译，熊伟校，三联书店 1987 年版，第 388 页。
② 同上书，第 390 页。

自身放出当前——原文在此句之后紧接着的就是上文所引的那句著名的时间性定义了。可以说,这里所说的是所有"在场的""存在机制",或者说,"在场"就是如此运行的;**"时间性"所表达的就是"当下具有"**(Gegenwaertigen)的**"处境化"**——也就是对胡塞尔时间-意识的存在论阐释,或者说是后者在存在论层面上的呈现。德里达说得很明确:海德格尔激进地解构在场形而上学的目的只是让我们重新思入这个在场。①这也是海德格尔对亚里士多德的作为"在场"(Anwesenheit)的"实体"(ousia)有批有赏的原因。②

亚里士多德执着于"现在"的更深一步的原因在于,他把"存在"只是理解为"永恒的在场"③并进而成为在"在场"中持续站立的东西,因而在

---

① 参见 Jacques Derrida, *Margins of Philosophy*, translated, with additional notes, by Alan Bass, Chicago:The University of Chicago Press, 1982, p. 131。

② 参见本章第一节讨论 Temporalitaet 的那一部分。

③ 这里有一个必须指明的问题,即 Anwesenheit(在场)、Gegenwärtigkeit(当下拥有)、Gegenwart(当前),以及时间意义上的 das Präsens 和空间或语境意义上的 die Präsenz 在英文或法文都只用同根的 presence 和 present 来表示。德里达明确表达了这种翻译的困难(参见 Jacques Derrida, *Margins of Philosophy*, translated, with additional notes, by Alan Bass, Chicago:The University of Chicago Press,1982,p. 3 n. 6)。在后期"时间与存在"讲座的前半部分中,海德格尔明确区分了作为 Anwesenheit 的 Gegenwart 和 Jetzt 意义上的 Gegenwart,但这只是海德格尔所有时间性思想的起点,其深度还未及海德格尔于 1924 年区分 Anwesenheit 或 die Präsenz 意义上的 Gegenwart 和 das Präsens 意义上的 Gegenwart,虽然区分得更加清晰了。而对于 Anwesenheit、Gegenwärtigkeit 和 die Präsenz,海德格尔在前期几乎是没有区分的,如在《存在与时间》§ 25(中译本第 32 页)中:"存在者是在其存在中作为'Anwesenheit'而得到把握的。这就是说存在者是就一定的时间样式即 Gegenwart 而得到领会的";尤其是当 Gegenwärtigkeit 被从 Aletheia 即去蔽意义上的真理而加以理解时,Anwesenheit 和 Gegenwart 甚至共同组建了 Präsenz。本来,海德格尔似乎应该在《存在与时间》第一部的第三篇"时间与存在"中继续讨论这种分辨的,但可能正如德里达所认为的,在这个时期要区分 Anwesenheit 和 Gegenwärtigkeit 几乎是不可能的,因为这需要有"非当前的在场者"(ungegenwärtige Anwesende)的引进,而这已经是后期海德格尔的思想了——具体地说,是从 1930 年在《论真理的本质》中把"遮蔽"也归属于真理后开始,直到《阿那克西曼德之箴言》把"真理"(Wahrheit)界定为"存在之保护"(Wahrnis des Seins)(参见海德格尔《林中路》,孙周兴译,上海译文出版社 1997 年版,第 357 页),最终到达自行"归隐"的本有之运作。在这个意义上,海德格尔 1962 年的讲座以"时间与存在"为名,可以说就是真正在补《存在与时间》第一部未完成之工作了。讲座以"在场意义上的当前"作续接,而把在场界定在了"面向人的逗留"。我们将在下节单独讨论这个讲座。

讨论时间的"存在"时就执着于"现在"（Jetzt），使得时间最后蜕变为存在者或在时间之内的东西（etwas innerzeitiges）。所以，关键是要把"存在"理解为是最充分意义上的"时间性"的，即在行为的意义上理解存在，更平易地说，即"存在是动词"。而更关键的是，不仅时间性要成为理解存在的境域①，而且存在本身就必须首先是时间性的，由这样的存在来理解时间的存在才能达到对时间的真正理解。海德格尔说：

> 这样自发地和自明地从时间中来领会存在，其根据何在？……对此，时间的本质给不出任何回答……相反，可以指出，对时间的这一分析正是由某种存在领悟所导致的……把存在作为固定的在场来领会，并**因此**而从"现在"出发来规定时间的"存在"。②

海德格尔在这里分析的虽然是亚里士德不正确的说法的根源，但是，毕竟从存在到时间原本就是存在论的一个重要的向度或进路，"如果把此在阐释为时间性是基础存在论的目标，那么基础存在论就必须惟一地**只由存在难题本身来说明动机**"③，《存在与时间》首先并唯一地开启且引入的就是在此方向上的思想。当然，到了此根源之处——海德格尔在不放弃"存在与时间"在此维度上的含义（因此才用"与"）时所要求的更源始的本原处④，存在与时间又实在是一体的运作：时间性就是此在本身的超越的源始结构，换句话说，"超越性的本质就建立在时间之中"⑤。

---

① 执着于这条线索会固着在此在身上，进而把此在的有限性理解为不能永恒的那种要死性，而失去"Da"的那"展开、开启"意义上的有限性。

② 《康德书》第 44 节，参见《海德格尔选集》（上），孙周兴选编，上海三联书店 1996 年版，第 129 页。黑体为引者所加。

③ 同上书，第 127 页。黑体为引者所加。

④ 参见同上书（上），第 130 页。

⑤ 关于"超越"问题。"存在地地道道是超越者（transcendens）。此在存在的超越性（Transzendenz）是一种与众不同的超越性，因为最激进的个体化（Individuation）的可能性与必然性就在此在存在的超越性之中。存在这种超越者（transcendens）的每次展开 （转下页）

但是,"从巴门尼德到胡塞尔,当前的特权就从来不是问题。它不可能成为问题。它就是那种自明的东西本身,在此之外没有什么思想是可能的。不在场总是以在场形式出现的思想,或者是在场的一种变式。过去和将来注定就是过去了的现在或将来的现在"①。这是德里达秉承海德格尔批评在场形而上学——海德格尔批之为"存在意义的本体论神学机制"——的一段话,其中却有两个问题,首先,这实际上对胡塞尔是不公的,因为一方面,这样说就没有理解胡塞尔的时间意识在时间问题上

(接上页)都是超越论的认识(transzendentale Ekenntnis)。现象学的真理(存在的展开状态)乃是超越论的真理(veritas transcendentalis)。"(参见海德格尔《存在与时间》,陈嘉映、王庆节译,熊伟校,三联书店1987年版,第47页)这段经常被引用的话,揭示了已有多论的超越与先验的关系[参见孙周兴《超越·先验·超验》,载《德意志思想评论》第一卷(2003);倪梁康:《TRANSZENDENTAL:含义与中译》,载《南京大学学报》2004年第3期]。这涉及的是对哲学史上的一些基本概念及其内在理路的准确把握问题。但若只关注这一个方面则又会落回以"经验与先验之分"为基础的先验论理路,恐怕这不是海德格尔的真正愿望。或许,同样或更值得关注的是,这里是说"超越"就等于真正的"个体化";"现象学的真理"就是"存在的展开状态",二者归根到底都是关于这种最激进的个体化的;事实上,整部书的宗旨就是要把最普遍最空泛的存在意义的问题"本己地、最尖锐地个别化于当下的此在之上"(参见海德格尔《存在与时间》,陈嘉映、王庆节译,熊伟校,三联书店1987年版,第78页)。应该说,超越虽然在现象学的语境中是与意向性密切相关的,尤其是在胡塞尔的内在与超越之根本性区分的意义上——对于胡塞尔,纯粹自我与世界都是在"内在"内的"超越",而海德格尔则是要超越到世界,把世界作为现象学的唯一实事本身(不是复数的zu den Sachen selbst,而是单数的zur Sache selbst)并且作为"形式指引"使意向性得以可能(参见Theodore J. Kisiel, *The Genesis of Heidegger's Being and Time*, Berkeley:University of California Press, 1993, p. 505)——但是,说到底,海德格尔的超越却是颇具神学意味的个体化。《存在与时间》第一次提"存在是一种超越者(transcendens)"就是在中世纪存在论的意义上讲的;到第14页也是依从托马斯·阿奎那所界定的意义,即"超出一切存在者的种又与所有存在者相关";第38页正面提出"存在地地道道是超越者"的时候,是在超出一切存在者的意义上说的(实际上这也就是"存在论差异"的意义),但正是这种超越使真正的个体化成为可能,而且,这种个体化与其说的是Dasein,不如说更是一切存在者的个体化,即所有的存在者都如其所是地自身呈现,换言之,这就是"存在的展开状态",也是现象学的要义。实际上,海德格尔明确地说过,"不能把超越问题换成如下问题:主体如何超出(自己)来到客体,而在那里客体整体又同世界观念相同一。要问的是:在存在论上是什么使存在者能在世界之内照面并作为照面的存在者被客观化?"而这个问题的答案就在"绽出境域"意义上的"世界之超越"中。(参见同上书,第431—432页)

① Jacques Derrida, *Margins of Philosophy*, translated, with additional notes, by Alan Bass, Chicago:The University of Chicago Press,1982, p. 34.

的革命性含义,德里达对胡塞尔的误读有在此一面的问题。① 另一方面,更重要的是由此就忽略了海德格尔与胡塞尔的实质性关联,海德格尔的时间性成了无源之水,即除了实际生活经验的恩典时刻,没有了现象学的依托。其次,却是更重要的,这样说就混淆了海德格尔对"在场"进行描述、揭示、有赏有批的评论等几个层面,使得由此全新的时间性本身所揭示的真实的问题域被掩盖了,(再结合前述对胡塞尔的不公正,这就)停留在了前海德格尔的、而且是错误的层面了。

六、几个节点

1. 关于自身性。"源始而本真的将来是来到自身"②。这有两方面的意义:一是连于此在的生存,未来不是新异的另类现在,而是使此在朝向自身,在本真的时间样态中此在从将来来向自身。二是就时间性本身而言,"时间性是源始的、自在自为的'出离自身'本身",时间性就是绽出(Ekstase)本身——在这个维度上,发展到海德格尔后期的 Ereignis。二者的核心都在于自身性(Selbstheit)。

2. 关于日常状态。日常状态并不就是非本真性,后者是对日常状态的"自我满足"。相反,良心则是海德格尔对本真性进行现象学描述的场所,可是,"被规定为向死而在愿有良知也不意味着遁世的决绝,相反却毋宁意味着无所欺幻地把自身带入行动的决心",只不过更具个人英雄心态而已,"清醒的畏把自己带到个别化的能在面前,坦然乐对这种可能性"。③

3. 关于存在的动词化。此在的存在结构是烦,烦的存在论意义就是

---

① 当然,在胡塞尔扩展现在视域(或真正使现在成为可能,即为在场奠基)的同时,过去和将来也确实保留着已经过去的现在和尚未到来的现在之义,只不过是尽力以回忆和期待等当下化的方式,使其在现在中被奠基而已。由此看,滞留与回忆的分界的困难反倒有助于以扩展视域的方式说明现在的奠基作用。

② 海德格尔:《存在与时间》,陈嘉映、王庆节译,熊伟校,三联书店 1987 年版,第 391 页。

③ 参见同上书,第 368 页。

时间性，具体地，就是历史性，简而化之，这是将存在动词化。这常常会是从工具性"实践"角度出发所理解的结果。问题是，这种理解不仅局限于第一篇，甚至还没有达到第一篇应有的深度。上手状态（通过用具牵连使存在物作为"存在者的存在"得以呈现）是给现成在手状态（本身也有来临、在场、消失的运动）奠基，但是只要没有达到海德格尔对"世界"的理解，此"上手"仍然是存在者的，此"因缘"仍是世内存在者的存在，虽然是原初的。海德格尔的"上手"意思是要通过意蕴关联整体呈现出世界的"世界性"，"世界世界着"才是海德格尔所创的第一个命题，也是进入《存在与时间》的第一关。**只有到达"世界性"，才算跨过了存在论差异，进入"存在"之域；也就是说，只有到"世界"层面才有与存在者相异的存在，才能使上手事物得以开放、展开（aufschliessen），即与此在照面、相互展开。**世界之为世界（die Weltlichkeit von Welt）是此在的生存论规定，甚至是先天性的。① 只有从所有存在者那里（即从一切意蕴中）脱现出来的"畏"才"源始地直接地把世界作为世界开展出来"②（与此同时，"畏"也使"此在个别化为其最本己的在世的存在"，实际上，这两个方面"在生存论上是一而二二而一"③）。也就是说，只有与"存在在此"即与此在的"存在"相关联才能使世界本身得到揭示。世界不是事物的总和，也不是过程的总和，"世界"（前期）就是 Ereignis（后期），前期的 eigen（本己的），eigentlich（本真的）在后期仍然保留于 Ereignis 之中，这是海德格尔一贯的现象学立场。

---

① 海德格尔：《存在与时间》，陈嘉映、王庆节译，熊伟校，三联书店 1987 年版，第 105—106、108 页。

② 一方面，在畏之所畏的"无"中"展开的世界则只能开放出无因无缘为性的存在者……恰恰是世内现成事物必须来照面，这样一来它便荡然全无因缘而会在一种空荡荡无所慈悲的境界中显现"（同上书，第 406 页）；另一方面，在此种无中宣告出来的全无意蕴，却"使得世界之为世界仍然独独地涌迫上来"（同上书，第 226 页），正是在这一方面才说未直接把世界作为世界开展出来。对此，拙文《论海德格尔的"无"》（载《浙江学刊》1999 年第 2 期）已有所论述。

③ 参见海德格尔《存在与时间》，陈嘉映、王庆节译，熊伟校，三联书店 1987 年版，第 227—228 页。

第三节 后期的"时间与存在"

海德格尔引入时间性的路径是,若要询问作为在场的存在,便要就其时间性质追问存在,因为"就其时间性质而言,存在就表现为在场"。然而,随着所谓"转向",海德格尔发现:"《存在与时间》中称为从地平线上突出的(ekstatisch—horizontale,绽出的-视域的)时间性绝非已经就是已找到的适合于存在问题的时间的最本己的东西。"[1]他的意思是,时间是理解存在的要诀,但《存在与时间》中的那种"绽出"意义上的时间并不是时间中最本己的东西。[2] 海德格尔后来把对"存在者的存在"的思叫作"形而上学的思",把"存在作为存在"之思叫作"存在之澄明",并有"存在论与作为形而上学建构的思辨神学(谢林、黑格尔)之间的对峙"之说。[3] 这种转向,可以简单地说成是要彻底走出先验主体性。但是,后期海德格尔又说他一直是依照《存在与时间》第八节"本部论著的构思"中的"时间与存在"所指明的看法前行的,即运用的仍然是"自身澄明"意义上的现象学之思,而且存在仍然与此在相连接。所以,真正的"转向"应该在于他明确地用"在场之自身遮蔽之澄明"代替了"时间",使存在从"时间的筹划区域"超拔出来,自己规定自己。可是,海德格尔又常把"自身遮蔽之澄明"叫作"时间",还把存在界定为在场,并且仍以"自身遮蔽之澄明"即时间为根据,只不过这种根据本身又是发生性的,即又有"如何'有'(es gibt)存在""如何'有'时间"的问题了。因此,我们可以说,后期海德格尔仍然是在时间性的问题域中,只是 Ereignen(发生、本有)成了中心事件。

---

[1] 《海德格尔选集》(下),孙周兴选编,上海三联书店 1996 年版,第 1274 页。
[2] 参见同上书(下),第 1273—1274 页。
[3] 参见同上书(下),第 1275 页。

一、转向：从时间到存在

从原初时间到"存在的意义"的理由是，时间必须成为存在的视域。但是，讨论存在的视域就意味着有超出存在之外的东西——用柏拉图的话说就是 epekeina tes ousias，后者打开了存在的地平。而如果说理解存在就是理解存在论的差异的话，那么这个超出存在之外的东西就是存在论差异的源头。Didier Franck 在"The Body of Difference"①一文中认为，此在并没有为这个差异奠基，相反，此在就是这个差异本身，因为它就是能理解"存在"的那个"存在者"；只是到"时间与存在"才完成了这个奠基，即超越存在而朝向它的地平。确实，海德格尔后期讨论的就是从"时间与存在"的角度所生发的存在，即不再是从筹划性的绽出性的角度所理解的时间，而是把时间性等同于"自身遮蔽之澄明"。于是，就有了不同于"此在的生存"的更本原的时间性；相应地，也有了"让物物着"的那种"对于物的泰然任之"和"对神秘的虚怀敞开"②的态度。海德格尔认为这本就共属一体的时间性和态度给我们提供了新的生存根基。

所谓海德格尔的"转向"问题③已经是海学界的老话题了。我们这里只简要梳理一下海德格尔在《关于人道主义的通信》——所谓"转向"的一个标志——中的基本思想，为我们对"时间与存在"问题的论述作个铺垫。

所谓"人道"，就是"要从存在的真理着想，却不要形而上学意义之下

---

① Didier Franck，"The Body of Difference," in *The Face of the Other and the Trace of God：Essays on the Philosophy of Emmanuel Levinas*，ed，Jeffrey Bloechl，New York：Fordham University Press，2000，pp. 3 – 29.

② 对此种"神秘"，海德格尔既有破解之语"这种思不能是有神论的，正像不能是无神论的一样"，也有法相之言"神圣者的本质只有从存在的真理才思得到"（《海德格尔选集》（上），孙周兴选编，上海三联书店1996年版，第394页），因为海德格尔给虚无主义诊断的结论就是"无家可归状态是忘在的标志"[同上书（上），第382页]。

③ 参见同上书（下），第1230—1241页。

的人道主义"①。海德格尔这里的所谓"人道"问题实际上就是"以存在之思取代已经终结了的形而上学"之义。海德格尔宣称：如果人道主义就是存在主义，而且主张如萨特所说的"严格说来我们在一个其上只有人的平面上"，那么，他本人就肯定不是人道主义者，因为"其实若从《存在与时间》想过来，那就不该那样说而应该这样说：严格说来我们在一个其上主要有存在的平面上"②。对自己的这种声言，海德格尔有一个很有意思或意义的说明：

> 对人的本质的一切最高度的人道主义规定都还不知人的本真的尊严。在此种意义之下，《存在与时间》中的思就是反对人道主义的。但此所谓反对的意思并不是说，《存在与时间》中的思投到人道的东西的反对方面去了而赞成非人道的东西了，维护非人道了且贬低人的尊严了。那思反人道主义，是因为那人道主义把人的人道放得不够高。当然人的本质主权决不在于：人是存在者的实体，作为存在者的"主体"，以便作为存在的掌权者让存在者的存在着的存在在被称誉得已经太喧嚣了的"客观性"中化为乌有。人却是被存在本身"抛"入了存在的真理之中的，人这样地生存着看护存在的真理，以便存在者作为它所是的存在者在存在的光明中现象……人是存在的看护者。③

这是一段非常著名的言论，许多反物化、反异化甚至环保主义的思想者都在其中找到了共鸣。海德格尔的"转向"特别明确的一点就在于他以这种观点去重新审视《存在与时间》：

> 在《存在与时间》中谈到哲学的一切追问都要"回到生存中去"。但生存在此并不是我思之现实性。生存也不只是许多共同而又相

---

① 《海德格尔选集》（上），孙周兴选编，上海三联书店 1996 年版，第 395 页。
② 同上书（上），第 377—378 页。
③ 同上书（上），第 374 页。

互起作用并即如此回到自己本身上来的主体之现实性。"Eksistenz"和一切 existentia 与"existence"都根本不同,它是出窍状态的居于存在的近处。生存是看护者,这就是为存在而烦的烦。①

确实,即便在《存在与时间》时期,作为组建生存统一性的"烦"也并不是关涉作为一个"存在者"的此在的生存的,这在似乎更具"现实性"的上节所述的"世界"概念中可以清楚地看到,因为,作为世界的"'世'在'在世'这个规定中的意思根本不是一个存在者,也不是一个存在者的范围,而是存在的敞开状态"——这是理解海德格尔"世界"概念的关键,一句话,世界就是此在的展开状态。因此,海德格尔的"转向"的关键含义,既不是从存在者到存在——因为从存在者到存在是开端时就已经确定了的,而且,对于"不带存在者而思存在",海德格尔的解释是,这是"不顾那种**根据**存在者来论证存在的做法而思存在"的缩写,并不表明与存在者的关联对存在来说是无关紧要的②,也不是从存在者的存在到存在本身,因为这只是转向的表征。转向的关键在于把"迄今未被思的,蕴含在作为在场的存在中的时间之意义"回复到"一种更为源始的关系"中③;在此"回复"后,我们会发现:是存在为其自身而把人的本质"抛"到"烦"中去的④,换句话说,"并非基于生存,倒是生存的本质是在生存状态的出窍状态上出自存在真理的本质"⑤。这里有三层意思:一是在"转向"的表现或症候意义上的,即重新规定了所谓"本真状态",孤独个体的英雄主义的主体性潜在取向没有了,只有"作为生存的出窍状态的这一度的存在",即只有以存在为根基和归宿才是人的本真状态。二是在"转向"的关键性枢纽的意义上的,即"真理"的本质不再仅是揭示或无蔽,甚至也不仅是"让存在"的自由,而是有比"让存在"都更为古老的遮蔽或神秘,简而

① 《海德格尔选集》(上),孙周兴选编,上海三联书店 1996 年版,第 386 页。
② 参见同上书(上),第 697 页。
③ 参见同上书(上),第 691 页。
④ 参见同上书(上),第 392 页。
⑤ 同上书(上),第 376 页。

言之,这就是存在的真理。正是因此,人的主体(sub-意义上的)地位才被取消,才成为被动的接受者、看护者,海德格尔名之为"此之在"(Da-Sein),成为不同于前期"此在"的"另一个根据"。① 三是在"转向"后的根本或始源的层面上,即存在本身具有了自身运作的能力,不仅不再需要借助于此在,反倒是此在要奠基在存在上,成为被动的看护者(实际上,"看护"的必要及其主动性含义恰是针对不那么持守着自身被动性的现实此在的),这就是源始的发生性本身,"它""给出"一切——这是后期海德格尔的 es gibt 一词所要表达的思想。关于这个词,海德格尔说:"用 il y a 去译 es gibt 是不准确的"②。反过来,海德格尔倒是认为:"对于兰波诗中的这个 il y a 的合乎实情的翻译或许是德文中的 Es ist"③。海德格尔在这里要表达的意思是,不论是 il y a 还是 es ist,不仅所表达出的往往是存在者,而非 es gibt 所要表达的存在本身,更主要的是没有了"给出"(gibt)这样的动态意义,而且"它"(es)也由此被遮蔽了——这最后一点更为不当,因为,es gibt 中的这个"它"(das Es)就是本有(das Ereignis)④,当然对此海德格尔更有深层的解释:"本有不仅作为馈送是隐匿,而毋宁说,本有之为本有就是隐匿。"⑤

二、在场:本有的运作

下面,我们就围绕海德格尔后期在时间性这个论域中最重要的一次演讲"时间与存在"讨论这个源始的发生,因为"演讲的整个思路是从本有方面来规定存在"⑥,它"重演了海德格尔的从《存在与时间》到后来的

---

① 参见海德格尔《论真理的本质》,载海德格尔《路标》,孙周兴译,商务印书馆 2000 年版,第233 页。
② 《海德格尔选集》(上),孙周兴选编,上海三联书店 196 年版,第 378 页。
③ 同上书(上),第 705 页。
④ 同上书(上),第 690 页。
⑤ 同上书(上),第 691 页。
⑥ 同上书(上),第 695 页。

本有之说的思想的运动和转变"①。

《存在与时间》对时间的阐释仅仅局限于此在的时间性,即绽出性的时间,而没有提到存在本身的时间性,而且,时间虽然是被作为"存在"的先验境域,但毕竟仍运用了"先验的问题方式",所以就"必然在某种程度上还说着形而上学的语言"。于是,"存在者的存在"是被思考和把捉了,但是"在存在之一切显示中的存在之真理本身从未达乎语言而表达出来,而是被遗忘了。因此,《存在与时间》的基本经验乃是存在之被遗忘状态"。可以看出来,正是"先验性"——表现为"存在之规定的筹划领域"②——的"问题域"阻碍了"存在之思"的进路。对此,海德格尔的反省是,时间必须回复到存在本身上来。③

可是,后期海德格尔又认为,即使是在《存在与时间》中,时间也已然是在"关联于无蔽(aletheia)并且是从希腊的在场(ousia)方面被思考的"了,因此,可以说,"在场""无蔽"是海德格尔一以贯之的对"时间性"的阐释。而且《存在与时间》的那种"存在之不被思"状态又被海德格尔理解为"存在之自行遮蔽",从而是"作为其独有体现"而被归属于"存在之澄明";即便是《存在与时间》中的时间的含义也同样指明了"存在的澄明",或者说,《存在与时间》致力于以此在之时间性为通路,去寻求一种使作为在场的存在得以呈现的、又是自行给出的那种时间,这种时间性其本身就是存在本身遮蔽-去蔽的运作过程了。正是在这个意义上,海德格尔有一个总括的说法:时间就是存在的意义(前期),是存在之真理(后期)的先行词。④

关于"在场的优先地位",海德格尔说,存在是"通过时间而被规定为在场状态"的。而从存在者方面来说,"存在乃是有所显示,有所显明而

---

① 《海德格尔选集》(上),孙周兴选编,上海三联书店 1996 年版,第 691 页。

② 同上。

③ 以后我们会看到,这非常类似于列维纳斯对自己的《总体与无限》的反思,当然,列维纳斯恰是要完全走出存在。

④ 参见《海德格尔选集》(上),孙周兴选编,上海三联书店 1996 年版,第 691 页。

又不显示自身的东西"，就是说，从在场者的角度来看，"在场自行显示为让在场者在场"，这里的关键是要"合乎本己地思这种让在场（Anwesenlassen）"。"让"（Lassen）的意思是，释放到敞开之境中（freigeben ins Offene）；"让"所切中的不是在场者，而是在场本身（存在就是这个在场本身①）。这里有一"离"一"进"两个方向，当在场者呈现时，存在隐去，但同时，在场者的这一显示本身也就是存在的显出、"居有"的成就。隐去就是显出，显出就是隐去，对此，伽达默尔清晰地表述为：

> 海德格尔谈到"存在的澄明"，首先指存在者在其无蔽状态中被揭示的境界。存在者出现于它们的此在的"此"之中，这明显地是以使这样一个"此"能够出场的开放境界为前提的。同样地，这一境界若没有存在者在它之中显现自身，也不会存在，即没有一个开放性所占有的开放之场所。这种关系无疑是很特殊的。而更令人惊奇的是，只是在存在者的这种自我显现的"此"之中，存在的遮蔽状态才会首先表现出来。要知道，正是这一"此"的开放性才让正确的知识成为可能的。来自无蔽状态的存在者为了那个保持着自己的东西而呈现自己。然而，这并不是一个任意的揭示行为，通过这一褫夺行为将某物从遮蔽状态中拔出来。相反，只有揭示与遮蔽是存在本身的事件这一事实，才使这一切成为可能。②

海德格尔明确地说："从早期的西方-欧洲直到今天，存在指的都是诸如在场（Anwesen）这样的东西。"③又因为从在场、在场状态中就可以显露出当前（Gegenwart），而当前与过去、将来一起构成了时间，于是，存在就"通过时间而被规定为在场状态"，存在-在场-当前-时间，首尾相连接。但存在不是存在者，所以就不是在时间中并随时间一道流逝的东

---

① 参见《海德格尔选集》（上），孙周兴选编，上海三联书店 1996 年版，第 691 页。
② 伽达默尔：《海德格尔后期哲学》，载《伽达默尔集》，严平编选，邓安庆等译，上海远东出版社 1997 年版，第 469 页。
③ 《海德格尔选集》（上），孙周兴选编，上海三联书店 1996 年版，第 662 页。

西,在这个意义上,存在不是时间性的即"在时间之流中消逝"的东西。同样,时间也不是这种存在者,因为它自身的流逝本身就表明了自身的在场,"当时间一直在流逝的时候,时间就作为时间而留存(Bleiben)。留存意味着:不消逝,也就是在场"①。于是,时间-在场-存在,首尾相连接,存在与时间相互规定。但是,我们发现这中间缺少了"当前"这个环节,存在与时间的相关只是因为它们的"在场",而"过去-当前-将来"这种意义上的时间性在此就被括出去了。海德格尔在"就其中隐蔽着某种不可忽视的、关涉某种决定性的东西"的意义上,将存在与时间的交互规定叫作"事情"、"思的事情"(die Sache des Denkens)。这里用的"事情"就是作为现象学口号的"面向事情本身"中的那个"事情",于是,"存在与时间"作为一个"事情整体"成为"现象学的看"的对象。按照海德格尔对现象学的理解,对这个事情的"现象学的看"就是要看二者是如何自行生发的。在这个理路上,前期"存在存在着"的说法在此就转变为:"我们不说:存在存在,时间存在,而是说:有存在(Es gibt Sein)和有时间。"②这是一个重大的转折,从此,如何"给出"(gibt)、"谁"(es)给出就成为海德格尔思想的主题。

从此本有出发重新观照存在,海德格尔就不再如其早期从"解蔽"的意义上来描述作为在场的存在了,当然也就更不在意所谓"现成在手状态"与"上手状态"的区分了,因为"上手状态和现成状态都是在场的方式"③。不过,海德格尔仍然承认,"在存在的解蔽之始,就思了存在"(虽然后来只是被在存在者方面被思为存在,并且被置入一个概念中),但是此存在所呈现的在场,显现的只是起统一作用的一、逻各斯、实体、现实等,总只是"对象性"——这一直持续到尼采的在"相同者"的永恒轮回中的意志——而没有思及"不在场"和不仅仅是"它存在"的"它能",这样,

---

① 《海德格尔选集》(上),孙周兴选编,上海三联书店 1996 年版,第 664 页。
② 同上书(上),第 665 页。
③ 同上书(上),第 668 页。

就遮蔽了在"莽苍之境"（das Unheimliche）意义上的"在场"，也就是遮蔽了与"不在场"对反运作的那种"在场"，而这种动态意义上的在场，就是海德格尔的"有"、"它给出"（es gibt）。从这个角度再次反观思想史，海德格尔便有了新的说法："在西方思想之初，存在就被思了，但是'有'本身并未被思。"海德格尔认为这正是"'有'为了它所给出的赠礼而怡然不居所成"的缘故所致，对此，若是从作为在场的存在的角度看，"有"就只能展现为"克制、抑制、不居"等意义，但若从"有"的角度看，这就是存在的天命。值得注意的是，这种天命不是此在的历史性，也不能从后者那里通达；正相反，海德格尔说："那些作为人而突现出来的东西恰恰是从我们在这里要思的东西中得到规定的"，人是被在场关涉的，而不是相反，"假如人不是从'有在场状态'而来的赠礼的永恒的接受者，在赠礼中获得的达不到人，那么……人就被排斥在'有在场'的范围之外了，这样人便不是人了"。① 于是，随着对"在场"的全新的（或更本真的）理解，作为在场的存在就有了更大的视域，确切地说，存在自身有了超越自身的地平线，即作为其境域的本有；同样地，也是从"在场"角度所被规定的时间，也必然同时随着与此在的脱离而有其更本真的展现，这也就是要求"着眼于关于存在所言说的东西来探讨时间的本性"②。

实际上，"在场状态"就是"当前"意义上的"时间"，"作为在场状态上的当前与所有属于这一当前的东西就可以叫作本真的时间"③。或者说，时间就是"从作为在场状态的当前的那里本真地显现的东西"④，因为是"在场状态"规定了作为"在场"和"让在场"的存在，所以也可以说，这里又是从时间来规定存在。事实上，对于海德格尔，存在与时间一直都是相互规定的。这里的关键又是在场，或本真的当前，它不仅是"持续"，更

---

① 参见《海德格尔选集》（上），孙周兴选编，上海三联书店1996年版，第674页。
② 同上书（上），第672页。
③ 同上书（上），第673页。
④ 同上书（上），第674页。

是"逗留"(das Weilen)和栖留(Verweilen)。当与作为赠礼的接受者的人相关涉时,"当前"就叫作"面向我们而停留",这也就是"对象"(Gegenstand),于是,"对象"就成为本有运作的一种显现。但人们总是被一种当下在场着的东西关涉着,而没有本真地注意到在场本身,更不用说那种实际上始终与我们相关涉的"不在场"了。值得注意的是,海德格尔在这里重新引进了"曾在"(Gewesen)和"将来"(Zu-Kunft),似乎是把新异的"不在场"重新又回落于曾在-当前-将来的三维时间模式,但关键是,此时的时间不再如《存在与时间》中所论是"回落-通达自我"并因此才有"在场本身的达成"意义上的时间了,而是"它在自身中就是一种达到"并因此才"通达我们"的。① 这就是说,将来、曾在和当前是"相互达到"的——所谓"维度"就是"通达"即"澄明着的到达"②——并因此具有它们"本己的""统一性"即"时间",海德格尔把它称为"本真时间的三维统一性,即各自本己地在场的达到的三个相互嬉戏的方式"③。这是一种"展开",或者说"它给出空间"——海德格尔把时期(Zeitraum)一词断为时-空(Zeit-Raum)并由此说明这种本真的时间是前空间的(vor-raumlich),实际上,它不仅给出空间,也给出相互嬉戏中到达的三维时间,而这种"给出"本身作为一种通达,就是一个维度,因此海德格尔又把这种本真的时间叫作"四维"的。但是这个"四"实际上是最为在先的,它在使曾在、当前和将来这三维"澄明着分开"的同时又以一种"保持在切近"的方式使它们统一,而这种"接近着的切近"(die naehernde Naehe)则不仅保持了时-空的敞开,更是以"拒绝着-扣留着"的方式给出了时间。我们看到,这又正是澄明-遮蔽的双重运作。于是,就如同只有接受了作为在场的存在的赠礼的人才是人,时间也不是人给出的;恰恰相反,"只有当人站在三维的达到之内,并且忍受那个规定着此种达到的拒绝着-

---

① 参见《海德格尔选集》(上),孙周兴选编,上海三联书店1996年版,第675页。
② 同上书(上),第676页。
③ 同上书(上),第677页。

扣留着的切近,人才能是人"①。

但是,如同"有"(es gibt)存在一样,也是"有"(es gibt)时间,就是说,这种本真的时间虽然是"一种多重在场的澄明的达到领域"②,但毕竟仍是在场。而给出(gibt)的那个它(es)却是"不在场的在场"。于是,时间虽然一度几乎被描述为含有"它"的"给出"即含有第四维(或第　维)的时间,但是最终还是成为那个"它"(即"本有")运作的一种法相,以同一于存在的方式消失在探究"在场"真义——本有运作——的路途之中。

总而言之,不是那种"过去-当前-将来",而是"在场"成了存在与时间的纽带和共同的意义,于是,对"在场"的描述和思就成为存在和时间的意义的展开。而随着"在场"被诠释为"让-在场",开始进入遮蔽-解蔽的本有运作,"时间"就完全融化在了这种"运作"及其"自行显现"之中了。时间由此被称作"从作为在场状态的当前那里本真地显现的事情"③。海德格尔的时间性最终竟又是其现象学了。

---

① 《海德格尔选集》(上),孙周兴选编,上海三联书店 1996 年版,第 678 页。
② 同上书(上),第 679 页。
③ 同上书(上),第 674 页。

第三章 列维纳斯的他者：感性-时间与踪迹现象学

梅洛-庞蒂在《知觉现象学》的"导言"中这样写道：

> 现象学是关于本质的研究……但现象学也是一种将本质重新放回存在……的哲学……在它看来，在进行反省之前世界作为一种不可剥夺的呈现始终"已经存在"，所有的反省努力都在于重新找回这种与世界的自然的联系，以便最后给予世界一个哲学地位。①

正是从这个意义出发来理解现象学，梅洛-庞蒂认为，"整部《存在与时间》没有越出胡塞尔的范围，归根结底，仅仅是对'自然的世界概念'和'生活世界'的一种解释，这些概念是胡塞尔在晚年给予现象学的第一主题"②；或者反过来说，"现象学还原是一种存在主义哲学的还原"③，"本质不是目的，本质只是一种手段"④，应该把本质"带回体验的所有活生生的关系"⑤中去，"因此，探讨意识的本质，不是展开词义意识……而是重新找回我对我的这种实际呈现……探讨世界的本质，不是探讨世界在观

---

① 梅洛-庞蒂：《知觉现象学》，姜志辉译，商务印书馆2001年版，第1页。

② 同上书，第1—2页。

③ 同上书，第10页。

④ 同上。

⑤ 同上书，第11页。

念中之所是……而是探讨在主题化之前世界实际上为我们之所是"①。所以,在梅洛 庞蒂看来,"本质"还原既不是还原到"我们毕竟只是拥有我们自己的状态"的那种"感觉主义",也不是把世界还原为"作为我们的意识的单纯相关物"——因"世界内在于意识"而"使世界变得确实"——的"先验唯心主义",而是"旨在同等地看待反省和意识的非反省生活"。②梅洛-庞蒂认为,胡塞尔之所以再三询问还原的可能性,就是因为"最重要的关于还原的说明是完全的还原的不可能性",这是因为"如果我们是绝对的精神,那么还原就不会有问题",但是"恰恰相反,我们在世界上存在……非反省生活是其初始的、一贯的和最终的处境"③,所以,当我们"重返自我时,我找到的不是内在真理的源头,而是投身于世界的一个主体"④。把世界只看做"意义世界",把主体只看做"意义给予"的先验主体,是"先验唯心主义"的观点;在其中,由于"去掉了世界的不透明性和超越性",我们就都是唯一的理性,而不再是人或经验主体,我们"没有亲在、没有地位、没有身体",没有他人,也没有我,"因为我,因而也是他人,不介入现象的结构中……(是)只有仅通过光线才存在的影子"。⑤梅洛-庞蒂认为,胡塞尔的主张与此恰恰相反。在胡塞尔那里,他人问题不仅真实地存在着,而且"为了不使他人成为一个空洞的词,我的存在决不应该归结为我对存在的意识……我思应该在处境中发现我……把我的思维当做不可剥夺的事实,取消各种各样的唯心主义,发现我'在世界上存在'"⑥;同样,哲学也"是现实的或实在的",是世界的一部分,而"惟一预先存在的逻各斯"只是"世界本身"⑦。总之,依照梅洛-庞蒂的理解,我们

---

① 梅洛-庞蒂:《知觉现象学》,姜志辉译,商务印书馆2001年版,第12页。
② 参见同上。
③ 同上书,第10页。
④ 同上书,第6页。
⑤ 参见同上书,第6—7页。
⑥ 同上书,第8—9页。
⑦ 同上书,第17页。

只有"进入历史深处"并在"意义发生"(Sinngenesis)①意义上的"发生现象学"②中,才能发现真正的世界、真正的他人和真正的交互主体性,因为它们正是发生现象学所呈现给我们的。可以说,梅洛-庞蒂自己的现象学就是"重新发现现象,重新发现他人和物体得以首先向我们呈现的活生生的体验层,处于初始状态的'我-他人-物体'系统"③。

现象学史专家施皮格伯格早已发现"这种情况清楚表明法国现象学改变了的观点"④这一事实,"这种对于本质现象学的颠倒(从某种意义上说,它实际上使现象学服从于对实存事实的研究)很显然是与存在主义者从本质向实存转移一致的"⑤。事实上,法国现象学家的这种改变可以说是相当彻底的,对于他们来说,所谓"意向性的革命性作用"正是在于"意识和异于意识的世界的一同出现",以及由此所呈现的一个"活生生的"意识-世界。他们认为,现象学家都是在这样的世界中,不同的只是胡塞尔关注"严格科学"的理想,即本质性的认知和意义结构,或是这种结构的奠基性作用;而法国现象学家则更关注这个世界中的人的具体的存在(即实存),换个角度说,就是要投身于"异于"自我的世界和生活中去,这是法国现象学的基本精神。

而法国的现象学,按照利科的说法,就是由列维纳斯的《胡塞尔现象学中的直观理论》奠基的。由此造成的后果是,"部分地由于列维纳斯的持续的影响,法国的胡塞尔研究从来就没有完全摆脱一种海德格尔式的理解"⑥。列维纳斯本人则更进一步明确:法国的存在主义大部分都——马塞尔是例外——来自现象学,而且是海德格尔本人所反对的人类学那

---

① 梅洛-庞蒂:《知觉现象学》,姜志辉译,商务印书馆 2001 年版,第 16 页。

② 同上书,第 15 页。

③ 同上书,第 87 页。

④ 施皮格伯格:《现象学运动》,王炳文等译,商务印书馆 1995 年版,第 794 页。

⑤ 同上书,第 758 页。

⑥ Tom Rockmore, *Heidegger and French Philosophy*: *Humanism*, *Antihumanism*, *and Being*, London, New York:Routledge,1995,p.128.

方面的海德格尔的现象学。①

　　不过,列维纳斯与胡塞尔和海德格尔的关系却非一句"改变了"就能表明的,其情形的复杂性有些类似于施皮格伯格眼中的梅洛-庞蒂与胡塞尔的关系②,不过,列维纳斯更是要超越(或确切地说是"克服")海德格尔。他是要"挣脱",可是却在很长的一个阶段——甚至到其富有原创性的《总体与无限》——又不得不在海德格尔的阴影中进行此挣脱。列维纳斯从1930年左右开始就以向法国"如其所是地"引进他所尊重的胡塞尔的现象学为己任,但却一直是"海德格尔的"胡塞尔③;而当他挣脱海德格尔的影响时,他所诠释的却又已经是他自己的现象学了。以浸透了海德格尔精神的胡塞尔的方法去挣脱海德格尔的阴影,其最终结果也只能是海德格尔式的反海德格尔的作品,从最早的《论逃离》直至《总体与无限》,概莫例外。而列维纳斯与胡塞尔现象学的关系就简单得多了,但是,所引发的变动却又是真正革命性的和原创性的。类似于海德格尔的进路,列维纳斯对胡塞尔现象学的进入也是以《观念Ⅰ》为背景的;而当他关注于以时间意识为主线的胡塞尔后期的发生现象学时,就如同有幸进入卢汶档案馆的梅洛-庞蒂等人一样,其个人真正的哲学变革便被引发了。于是,总是这种悖论性的情景:挣脱海德格尔的影响返回真正的

---

① Tom Rockmore, *Heidegger and French Philosophy*: *Humanism*, *Antihumanism*, *and Being*, London, New York: Routledge, 1995, p. 55.

② 施皮格伯格写道:"梅洛-庞蒂所想做的就是超越胡塞尔",但是他从来不像萨特那样明确和直率,比如,实际上他是在驳斥《笛卡尔式的沉思》及其主体性观点,却"将大部分是他所知道的胡塞尔生前尚未发表的著作中的某些方面有意识地加以外推,而贬低已发表著作的其他一些方面。尽管如此,在这样做时,他似乎认为自己是在执行胡塞尔大师的最后的最好的指示"(施皮格伯格:《现象学运动》,王炳文等译,商务印书馆1995年版,第739页)。

③ 列维纳斯的基本观点是,海德格尔的《存在与时间》极其精彩地、令人信服地演练了现象学,具体说来就是意向性激活了人的存在本身以及人全部的心灵状态,其中最打动人的,比如,就有对现身情态的分析,尤其是对提供了对虚无最本真最充分的切入的畏的描述,即便是讨论虚无的存在论意义,也同样能激活存在本身;而其后期作品就不怎么令人信服,而且也还是通过《存在与时间》发生作用的,其原因就是现象学消失了!(参见 Emmanuel Levinas, *Ethics and Infinity*: *Conuersations with Philippe Nemo*, trans. Richard A. Cohen, Pittsburgh: Duquesne University Press, 1985, pp. 39 - 42)

胡塞尔之际,却正是离开胡塞尔本人之时。或许,这恰恰说明,只要真正能得以拨开迷雾重见胡塞尔现象学的阳光,就总能发现一片属于自己的世界。列维纳斯自己世界的呈现便是这样。这一切发生在 20 世纪 60 年代中期,而他在 1974 年发表的真正的代表作《异于存在或在本质之外》只是这个阶段的结晶和铺陈。

于是,出离海德格尔的存在,出离胡塞尔的意向性,便成就了列维纳斯的现象学。佯谬然而发生着。这就是列维纳斯的踪迹现象学。

第一节 出离存在

一、存在论境域

只有每一点绽开才有真正的将来,否则,此在的纯粹可能性就只是亚里士多德式的、被目的所规定了的可能性(潜能),甚或现在也只是柏拉图的意义上的永恒的一个影像;只有从将来回到自身才能唤醒本真的当前,并且缘此才有成为本质的过去。这就是海德格尔语境中的"时间性"界说。由此所展现的"鲜活而源始的境域"以及"另类的时间观或体验"也是列维纳斯的现象学基础。[①] 列维纳斯所要质疑或批判的只是,海德格尔如此革命性的成就却仍然只是贡献给"自由-主人-把握"的那种自主(auto)及其"以更源始的方式体现的同一、内在性"而实现自身(realize itself)这条西方哲学传统的主导精神的。列维纳斯在 1940 年的"时间中的存在论"讲座中就已经很明确地表达了这种亦承亦批的态度。

事实上,列维纳斯对海德格尔的反抗早在(海德格尔的纳粹时期之后不久的)1935 年的《论逃离》一文就开始了,但开始时主要不是学理上的缘由,只是在为此逃离寻求理论根基时,列维纳斯才逐渐正式地对现

---

① 当然,列维纳斯的进路是与海德格尔相反的:既不是"将来"(不论是从现在开始的进路,还是向自身的回到)也没有"曾在"(实际上是将来的本质)的"瞬间",才是其时间概念的起点。详见下文。

象学的核心问题（尤其是时间性和意向性问题）从内部进行学理性的批评。而且，即便如此，在开始阶段进行外在的宗旨性批评①时，列维纳斯也还是要借助于现象学所展开的视域，尤其是借助于经海德格尔对胡塞尔的批评而实现的、从客体化认知哲学向人类此在的生存论的转移（当然由此却又开始将海德格尔所无意的伦理意味呈现出来了），将自己的这种批评展开。可以说，直到1951年的《存在论是基本的吗？》一文中才有正式的、对海德格尔进行批判的"列维纳斯式的表述"②。可有意味的是，一直到其成熟的《总体与无限》，列维纳斯虽然都是在与海德格尔相对反的意义上展开自己的论述，但还是处在"与存在的关系"这一问题域内，只是与海德格尔"存在就是一"的巴门尼德传统不同，列维纳斯认为"存在是多"，是不能被总体化为一的；并且，正是这种不能总体化为一的"存在论的破碎"（scission ontologique）被列维纳斯发展为其前期特有的关于他者的存在论语言，即：他者是存在的另一面，或真实的存在是他者或就是他者的存在。应该说，列维纳斯在这个时期对"出离存在"和"遭遇他者"（两者虽有时间上的差距，但很快就会同一）的论说都还处在胡塞尔和海德格尔的内部，不过是以批判的方式前行着。

---

① Peperzak 用"修辞性的"（rhetorical）来描述列维纳斯此时的批评（参见 Adriaan T. Peperzak, *Beyond：The Philosophy of Emmanuel Levinas*, Evanston, Illinois：Northwestern University, 1997, p. 50）。

② 在《存在论是基本的吗？》一文（载倪梁康选编《面向实事本身：现象学经典文选》，东方出版社2000年版）中，列维纳斯正式的表述是，对于当代哲学所关切的课题——将人从只适用于物的范畴解放出来——来说，只是用"动态"（胡塞尔）、"时间性"（海德格尔）、"超越"（雅斯贝斯）、"自由"（萨特）等作为人的本性，"以与物的静态、惰性、被规定性相对立"，仍旧是本质主义。"人文"在于"致意""祝佑"，"只出现于一种异于权力的关系"。因为，普遍性就是权力，视域性的知觉也是权力，能在（Je peux）是权力（pouvoir），**理解**——甚至**让之存在**（Sein-lassen, laisser-être）的理解——也是权力，命名是一种暴力和否定，理性也"一如猎者之狡诈"而使如是之存在者的抵抗被瓦解（"吊诡之处在于，我们惯于在**争斗**中找寻心灵及它的实在之显现"）。所以，**知觉**应该"关联到纯粹个体上去，关联到如是之存在者"，而不是"从这里投射往地平线（视域）——这是我的自由、我的力量、我的财产的场域——以便在这熟识的背景下抓住个体"。同样，言谈（**语言**）的本质也在于表达与作为殊别的存在者（"作为存在者的存在者"）的相遇，在于"向对方致意"，在于"恳求、祷告"（prière）。

二、"逃离"il y a①

在 1935 年的《论逃离》——逃离海德格尔的存在的最早努力——中,列维纳斯对此存在论的差异之两端的连接的第一个阐释是,所有的哲学都是存在论,存在是哲学最基本的问题,而存在论差异不仅是海德格尔哲学的基石,也是他自己哲学的出发点。② 列维纳斯把《存在与时间》看做海德格尔一生中最重要的作品,他也一直在《存在与时间》的框架内理解海德格尔全部的思想,虽然后期海德格尔已经不再从此在出发,即不再是此在的存在即世界的打开并使万物获得存在,而是从存在本身引领出或召唤出万物与世界,此在只是领受、感恩并成为守护者③。列维纳斯认为,海德格尔是通过存在这个中介达到存在者的,因为思想不可能与存在者直接相同一,而只能与存在者的存在相同一,这样的存在其实就是纯粹可知性的视界,不过是由思想的内在性转化为存在的自身性。

列维纳斯的第二个阐释更有其自身的特色。我们知道,在海德格尔

---

① 法语 il y a 的意思是"有、存在",il 是无人称动词短语的主语,y 是方位代词,表示"那里",a 的动词原型是 avoir,"有"。列维纳斯用此短语表示纯粹存在的无人称状态。有意思的是,与 il y a 相对应的德语的"有"(es gibt)也成为海德格尔后期的一个中心词汇,海德格尔还曾明确说过 es gibt 不能用 il y a 来翻译。比较这两个短语的含义以及两人对它们的态度,是一个有意味的话题。

② 对这种 Sein 与 Seiende 的差异,在《从实存到实存者》中,列维纳斯主要还是从实存者(existant)及其实存(existence)的关系加以描述的;到《时间与他者》,一种可以无存在者之存在与存在者的区分才被正式作为一个对子出现,但也不是译为 être 和 étant,而是译为发音更相近的 exister 和 existant。在此时的列维纳斯看来,在海德格尔对存在论差异的描述中,存在者实际上总是消融于存在之中(通过"作为"结构),为防止这种对**个体(其独一无二性就是"他性")**的消融,就需要"隔绝"。"隔绝"来自罗森茨维格,同样,以后的"将来"(弥赛亚式的)也是(参见 Robert Gibbs, *Correlations in Rosenzueig and Levinas*, Princeton, New Jersey: Princeton University Press, 1992,第一章和第七章)。以后我们会看到,有意思的是,列维纳斯正是用"将来"走出海德格尔,用"过去"走出胡塞尔。

③ 相应地,在海德格尔的时间问题上,现在很多解释者都已经逐渐根据其后期脱离了主体性的时间性(体现在《路标》、《关于人道主义的通信》以及"技术问题"等文献中)来诠释海德格尔整个一生的时间思索了。

那里，一方面，存在不可能离开存在者，因为存在只有通过对存在者的领会才是可以通达的，"巴门尼德首次揭示了存在者的存在，这一揭示把存在同听取着存在的领会'同一'起来"①，究其根本，就是说，没有 Dasein 也就没有真理(aletheia)，"惟当此在存在，才'有'真理"②，而没有真理也就没有存在，"惟当真理在，才'有'存在"③；但是另一方面，不对称的是，无论如何，存在者都可以在没有 Dasein 的情况下存在，这些"自在的存在者"④，"不依赖于它借以展开、揭示和规定的经验、识认与把捉而存在"⑤，只是它的存在必须在 Dasein 的前提下才能被"理解"、"成为可通达的"⑥。简而言之，存在者(entity)可以不需要被揭示的经验而"存在"，但是存在不行，因此，这里似乎有一个预设的"存在"，存在和存在者都是在此意义上被讨论它们自身的存在与否的。正是这个预设的"存在"被列维纳斯称为 il y a，它不能被理解和把握，但**必须被预设**，康德曾称此为"经验的混杂"(the welter of experience)，利科名之为"异质性元素"(heterological element)。⑦ 换个角度说，列维纳斯式的批评从一开始就是从发生学的现象学开始的，这尤其表现在他对主体从匿名的 il y a 中挣脱而出的情形的关注和描述。

有人曾问："海德格尔已经在存在者与存在之间进行了存在论区分，

---

① 海德格尔：《存在与时间》，陈嘉映、王庆节译，熊伟校，三联书店 1987 年版，第 256 页。

② 同上书，第 272 页。

③ 同上书，第 276 页。但实际上，海德格尔的后期是有变化的，在《什么是形而上学》的第五版"后记"中，海德格尔把 1943 年版的"没有（小写的）存在就没有（大写的）存在"改为"大写的存在没有小写的存在也会存在"。

④ 同上书，第 272 页。

⑤ 同上书，第 222 页。

⑥ 同上书，第 272 页。

⑦ 转引自 Theodore de Boer，*The Rationality of Transcendence：Studies in the Philosophy of Emmanuel Levinas*，Amsterdam：J. C. Gieben Publisher，1997，p. 119。海德格尔像胡塞尔一样对此作了特设限制：只有被现象学地证明了的才被讨论或真正存在，即"存在论只有作为现象学才是可能的"。这与胡塞尔在《观念Ⅰ》中从"本质"上看待现实存在是一致的。实际上，列维纳斯在《从实存到实存者》中也把这种超出现象学的边界的东西叫作"辩证法"，因为这里已经有纯粹思辨的内容了（或在康德的意义上说这是一个只能"思维"不能直观的东西）。

那么海德格尔的存在能否在某种程度上对应于你的'other than being'?"列维纳斯的回答是明确的："不，我认为不是这样。而且，other than being 也不是'某物'。它是与他人的**关系**，伦理关系。在海德格尔那里，伦理关系、共在只是我们在世界之在场的一个环节（moment）。它没有中心地位。"①这里反映了列维纳斯对存在论差异的总体评价和他自己思想的根本取向。列维纳斯承认共在是此在的本质结构，但他说，这就像人们常说的人是一种社会动物一样，并不是他所要追寻的意义。而且，在海德格尔那里，世界更重要，"在田间路上，有一棵树，你发现不了人"。更进一步地说，以世界为中心是胡塞尔认知性的科学理想和海德格尔生存性的存在意义的共同基础，虽然他们各自的解释不同，比如：胡塞尔著名的交互主体性概念，其核心要义就是要解决知识的客观必然性问题，因为只有众多主体即众多世界中心事实上所关涉的又只是同一个世界，才可能有所谓的"客观"知识；相似地，海德格尔的《存在与时间》到第二篇论述本真性的自我性时，就已经没有了他人问题，而第一篇对社会存在层面的论述，又是以真理（知识）为中心的肩并肩（side by side）地朝向非此在的对象，而不是面对面（face to face）地相互真正直接的相遇，是 being-with（Mitsein），重点是 being，而不是 responsibility。可见，海德格尔与胡塞尔一样，都是需要以共同的（shared）世界为中介的，因而所有的关系都仍然是意向关系，而不是直接的"面对面"的伦理关系；而且，对于他们来说，在意向关系的 noesis 这一极上，都同样是建构世界的自我，即都只由他自己（对共同世界的建构或贡献）来决定自己，仍然是"单子"——在胡塞尔的交互主体性中原初自我依然是基础，而海德格尔自我的本真性就在其个体性（Vereinzelung）——，即使是有群体的形式，共在也只是此在的"内部"结构。换句话说，海德格尔的自我——他人也是自我——是没有质和内在价值的，只是一种意义给予的行为。这就像托

① Emmanuel Levinas, *Entre Nous : on Thinking-of-the-Other*, trans. Michael B. Smith and Barbara Harshav, New York: Columbia University Press, 1998, p. 116. 黑体为引者所加。

尼逊(Theunissen)所认为的,在他人问题上,海德格尔只是胡塞尔的一种变式。简而言之,胡塞尔完全尊重他人所具有的那种不可被还原掉的作为世界中心的地位,但是,这正是因为本我(Ego)本来就是一个单子的群体;同样,在海德格尔那里,共在也就是此在存在的"源始"样式。

列维纳斯对海德格尔存在论的第四个评价涉及他自己哲学的起点和进路。对于海德格尔来说,情绪或现身情态(Befindlichkeit)本身就已经是存在领会的一部分了,它揭示了此在的事实性(Faktizitaet)或被抛状态(Geworfenheit),感受到存在的负担,并且由此也可能会有被所谓"外"界所刺激(或触发)。但是,列维纳斯认为,相当于海德格尔的此在的"位格"(hypostase)①还有着一个存在论的史前史,即需要克服疲乏(la fatigue)和懒惰(la paresse)——换个角度说疲乏和懒惰都有存在论的根基——而不断地进行创造才能自立(或得以实体化、位格化)的进程。此时,还没有开始对存在的领会,哪怕还仅仅是情绪性的存在领会,因为情绪业已开展了(此在对自身)存在的领会。这就是说,海德格尔的此在与世界是一并呈现的——这也是胡塞尔的意识与世界并起之意向性本义,而列维纳斯则是追究此前的发生。于是,位格的发生,即逃离 il y a 成为列维纳斯全部独创性思想的开端。有此背景,我们也就可以理解为什么在《论逃离》和《从实存到实存者》中,存在会被说成是一个问题,一种负担。

列维纳斯是以对黑夜的经验开始描述 il y a 这种没有存在者的纯粹存在的。在黑夜中所有的事物都散失了形式,既没有对象也没有对象的性质。黑夜犹如一种"纯粹的在场"独独地涌上来②,好像空无一物的不

---

① Hypostase,一般被译做"实体"或"本质"。实际上,它既指普罗提诺意义上的超越于 ousia(在"是、存在"意义上的所谓"实体")的"本体",也指三位一体(Trinity)中的任一"位格",因此,为与"是"或"存在"线索上的"实体"相区分,并且表示其对自身的"存在"的负担和责任之意,本书暂且将其译做"位格",虽然这个名词所表述的还只是列维纳斯初期或初步的思想。

② 这种赋形显义的说法与海德格尔在《形而上学是什么?》一文中的描述非常相似。拙文《论海德格尔的"无"》(载《浙江学刊》1999 年第 2 期)是对后者的一些体会。

在场本身就是一种在场,而且是一种"绝对不可逃避的在场"①。这个夜的空间就像一个"力场",是一种"绝对不确定的沉默的威胁",在其中,你是绝对暴露的,因为根本就无所逃避。在其中,只有"畏"——不同于海德格尔的对死亡的畏,这种"畏"带来的是主体性的失落,就像在原始人那里,他们认为死亡是自然的事情,真正恐惧的是在死亡中也游荡着的幽灵。在此意义上,对黑夜或要素或无人格的存在的恐惧,既不是对某物的恐惧,也不是对虚无的恐惧,而就是对永远不会消散的幽灵的缠绕的恐惧。哈姆雷特之所以在"不存在"面前退缩了,正是因为他预感到存在正在回归。列维纳斯说,海德格尔的"畏"所针对的实际上并不是虚无,而是存在本身,在存在之畏中所呈现出来的决非"虚无",因为从黑格尔到海德格尔,作为对存在的否定的虚无只是附属于存在的,或已然是存在"本身"了。② 因此,要么是真正的虚无本身从来就没有被思过,要么就是虚无的核心恰恰就是"有"(il y a)。列维纳斯认为,il y a 中的这种"不在场的在场"正是辩证法的核心要义③。他的结论是:从没有真正的虚无,il y a 就在虚无的核心之处。换句话说,作为哲学出发点的存在应该是"实"存,而不是虚无。

实际上,il y a 已然是存在本身的游戏即其动词状态了,可这只是真正的存在论所要达到的第一步而已。在这里,只有存在或者存在与自身的所谓"关系";没有人,没有主体,当然就更没有反思;有的只是一种无以名状的"失眠"的痛苦——这就是存在之畏,也正是存在的暴力和独裁之根据和显现。

失眠不是无意识,无意识作为一种不再意识到,已经是一种睡眠了,而睡眠则已经是挣脱了 il y a 的存在者的一种能力,即已经能够打破或

---

① Emmanuel Levinas, *Existence and Existents*, trans. A. Lingis, Durdrecht, Boston and London: Kluwer Academic Publishers, 1978, p. 58.

② 这是列维纳斯后期的《上帝、死亡和时间》一书前半部的主题。

③ 在前期的思想中,列维纳斯很难摆脱存在论的这种"有-无"之辩。

逃脱这种失眠，就是说，睡眠已经"发生在作为定位的意识中"①了。但是这种作为睡眠的"地方"以及逃脱出来的意识之所在的"此处"(ici)并不是海德格尔意义上的 Da，因为"后者已经暗含了世界，而我们所由开始的此处，意识的定位的此处，要先于所有的理解行为、所有的视域和所有的时间"②。因此，在列维纳斯看来，在真正的存在论的视域中，存在的自身之为要先于存在者的在世之为，也就是说，海德格尔的作为在世之在的此在已经是在世界和光这个后起的层面上了。源此，作为此在之本性的时间性"绽出"(Exstase)也就不再是存在的源始样式。列维纳斯的"存在的自身之为"层面上的"主体"是前世界的、前社会的，只是到第二步才有海德格尔的"总是已经"的此在的绽出性(ex-)的生存。列维纳斯说：

> 相对于重音在第一个音节上的实存概念(existence)，我们提出一个存在者的概念，它的出现就是折回自身；相对于当代思想的绽出性(ecstaticism)，这个存在者在一定的意义上就是一种实体。③

可以说，这是一种亚里士多德"这一个"意义上的实体，其本质就在其自身内部。即便仍说实存(existence)，其中的 ex-的意思也应该首先是指从存在中站出来，在定位中成为自己，而不是把自己虚空了、非人格化了。自由、独在、认知和光，都是存在者"定位"后的事情，关键是要先有

---

① Emmanuel Levinas, *Existence and Existents*, trans. A. Lingis, Durdrecht, Boston and London：Kluwer Academic Publishers, 1978, p. 72.

② 同上书，第 71 页。对这个"此处"和"此刻"(现在)的"身体性"主体的发生学描述，构成了《从实存到实存者》一书中最出彩的现象学部分。这里关于存在者的发生现象的分析，在《时间与他者》和《总体与无限》中关于生育性和情欲关系的描述，以及从 1961 年开始的"以不可回忆的过去来结构在场"的完全异质性的现象学表述，我认为是称列维纳斯为现象学家的三个最重要的依据。其中的节点是感性，意味(sens)、前(或非)意向性的意识、异质性的经验本身，而贯穿其间的基础(并逐渐转变为根据的)就是列维纳斯对时间的界定。这是本书只关注其时间线索上的问题的根由。理清这块地平后才能依次展开对列维纳斯现象学的真实评述。

③ Emmanuel Levinas, *Existence and Existents*, trans. A. Lingis, Durdrecht, Boston and London：Kluwer Academic Publishers, 1978, p. 81. 另外，列维纳斯认为，现代思想只强调主体的精神性一路，牺牲了主体的实体性(substantiality)，似乎主体从来就没有饥饿过。

存在者。而"有存在者"这个"事实"就是"现在"，"现在的绝对的特征就是现在的那种在场"①。下面，就让我们驻目于"现在"的这个"在场"——瞬间。

三、瞬间的意味

在《从实存到实存者》一书中，存在者与存在之间的这一海德格尔著名的"存在论的差异"被列维纳斯表述为：存在的东西与它自身的存在之间的差异，也就是名词与动词（即存在的事件，l'événement d'être）的差异。一般认为，动词是空洞的，只有其分词形式（即 existant）才能成为可知的，于是，作为存在的存在（l'être en tant qu'être；Being qua Being）就滑到了存在一般（un《étant en général》；Being in general），成为知识的对象②；或者作为上帝，在祂的本质中当然地包含存在，但却成为"一个存在者"（un《étant》；a being）了③。于是，存在被混同于存在者，不再有"存在-事件"了。列维纳斯认为，混淆二者的根源是把作为时间的原子的瞬间（l'instant）排除在"存在事件"之外了。从时间来理解瞬间，而不是说时间由瞬间组成，这已然是许多哲学家的共识，但是这样就只有时间的辩证法而没有了瞬间自身的辩证法及其存在论功能了。然而事实是，要真正在存在论的层面上探讨时间，瞬间恰恰是唯一的起点。

在与其他的瞬间相连——从而构成所谓的"时间之流"④——之前，瞬间就已经与存在本身相关联了。"在创世的瞬间中，有着被创造物的

---

① Emmanuel Levinas, *Existence and Existents*, trans. A. Lingis, Durdrecht, Boston and London：Kluwer Academic Publishers, 1978, p. 78.

② 实际上，前者是亚里士多德的，后者是柏拉图的，对这种"一般性"存在的反对正是亚里士多德思想的基本精神，"这一个"才是其旨趣。（参见拙文《存在是什么：这一个》，载《社会科学战线》2000 年第 1 期）

③ 可以说，所有关于上帝存在的证明都只是证明了上帝是一个存在者，而没有证明上帝存在。

④ 由一系列的同质的瞬间所组成的所谓"时间"——列维纳斯称之为"经济的时间"或"世界的时间"——是奠基在经济行为之上的，与存在论无关。参见 Emmanuel Levinas, *Existence and Existents*, trans. A. Lingis, Durdrecht, Boston and London：Kluwer Academic Publishers, 1978, pp. 89 - 91。

时间的所有秘密"①，瞬间的"创世"就在于：作为在场的瞬间，就是对存在一般的征服，它不仅是存在一般与存在者的关系，更是存在的实现和完成，存在事件就在瞬间的核心。列维纳斯提出，"开始、本原、起源"等所表示的就是这种事件，或者说是使这种事件得以呈现，换句话说，"开始"就已经是存在的事件了。把存在事件加以瞬间化，使其成为在场——"在场就是有一个存在者这个事实。在场往实存中导入了实体的卓越、主人地位和男子气概"②，这是一种"绝对的"在场——就是《从实存到实存者》一书的第一主题，其结构就是：从无人称的一般性存在（il y a）开始，然后分析在场和位置（position）概念，再从后者——经由位格——生发出存在者和主体。

不难理解，列维纳斯在这个时期对瞬间的强调已经是对把时间理解为"永恒的连续性"那种观点的破解了。"开始、本原、起源"在列维纳斯这里意味着"断裂"（rupture）和"一再地重新开始"③。主体由此出现。但是，主体也被固锁于此，它没有能力出离自身，而是永远不停地回归自身——存在成为一种推卸不掉的"负担"："在实存与实存者之间，在瞬间中，最为根本的事实在于实存者对实存所实施的主人状态，也在于实存压在实存者身上那种重负。"④当然，此时的列维纳斯是要在存在论的境域中——他明确地说，人类精神中最为本质的是我们与作为纯粹事件的存在的关系——展现瞬间的内部结构，但是其主旨却是要从根处解构西

---

① 参见 Emmanuel Levinas, *Existence and Existents*, trans. A. Lingis, Durdrecht, Boston and London: Kluwer Academic Publishers, 1978, p. 76。

② 同上书，第 98 页。

③ 施特拉塞尔把这一点理解为列维纳斯的时间化："在列维纳斯看来，时间化本身意味着：总是重新开始；而必须总是重新开始的东西是人们自己的存在。此在必须总是重又将存在的重担加到自己身上。"（施皮格伯格：《现象学运动》，王炳文等译，商务印书馆 1995 年版，第851—852 页）实际上，这种"总是重新开始"意义上的时间，只是列维纳斯这个时期所特有的，还仍然在存在论现象学的内部，虽然已经有另类的演绎。事实上，"总是重新开始"就意味着还没有打开时间，因为还没有不归属于在场性现在的真正的过去和将来。

④ Emmanuel Levinas, *Existence and Existents*, trans. A. Lingis, Durdrecht, Boston and London: Kluwer Academic Publishers, 1978, p. 77。

方"自由主体"的观念。应该说,海德格尔的此在(即主体只是作为存在提问和存在领会而在),尤其是其后期的存在之思,已经破解了在"自己为自己立法"意义上的传统主体观念,但是,如果说主体就是自身(self 和 auto 两个意义)"同一化"(自己和对象同时建立,与此同时,同一与所谓"差异"一同出现)的过程(事件,及物性),并且"自由的自发性从来就没有被质疑过,这是西方哲学的支配性传统"①,那么,列维纳斯的工作就是要对这两个根源——自身的同一化和自由的自发性——实施破解②。这里进行的就是第一步,在"同一"的最小单元即所谓"不可分解的瞬间"中展示其复杂的内部结构:存在论的发生机制、主体的肉体性和物质性本性、不可避免的"延迟"特性以及与他者的关系等。这些思考既是自《从实存到实存者》到《总体与无限》的一个主要线索,也是列维纳斯前期现象学的一个主题[另一个主题是对情欲关系和生育性(la fécondité)的现象学描述]。以下,我们就其中与本书相关的部分尝试着对这一"瞬间"作些梳理。

首先,"瞬间的昙花一现构建了瞬间的在场"③,它不需要过去或未来的支撑。换句话说,正是因为摆脱了过去,瞬间才得以呈现④;正是从过去中摆脱出来,瞬间才得以幸福;正是没有过去,主体才会诞生在瞬间中。而历史,作为客观的认识,则是在主体源始的幸福瞬间之后的事情了。

其次,瞬间的瞬间性就是感性源点处的纯粹感觉(self-sensing)、"无

---

① Emmanuel Levinas, *Collected Philosophical Papers*, trans. Alphonso Lingis Dordrecht: Martinus Nijhoff Publishers, 1987, p. 57.

② 由此回观,就可以说,海德格尔是为"同一"进行存在论的奠基。

③ Emmanuel Levinas, *Existence and Existents*, trans. A. Lingis, Durdrecht, Boston and London: Kluwer Acadamic Publishers, 1978, p. 77.

④ 一般说来,主体的实体性更多地凝聚在"过去",前期的列维纳斯关注的或者论说的导向是他者,所以他不从"过去",而是跟从海德格尔(只是对反地)从"将来"开出论说的境域。

声的感觉"。瞬间意味着"感觉能力的那种根本的不可化归的自身满足"①，"去感觉准确地说就是真诚地满足于被感觉到的东西，就是去享受"②。这是自我满足的享受，是"感性的自足"（self-sufficiency of sensibility）③，一种席勒意义上的素朴（naïve）④，一种"动物式的满足"⑤。天真和幸福是瞬间的本质，"非反思的、素朴的意识构建了享受的源始性"⑥，而所有绝望的根源都是对这种幸福源头的乡愁。作为一种感性状态，享受就是肉体性存在的源始方式，是"自我的脉动"（the pulsation of the Ⅰ），主体最初就是在感性的满足（不是吃了什么而感到满足，而是满足于吃本身）中呈现的。⑦ 这是一种"作为享受的主体"（subject as enjoyment），享受就是肉体性存在，enjoyment 就是感性的自身感觉（self-sensing of sensibility），主体就是在感性的享受中被个体化的。生

---

① Emmanuel Levinas, *Totality and Infinity*：*An Essay on Exteriority*, trans. Alphonso Lingis, Pittsburgh：Duquesne University Press, 1969, p. 59.

② 同上书，第 138—139 页。

③ 同上书，第 138 页。

④ 即与自然的源始的和谐。只是在这里，与席勒的划分不同的是，naïve 与 sentiment 并不冲突，它们反倒是在一个序列中；当然，更重要的叙述背景是，胡塞尔是将"素朴性"与"反思性"作为一组对立的概念使用的。

⑤ Emmanuel Levinas, *Totality and Infinity*：*An Essay on Exteriority*, trans. Alphonso Lingis, Pittsburgh：Duquesne University Press, 1969, p. 149.

⑥ 同上书，第 139 页。

⑦ 当然，这已经是《总体与无限》中的观点了，在《从实存到实存者》中这种自身感觉还只是一种疲乏和懒惰。到《总体与无限》，本来被当做疲乏和懒惰而加以逃避（能够进入睡眠或无意识就已经有能力逃避了）的存在的负担（另一个瞬间也是恐惧之源）被居家的安稳〔即能够克服元素（the elemental）的匿名的恐惧了〕所取代。在此居家中，瞬间的幸福享受（即自身满足，self-satisfaction）和自身保存性（self-conservation，包括"拥有"与"表象"两个层面）的劳动，成为身体性主体（embodied subject）的双重运作。劳动就是将他者同一化，换个角度说就是，与他者的关系使享受向意识和劳动的转化成为可能（参见 Emmanuel Levinas, *Totality and Infinity*：*An Essay on Exteriority*, trans. Alphonso Lingis, Pittsburgh：Duquesne University Press, 1969, p. 117），当然（或结果）这时的他者还只是拟他者。正是"劳动"和"表象"完成了主体的自身集拢〔self-recollection，列维纳斯认为这是"具体化的一种特殊的意向性"（同上书，第 153 页）〕，或经由"实体化"（substantialization）克服或推延了"元素"的无定性（apeiron）所带来的恐惧。而它们的前提就是居家（所以是身体性的、有位置的）的接待和殷勤——到这样言说的时候，就已经有欢迎他者的准备了，当然，只有经由 desire 和 face to face 才能够真正达到他人，而这个达及的过程就是"时间"的呈现。

命从来就不是光秃秃的存在意志(存在论的烦),脱离了营养(内容)的生命只能是飘荡的阴影。生命是一个及物动词,它的对象首先是它的内容。享受就是终极意识,即不是先有纯意识再用内容填充。"活自……"(Vivre de..., live from...),这连同内容的意识就是作为现象学家的列维纳斯此时眼中的终极实事,"在所有的理论和实践的背后是对理论和实践的享受……最终的关系就是享受,幸福"①。这就是生命的本我主义(egoism),是所有行为(亚里士多德的行为就等于存在)的条件。主体就产生于此。

再次,为了维持这种满足——因为瞬间的安全被元素(即 il y a)②所威胁(享受就要沉浸到元素那里),因为瞬间的碎片性有不可预测的风险——就有了自我保存的动机(胡塞尔现象学意义上的),"自身满足"和"自身保存"由此成为"享受"的两个环节。实际上,居住就已经是自身维持(se tenir)的样式了。③ "自身维持"(se tenir)、"这里"(ici)、"位置"(position)等正是自我的最原初的"自身关系":我在我的位置上,这不是一种定位观念,而就是我的感性或感性的我之所在。源出于此,才有表象(或再现,即再次在场或反复在场)、劳动和概念[Bergriff,包括前见(Vorgriff)],才有工具系统["为了"(in order to)或"我能"],并因此才进而延长了瞬间的满足,或者说瞬间的碎片型的异质性由此被自我保存的

① Emmanuel Levinas, *Totality and Infinity*: *An Essay on Exteriority*, trans. Alphonso Lingis, Pittsburgh: Duquesne University Press, 1969, p. 113.

② il y a 是主要属于《从实存到实存者》时期的核心词,与瞬间、负担、焦虑等总之是主体的出位一套话语相关;自身在场(self-presence)就是因对抗 il y a 而所必需的,是一种回缩自保(这其中实际上还有海德格尔性的焦虑在作祟)。而元素[l'élément,列维纳斯取自古希腊自然哲学时期的本原意义上的四行(les quatre éléments,即水火气土),与恩培多克勒的"四根"相同,但列维纳斯更是在阿那克西曼德的阿派朗(apeiron)的意义上起用的]则与享受的营养、安全等相关,是到《时间与他者》将主体诞生期定位为"自身满足"和"自我保存"性的家政性经济两个环节后才有的一套概念。可以说,《从实存到实存者》是要强行走出存在,而《时间与他者》则已经要为"在世之在"奠基了。

③ 参见 Emmanuel Levinas, *Totality and Infinity*: *An Essay on Exteriority*, trans. Alphonso Lingis, Pittsburgh: Duquesne University Press, 1969, p. 37。

力量所克服。而这就是实体化的过程，对象和自我由此呈现，时间的综合（即主体性本身）也得以产生。

列维纳斯是要开展出关于感性（sensibility）的具体的现象学：享受的意向性结构就是感性欲望及其满足（而不是对存在的理解）。一方面，在其中的"物体"从来没有只作为光秃秃的 haecceity（此性）存在（与同样光秃秃的主体相对），或者只作为工具性的手段（相对主体的目的）存在，"在享受中，事物转化为元素的性质"①，所有客体都消融到了元素中，成为没有实体的感性的质；另一方面，成为一个存在的主体也没有预设存在，而是在享受的幸福中完成的，既没有工具和目的，也没有任何理性或知识特性，在享受中，主体就是身体，只有感觉和情绪，感性总是素朴的（naïve），只为自身的满足，从不为所谓存在者之存在，"饥饿的胃是没有与外界交往的耳朵的"②。总之，它们都只属于感觉（sentiment）的秩序序列，而不属于思想的序列。享受展现了感性的本质，它不构建世界，也不构建表象，而只构成实存的满足；这样的感性也不朝向客体，甚至"不属于经验的序列"③。列维纳斯认为，康德在区分了感性和知性以及相对于表象的综合能力而言的认知质料的独立性的同时，已经意识到感性自身的离奇出没（apparition），但是在他因为这对于表象会成为荒谬而避开之时，也就离开了真正的感性现象学。根据列维纳斯对感性现象学（phenomenology of the sensible）的定位，与表象（即便是不成框架的表象）相对，"感性不再是表象的一个环节，而正是享受的事件"④；而享受的意向性结构（即"活自……"），因为来自主体的感性的原初运动，就比表象意识的意向要早，"在活自……中，在表象那里发挥作用的建构过程被

---

① Emmanuel Levinas, *Totality and Infinity：An Essay on Exteriority*, trans. Alphonso Lingis, Pittsburgh：Duquesne University Press，1969，p. 134.
② 同上。
③ 同上书，第 137 页。
④ 同上书，第 136 页。

倒转过来了"①,即不再是因由表象而把享受课题化(或 noetic-noematic 化),而是"活自……"揭示了表象自身的来源。也就是说:"不仅有对定位的意识,更有对意识的定位。后者是不能被再次吸收进意识或认知中去的"②。换句话说,认知行为的条件就是享用的那种感性能力,我与非我的关系首先就是在享受这种积极的情感中,而不是首先被自我吸纳进理解系统的。表象意识的意向性总是已经落后于瞬间的运动,它所表象的或由此而在场的,总是一种事实,总是已经属于过去了。表象只是把过去和未来聚集到现在,这是客观的或对象化的认知,或可以被课题化的。而说到底,像劳动一样,表象也是为克服来自未来的威胁(这种威胁尤其是指主体对元素的依赖)、保持这种享受所必需的。

　　总之,列维纳斯认为,只有奠基在此感性中,(现象学的)所有的意向和关系才得以呈现和建立。③ 因此,最为根本的就是要对瞬间自身的意向性结构进行分析。简单说来,这是一种感性的自身指涉(sensible self-reference),在其中,感性的主体性(或主体的内在性)与无名的存在(即元素)相互隔离而出,成为"被隔离的存在"④,并将此元素转变为(或将其课题化为)滋养品(nourishment)。这里最为困难而又直接关系到以后整个他者理论根基的就是列维纳斯对瞬间中的"延迟"的描述。从意向性结构分析的角度看,"延迟"是瞬间中感觉(sensing)与被感觉(sensed)所特有的关系。在《从实存到实存者》中,这表现在努力(effort)和疲乏的所谓"统一"的"关系"中:一方面是存在者要成为自身(开始的自由、作为其存在的主人),另一方面是其物质性的桎梏⑤。在《时间与他者》

----

① Emmanuel Levinas, *Totality and Infinity*: *An Essay on Exteriority*, trans. Alphonso Lingis, Pittsburgh: Duquesne University Press, 1969, p. 128.

② Emmanuel Levinas, *Existence and Existents*, trans. A. Lingis, Durdrecht, Boston and London: Kluwer Acadamic Publishers, 1978, p. 68.

③ 列维纳斯已经知道,胡塞尔在纯粹理论的课题化以外也承认感性和行为的综合功能,而且并非所有的意向性行为都要化归到理论意识的那种特殊的课题化之中。

④ "被隔离的存在"一是指从元素中隔离出来,二是指与真正的他者(或他人)的隔离。

⑤ 即存在的负担,这是《总体与无限》中肉体性主体——肉体主体就是自身延异的——的先声。

和《总体与无限》中,这表现为享受和哀伤(风险)的"统一关系",因为在享受中伴随着一种不安稳、不踏实感(虽然并没有破坏享受的自足),而在享受的瞬间中同样有了一种延迟和自身内部的空隙间距。这类"延迟"的特征是使得存在者从没有真正地在场过。在《总体与无限》中,列维纳斯总结道:瞬间中的这种延迟(delay,lag),意味着存在者的在场是延迟的,也就是说"当前"是无法界定的,而自我也从来没有与自身同一过;但是,这里却有一种在场和不在场同时出现的明见性。① 对于这种延迟的明见性,列维纳斯是在对居家和劳动的描述中展现的,这是因为居家和劳动的实质也是延迟。

正如死亡意识就是对死亡的无限延迟的意识,其实质就是从根本上否定它的期限(或确定性),居家劳动的延迟,其实质也是如此,而由此展开的就是时间了。"真正的主体能够保证他的需要的满足……需要在我的权力之中"②,这是一种对瞬间(当下不能满足)的推延和对依赖的悬置,是要通过拥有和劳动去克服我必须依赖的那种异质性,这样就有了与世界的距离。而这种拖延、拉开距离的前提就是"预期",于是就有了时间的介入,就有了"时间"③和"意识"或"时间-意识"的出现。换句话说,通过劳动而"成为身体,就是拥有时间"④,反过来,"时间就是由需要所预设的"⑤。总之,时间既摧毁了瞬间幸福的安全性,又克服了它的易碎性。列维纳斯说:

> 有意识就是与所是相关联,但是似乎所是的现在还没有完成,而是仅仅组建了被回忆起来的存在者的将来。准确地说,有意识就

---

① 参见 Emmanuel Levinas,*Totality and Infinity:An Essay on Exteriority*,trans. Alphonso Lingis,Pittsburgh:Duquesne University Press,1969, p. 225。

② 同上书,第 116 页。

③ 需要注意的是,此时的时间是在与意识同一个层面的意义上被使用的。

④ Emmanuel Levinas, *Totality and Infinity:An Essay on Exteriority*, trans. Alphonso Lingis,Pittsburgh:Duquesne University Press,1969, p. 117。

⑤ 同上。

是有时间——不是在参与未来的规划中超出现在，而是与现在本身有了距离。①

说到底，意识与时间都是在劳动中产生的，因为正是借由劳动，才延迟了元素对现在的威胁。时间是自由意识（或自由意志）推延死亡的能力，就是说，将来不再是现在的延伸，而是一种要与现在保持距离的能力。在这个意义上，"时间的首要现象"就是"尚未到来"。② 这就是"有意识"和"有时间"的含义。

但是，对于这种延迟性的时间，从另一个维度——列维纳斯也就是由此过渡到了与真正他者相遇的论域——说就是："成为时间性的，既指向死而在，也指还有时间反对死亡。"③实际上，对主体"自由最大的折磨不是死亡，而是磨难"④，"磨难"径直缩小了延迟性时间所预设的距离和差异，因为在磨难中我们已经被可怕的将来捉住，成了完全的被动性，这是苦难的真实或现实的苦难。在这种苦难中，期望未来的补偿或报应，只是一种逃避，并不能改变现在的苦难。转变的契机只能是回到或直面苦难的瞬间本身，不许诺，不补偿，"耐心地等待"⑤，这样才可以获得真正的希望或拯救，而这就是弥赛亚时间的含义，"希望的真正对象是弥赛亚，或拯救"⑥。在此，"耐心"就是对我们意志局限状态的体验，而"耐心的时间"就成了完全"被动性的时间"。

从延迟性时间向弥赛亚时间的转变的关键是（或呈现为）瞬间本身

---

① Emmanuel Levinas，*Totality and Infinity：An Essay on Exteriority*，trans. Alphonso Lingis，Pittsburgh：Duquesne University Press，1969，p. 166.

② 参见同上书，第 247 页。

③ 同上书，第 235 页。

④ 同上书，第 239 页。

⑤ "耐心地"，意思是"被动地""以一种尊重无限的方式"；"等待"，是一种没有等待对象的等待，即非意向性的等待。弥赛亚时间就是指从我自己的时间中解放出来。在《上帝、死亡和时间》中列维纳斯有相对完整的表述。

⑥ Emmanuel Levinas，*Existence and Existents*，trans. A. Lingis，Durdrecht，Boston and London：Kluwer Acadamic Publishers，1978，p. 91.

的改变,即瞬间从自身的存在中逃脱。只有在此基点上才有超出遗忘机制(实际就是主体同一性自身的历史性)的"宽恕"[或"赦免"(pardon)]——"宽恕就是时间的运作"①——及其所带来的整个时间的转变:使主体摆脱了他自己的无休止的现在之重,真正的异质性的瞬间向我而来,真正的时间开始流淌起来,否则,就仅仅是现在的一再轮回。所以,真正的将来所关涉的只是当下的瞬间事件,而不是主体。将来是当下的复活,"要理解时间作用的秘密,我们必须从对现在的希望开始"②,由此便有了新的未来;而"在这种被纯净化了的现在中,被宽恕了的过去也得以保持"③——这直接对应于海德格尔对时间性的经典定义。这样做的前提或结果就是现在(或在场)的同一性的破碎,现在不再由瞬间的串联所组成,甚至瞬间本身也被悬置为不可穷尽的多元的可能性。由此,就没有什么东西能够充分或真正地在场(成为现在);同时,这也就打破了将来对过去的那种绳索式的链接(基于或体现为主体的同一性),宣告了新的将来。

在列维纳斯看来,对这种连续性纽带的打断归根结底是由他者带来的,这是隔离存在的那种绝望中的希望的渊源所在。实际上,那种在居家的回忆中自身呈现的时间也已经预设了与真正他者的关系,可以说,正是"对异质性的欢迎构成了意识和时间的条件"④。而且,在享受中被

---

① Emmanuel Levinas, *Totality and Infinity*: *An Essay on Exteriority*, trans. Alphonso Lingis, Pittsburgh: Duquesne Unierity Press, 1969, p. 282.

② Emmanuel Levinas, *Existence and Existents*, trans. A. Lingis, Durdrecht, Boston and London: Kluwer Acadamic Publishers, 1978, p. 92. 当然,被宽恕的并非就是无辜的了,而是 the felix culpa(蒙福的有罪感,见 Emmanuel Levinas, *Totality and Infinity*: *an Essay on Exteriority* trans. Alphonso Lingis, Pittsburgh: Duquesne University Press, 1969, p. 283)。不是说过去的苦难和不义就被根除了,毋宁说从此自我已经完全处于与他人的关系中了,即业已成为他人的人质了(被上帝作为实现其旨意的工具),这才是真正的怜惜、同情和宽恕的必备条件。(参见 Emmanuel Levinas, *Otherwise Than Being or Beyond Essence*, trans. A. Lingis, The Hague: Martinus Nijhoff Publishers, 1981, p. 117)

③ Emmanuel Levinas, *Totality and Infinity*: *An Essay on Exteriority*, trans. Alphonso Lingis, Pittsburgh: Duquesne University Press, 1969, p. 283.

④ 同上书,第 281 页。

吸收的他者,也已经是对他者的依赖了,当然,此他者业已不再是真正的他者了,但至少表明了同一对他者的基本态度,即:正是在"他者"的世界中,才有同一(I'Même)的所谓同一性(identité)问题。"如果说享受就是同一的具体化,那么这不是要否认他者,而恰恰是要开采他者。世界就是他者的那种异质性……确切地说,需要就是对他者的一种依赖。"①甚至可以说,最终,"都是由于与他者的关系才使得享受向意识和劳动的转化成为可能"②。这已经是在为胡塞尔和海德格尔奠基或作另类诠解了。

　　瞬间是易碎的、昙花一现的、无世界的,因而在过去和未来中,在世界的视域中,在时间视域的辩证法中,瞬间(主体)都是表现为抽身而退;另一个瞬间的绝对的他性不可能在主体这里找到,实际上,时间辩证法就是与他人关系的辩证法,社会性就是时间本身。③ 他者的他性与时间相关,这将是列维纳斯一贯的主张。没有他人是不可能有真正的时间即绽出性的(超越性、外在性才是绽出的前提)④,所以,专论现在和瞬间的《从实存到实存者》到最后还只是"在通往时间的路上"。谈论真正的时间是从《时间与他者》开始的。

---

① Emmanuel Levinas, *Totality and Infinity：An Essay on Exteriority*, trans. Alphonso Lingis, Pittsburgh：Duquesne University Press, 1969, p. 115 - 116.

② 同上书,第 117 页。

③ 参见 Emmanuel Levinas, *Existence and Existents*, trans. A. Lingis, Durdrecht, Boston and London：Kluwer Acadamic Publishers, 1978, p. 93. 列维纳斯的"时间"与"社会性"是并起的。内在主体(隔离的存在)中没有真正的时间,只有在主体间才有,否则就只有自我满足和(或到)自我保存。而且,这种隔离不仅是针对他人的人格他性,甚至也存在于与匿名的或元素的准他性的关系之中。可以说,独在(隔离的)主体的主体性只是交互主体性的时间的一种功能,表现为无本原的、创伤性意义上的未完成性,而所谓的"未完成性"就意味着总有他者剩余下来,它是主体不可能把握的,却又是其所有把握的前提。

④ 译者 Lingis 甚至认为列维纳斯的全新的时间概念才真正实现了主体性的内在结构(即"绽出"结构)的真实要求,即:有他者,才有真正的绽出性的存在,ex-ist。(参见同上书,"译者导言"第 11—12 页)

第二节 时间是与他者的关系——从《时间与他者》解读列维 纳斯与海德格尔的关系

一、由对反而出离

对海德格尔与列维纳斯的关系，Manning深有体会："正是海德格尔向列维纳斯显示了现象学方法的真正的哲学意义"，列维纳斯的现象学就是在海德格尔的现象学存在论之内，而又总是给予另类的诠释（此种关系本书称之为"对反"），虽然列维纳斯早就有自己的一套对存在和人类存在的观点，即要把伦理学作为第一哲学，但这也正是"海德格尔教他往那儿看的"[①]。

如上节所述，在列维纳斯的第一本原创性专著《从实存到实存者》中，这种对反就已经开始了，其核心概念"位格"（hypo-stase）就是在与海德格尔的绽出（Ek-stase）相对反的意义上提出的。概而言之，如果说海德格尔是用"绽出"表示从"现成在手状态"朝向存在本身的超越（trans-cendence），那么列维纳斯恰恰是要从纯粹存在状态中挣脱出来（ex-cendence）。海德格尔把他的这个超越作为"出神"的轻舞加以倡扬，而列维纳斯却分明在位格中感受到"负担"和"责任"。但是，列维纳斯同样认为位格是一种存在论事件，一种存在者的呈现过程。"不愿意去存在"的疲乏和"不可能开始"的懒惰恰恰证明了作为一种负担的那种瞬间所意味的"开始存在"，"瞬间才真正是存在的完成"[②]。列维纳斯甚至用烦（souci）——这本来是海德格尔的Sorge的法文对应词——来表示这种存在论事件。用列维纳斯的话说，瞬间就是"存在一般的极化"，而位格

---

① Robert J. S. Manning, *Interpreting Otherwise than Heidegger: Emmanuel Levinas's Ethics as First Philosophy*, Pittsburgh, Pennsylvania: Duquesne University Press, 1993, pp. 6 - 8.

② 参见 Emmanuel Levinas. *Existence and Existents*, trans. A. Lingis, Durdrecht, Boston and London: Kluwer Acadamic Publishers, 1978, p. 76。

就是"因由这种瞬间的位置而发生的事件"。① 不过,与海德格尔的"在世之在"不同的是,瞬间是先于此在与世界的关系的。而一旦进入世界,列维纳斯的烦就成为享受了,并由此把海德格尔的因由"向终结而在"的"将来取向"而绽开的(实际上是虚化了)的当下加以"落实"了,并且,在海德格尔那里相对于超越和回归自身的"本真性"而成为"沉沦"的日常生活,也被列维纳斯由此"正名"了,成为一种真实的、自由的"居家状态"不过,列维纳斯真正关键性的进展在于,与海德格尔的本性上就是时间性的并有终结性(Endlichkeit)取向的"绽出"②不同的是,列维纳斯认为,这种纯然是存在论事件的"位格"的呈现或在场,最多只是作为永远重复的不停的"开始",是没有能力打开时间的。因为,这里发生的只是永远囿于自我之中的作为同一性及其运作的在场,真正"异质性的未来和过去"永远不可能出现。换句话说,在列维纳斯看来,"超越"永远只能是向自身的回归,它是不可能真正完成存在论本来所欲达成的存在(ex-ist,绽出性的生存)的。源此,列维纳斯提出了"出越"(ex-cendence)以代替"超越"(trans-cendence),即不再朝向自身,而是出离自身,朝向他人,并在这个意义上朝向"善"。但是,换个角度也可以说,列维纳斯又是在完

---

① 参见 Emmanuel Levinas. *Existence and Existents*, trans. A. Lingis, Durdrecht, Boston and London: Kluwer Acadamic Publishers, 1978, pp. 17 – 18。

② 以这种"绽出"作为"时间性"也是胡塞尔所开辟的。其现象学要义在于时间之流的存在方式或其本质性形式是"现在-涌现",任何有意或无意的河流之"整体"及其"流淌"的意象都已经是某种超越性的建构了。这种绽出性的时间是胡塞尔、海德格尔、列维纳斯一路共同的基本视角,这是本书论述的基本背景。对于胡塞尔,它既是绝对主体性,又有原制作(原印象的被动性)的含义。前者是列维纳斯反对的(反对的是实际上是虚假的主体性,但认可对此种主体性的解释理路),后者对列维纳斯却是触发性的。在海德格尔那里,此时间性一方面表现为出离自身、筹划于世的主体性,另一方面又因实际性(Faktizitaet)和有限性而回缩自身(成为所谓本真性)。列维纳斯对此出离-返回的描述是跟从的,对返回到的本真性实际就是存在本身的看法也是充分认同的,但是其立场却是根本对立的,即对存在本身(无论是匿名的il y a,还是来自古希腊传统的存在论)是否定的。当然,他们之间更根本的区别在于对"绽出"本身的理解不同。

成海德格尔所开启和欲完成的 ex-ist。① 这个意义上，我们说，列维纳斯恰恰是沿着海德格尔的把时间性作为存在及其意义的根本境域的思路前行的，并正是缘此而把最关键的环节集中定位在对时间的全新的界定上：真正的时间只能是与他者的关系——而这就是其早期②另一篇专著《时间与他者》的主题。

二、重构"存在论差异"

在《时间与他者》的开篇，列维纳斯就针对海德格尔明确提出：整本书的目的在于表明"时间不是独在主体的成就，而是主体与他人的关系本身"③。不过，这里有一个进路，就是"他人"（autrui）首先出现（在正文第一句），因为关注的主题就是主体及其独在（solitude）。而"他者"（autre）是在谈论死亡的异质性以后才引入的。他者控制的是存在者的存在，而不是存在本身，但如何控制是一个不可能知道的谜。他者的整个存在是由外在性、异质性（altérité）构建的。只是在说到"那么死亡还是我的吗"时，即再次诉及主体性时，列维纳斯才又把他者定在他人上，"被承担的他者就是他人"④。

早在《论逃避》中，列维纳斯就强调了从存在逃避的必要，但还没能提出全新的路径；到《从实存到实存者》，他更把这种逃避称为拯救和解

---

① 这也是列维纳斯要用 existence 而不用 être 翻译 Sein 的真正原因，而绝不仅仅是"出于谐音的考虑"（参见 Emmanuel Levinas, *Le temps et l'autre*, Montpelier: Fata Morgana, 1979, p. 24）。

② 在 1975—1976 年度的讲座《上帝、死亡和时间》（余中先译，三联书店 1997 年版）中，列维纳斯又精致练达地演绎了这个主题。与之相比，这里确实是其"早期"的作品。

③ Emmanuel Levinas, *Letemps et l'autre*, Montpellier: Fata Morgana, 1979, p. 17; Emmanuel Levinas, *Time and the Other* (*and additional essays*), trans. Richard A. Cohen, Pittsburgh, Pennsylvania: Duquesne University Press, 1987, p. 39. 简称第 17 页/第 39 页，以下重复引用这两种版本，皆沿此例。

④ 同上书，第 67 页/第 79 页。

放,并且认为个中关键就是"时间和他者"①,把与他人的关系界定为是与神秘者、外在性和异质性的关系②。至于时间和他者如何构建了从存在中的解放,这是《时间与他者》的主题。尽管强调了从存在逃避的必要,但列维纳斯也仍然明确他的分析是存在论的,他"的确相信存在论问题和结构的存在"③,这一路的存在论确信或自觉的分析结构一直持续到《总体与无限》。对列维纳斯来说,存在不仅不是一个空洞的概念,它还有自身的"辩证法"④和自身的一般家政学(l'économie générale de l'être)。《时间与他者》的关键词"独在"⑤就是一个这样的"存在"范畴。

列维纳斯认为,在海德格尔那里,"本真的"此在是孤独的,其"共在"(Miteinandersein)所描述的最多也只是一种"肩并肩"地朝向"共同的"目的(比如真理)而形成的团结,其中没有"面对面"的"源始的"与他人的关系。因为即便是绽出,也是要么在日常生活中散化,要么重又回到自身,其中都没有真正的"他人"的出现。但与海德格尔的《存在与时间》几乎相同的是,列维纳斯也首先明确要建立死亡对主体的肯定性意义,不过他重新界定了死亡现象,认为其中有一种神秘之谜,而并非必然是虚无,而且其中"不仅有与他者的关系,也有与时间的关系"⑥。简而言之,列维纳斯就是要在海德格尔的存在论根基中开辟一条走出海德格尔,即走出

---

① Emmanuel Levinas, *Existence and Existents*, trans. A. Lingis, Durdrecht, Boston and London: Kluwer Academic Publishers, 1978, p. 99.

② 参见同上书,第 75—76 页。

③ Emmanuel Levinas, *Le temps et l'autre*, Montpellier: Fata Morgana, 1979, p. 17; Emmanuel Levinas, *Time and the Other (and additional essays)*, trans. Richard A. Cohen, Pittsburgh, Pennsylvania: Duquesne University Press, 1987, p. 39.

④ Hugh Miller, "Phenomenology, Dialectic and Time in Levinas's *Time and the Other*," *Philosophy Today*, 1996(Summer), pp. 219-234.

⑤ 同③,第 17 页/第 39 页。

⑥ 同上书,第 20 页/第 41 页。

独在、面向他人的道路。

从存在论的角度看，正是我的存在决定了我的孤独。不可交流的不是在我之中的任何"内容"，而是"因为这种不可交流性就植根于我的存在之中"①。这是一种最"内在的"关系性，即我与我自己的生存的关系。在这个意义上，列维纳斯说："存在拒绝任何关系性和多元性。它不关涉其他的人而仅仅关涉存在者。"②也就是说，存在与存在者是一个统一体。但若能打破这个统一体，就可以实质性地克服独在。在此，列维纳斯引入"位格"，即"存在者对自身的存在的承担"这一"存在论事件"。具体的进路是：

首先，在此存在与存在者"统一"的背景下，列维纳斯引入海德格尔的存在论"差异"，他说："对于我来说，《存在与时间》最有意义的是海德格尔的（存在论）差异。"③列维纳斯总的来说是支持海德格尔的存在论差异之说的，但是他认为在海德格尔那里，只有存在者才能现出存在，而这样的结果却又会使得存在者消融于存在，这样，差异就不彻底了，"在海德格尔那里只有差异没有隔绝（séparation）。存在总是在存在者那里被把握"④。列维纳斯认为海德格尔的"向来我属性"（Jemeinigkeit）表明了这种差异的不彻底性，即总是要由 Dasein 甚至某人（quelqu'un）来拥有存在。

其次，列维纳斯认为海德格尔的"被抛状态"（Geworfenheit）事实上却又表明存在是先行并独立于存在者的，因为存在者只能在存在中才得以呈现，而永远不可能成为存在的主人。因此就必然有没有主体、没有

---

① Emmanuel Levinas, *Le temps et l'autre*, Montpellier: Fata Morgana, 1979, p. 21; Emmanuel Levinas, *Time and the Other (and additional essays)*, trans. Richard A. Cohen, Pittsburgh, Pennsylvania: Duquesne University Press, 1987, p. 42.

② 同上书，第 22 页/第 43 页。

③ 同上书，第 24 页/第 44—45 页。

④ 同上书，第 24 页/第 45 页。

存在者的存在,列维纳斯称之为匿名的 il y a。① 与《从实存到实存者》中进行的思想实验一样②,列维纳斯在对世界进行想象的拆解(destruction)之后,发现了这个剩下的"事件"(le fait):一种存在的**无人格**的**"力场"**(le "champ de forces" de l'exister,impersonnel),一种失眠状态中的黑夜;它既不是主体也不是实体,但却自我设定(s'impose);它又是匿名的,即没有任何人和物将其承担。

再次,对于这种没有存在者的纯粹存在,即纯粹的动词状态,列维纳斯将其理解为"克拉底鲁之河",即人一次也不能踏入的那条河流。它没有任何固定性,但这正是位格得以"产生"——具有"存在的效果"和"存在被暴露"双层含义③——的地方。在此间,虚无是不可能的,所以列维纳斯认为,存在之恶(mal de l'être)不在于它是有限的,而恰恰在于它是没有边界的。海德格尔将畏作为对虚无(即纯粹存在)的体验;而列维纳斯则认为,如果死亡意味着虚无,那么畏实际上表达的正是死亡的不可能性。死亡是对人的可能性的剥夺,"死亡是筹划的不可能性",它所带来的不是人对自身的存在可能性的把握,恰恰相反,是人对自身存在把握的不可能性。死亡剥夺了存在(即可能性)。但是死亡并不是虚无,这里有他者和神秘,人不可能就此终结。如果说纯粹的存在不是虚无,那么死亡也不是虚无。在剥去虚无相对于存在的所有依附性和对反性之后,列维纳斯就以最彻底的态度直面死亡。

---

① 列维纳斯用此无人称动词短语表示纯粹存在的无人称状态。当然,对于这种没有存在者的存在,不用说前期,即便是后期的海德格尔也是难以认可的。但是问题的关键在于,对于海德格尔,存在本来就"总已经"是世界性的了,关键是应该如何"去存在";而列维纳斯则认为世界性也有一个发生的过程,这就好像在表象意识之前有一个非表象甚至非意向性的意识一样。列维纳斯要追溯它们的"源",其宗旨只是要说明"世界性-存在"和"意向性"一样只是"流",海德格尔和胡塞尔分别把它们说成是独一的,就已经是落入了自我或自身性中心的"总体"之道,其中再不可能有真正的他者,从而也就不可能是道德的和正义的。

② 参见 Emmanuel Levinas, *Existence and Existents*, trans. A. Lingis, Durdrecht, Boston and London: Kluwer Academic Publishers, 1978, pp. 57 - 58。

③ Emmanuel Levinas, *Totality and Infinity: An Essay on Exteriority*. trans. A. Lingis, Pittsburgh: Duquesne University Press, 1969, p. 26.

最后，就是从存在到存在者的发生，即"在场"了，列维纳斯将其称为"位格"。这是一种存在论"事件"。在《从实存到实存者》中，列维纳斯曾把匿名的 il y a 描述为一种失眠状态，在失眠状态下，意识向自身呈现（面向自身在场），仿佛意识到某种不存在的东西。换个角度，就是说某物以一种不在场的方式，向意识呈现自身，而意识却无法将其同一化，其中的永远在场的只是纯粹存在的嗡嗡声，"有而不名"，却又挥之不去，因为根本就无"能"①去"挥"。因此，意识的"觉醒"（从失眠状态中走出来）就是意识觉知到它与存在本身的"隔离"。在这里，列维纳斯认为"在场"就是"永远无始无终的存在的结构的一次突然的撕开"，就是"位格"这个"事件"，"撕开"又合上，它只是"开始"本身，它的过去只存在于记忆中，"它有一个历史，但它不是历史的"。它不是现存的、已经被构建起来的时间的一个要素，而就是在场的那种功能（即撕开）。它像一种"存在论的安排"，就在存在与存在者的边界上：既是"必须由动词才能表达的纯粹事件"，又"已经是一种存在者"②，所以，"在场就是完成那种总是昙花一现的'出离自身'的一种方式"③。如果在场可以持续，它就可以从先行的东西那里接受它的存在；但是它只是来自自身的东西，昙花一现就是这种开始的本质。这里，列维纳斯实际上已经是在说一种完全异质的"在场"了：（1）在场是"撕开"匿名存在的一种功能。（2）没有过去，只来自自身，不是线性时间的一个要素，而就是"开始"本身或"开始"的本质。（3）只是昙花一现，没有绵延。（4）这种昙花一现的结果就是"自我"。列维纳斯说，在场或位格实际上也就是自我或主体，表面来看，"自我（je）

---

① 这里的"能"（pouvoir）既指能力，更指拥有能力的可能性，即作为一个存在者的自身建构。

② Emmanuel Levinas, *Le temps et l'autre*, Montpellier: Fata Morgana, 1979, p. 32; Emmanuel Levinas, *Time and the Other (and additional essays)*, trans. Richard A. Cohen, Pittsburgh, Pennsylvania: Duquesne University Press, 1987, p. 52.

③ 同上书，第32—33页/第53页。

总是具有双栖特征:它不是实体,但又绝对是一个存在者"①。要想理解这个悖论,就必须把自我理解为存在自身的一种样式,甚至可以"准确地说它并不存在"②。而当自我或在场被形式化为一种时间时,这样的时间也就会成为存在者,从而失去"存在与存在者之间的构架功效"③。列维纳斯认为,在寻找这个从存在到存在者的桥梁时,我们会发现自己已经超出了现象学的经验。因为从存在到存在者的过程不再属于"经验"范围,"而如果现象学仅仅是一种关于激进的经验的方法,那么我们就会发现我们已经在现象学之外了"④。换句话说,位格实际上是前现象性的、前自我经验的,甚至可以说,这里有一种对胡塞尔的时间-意识和海德格尔的此在-时间进行发生现象学的描述的意味。事实上,从位格、事件到后来的历时性,这正是列维纳斯出离存在与意向性现象学的轨迹。

至此,我们就可以理解"独在"的复杂含义了。

一方面,"位格"就是"存在者呈现"这个"事件",其全部内容就是这个存在者成为它的存在的主人。这是纯粹的自发性发生(sui generis),因而是纯粹"独"在的"主人"状态,"作为在场、自我,位格就是自由"⑤。为了能有存在者并把握存在,独在就必须摆脱匿名状态,脱颖而出,成为"一"(存在者就是与自身相同一)。因此,独在不仅是存在主义所关注的一种绝望和放弃,也是一种生命力,一种骄傲和统治权。

另一方面,位格作为在场的纯粹功能,既从存在出发,又牢牢地牵连于自身,对自身负责,而这就是列维纳斯思想中的关键词"物质性"(matérialité)的真切含义。物质性就是自我(Moi)与自身(Soi)不可分

---

① Emmanuel Levinas, *Le temps et l'autre*, Montpellier: Fata Morgana, 1979, p. 33; Emmanuel Levinas, *Time and the Other (and additional essays)*, trans. Richard A. Cohen, Pittsburgh, Pennsylvania:Duquesne University Press, 1987, p. 53.

② 同上。

③ 同上书,第 34 页/第 54 页。

④ 同上。

⑤ 同上。

离的"锁链关系":存在者不仅是出离自身、与过去和未来相脱离、重新开始的自由,一种脱出的自由,而且总是要回到自身,被自身所充满、占据,"这种被自身占据的状态就是主体的物质性"①。在场从无限的存在中撕裂而出,在割裂了历史脐带的同时,它又是有重负的。自我并不是像一个精灵、一个微笑、一缕气息一样地存在,而是一种物质存在者,自我必须为自己负责。因此,列维纳斯说,物质性并不是精神向肉体坟墓或监狱的"偶然""堕落",而恰恰是与主体作为存在者所具有的那种高涨的自由相"伴随"的,"自我的自由与它的物质性是并行不悖的"②。换句话说,物质性恰恰是向存在论还原的结果,而"震碎这种物质的锁链就是摧毁位格的确定性"③。可以说,只要是在存在论中,位格就只能是同一性自身的锁链。

　　这样,海德格尔的存在论差异便被列维纳斯"解构"了,即重新理解、重新布展了。在列维纳斯看来,存在论差异作为对存在与存在者统一的打破,本来是可以克服独在与其存在的自身同一性的,但是在由此获取一种全新的自由的同时,它又陷入新的自身束缚。而在场的"开始的自由"以及相应的"物质性的锁链"则是列维纳斯在海德格尔的境域内开展出的另类思想。其关键在于,此在的本真状态被转化为主体的独在;独在又被诠释为一种不断撕开存在、获得全新开始的自由,但是,这种自由又更深地被锁缚在自身的同一性中,这种同一性又是一种责任和物质性。列维纳斯以后关于主体的所有论述都奠基于此。而在这个主题线索的一旁,一个方法论的奠基也同时开始,这就是列维纳斯对"时间"的立场性展示。正像在场的位格只不过是位格之一种,时间还可以指向存在与存在者的另一种关系,这就是与他人(autrui)的关系,而反过来说,

① Emmanuel Levinas, *Le temps et l'autre*, Montpellier: Fata Morgana, 1979, p. 36; Emmanuel Levinas, *Time and the Other (and additional essays)*, trans. Richard A. Cohen, Pittsburgh, Pennsylvania: Duquesne University Press, 1987, p. 55.

② 同上书,第 38 页/第 57 页。

③ 同上。

独在就只是一种时间的不在场。那种被预设的、被给予的、主体携其同一性在其中穿行的"时间"，是不能松开位格的同一性链锁。海德格尔认为人的存在就是"时间的时间化"，时间的本质就是对存在的理解，因而时间是存在论内部的问题或其地平（水平的 contexte，而不是列维纳斯的上下垂临的 contexte）；而对于列维纳斯而言，时间却是超越存在论的，其基础不仅来自罗森茨维格，而且来自胡塞尔。①

三、从"磨难-死亡"到"他者-时间"

依照列维纳斯的理解，"存在"就是行动，并且最终是以我们的存在本身作为此行动的对象。这也是《存在与时间》的基本宗旨：世界是工具的整体效果，相互指引的工具最终指向的是我们自己的存在之烦。对此，列维纳斯的诠释是："在打开浴室的开关时，我们打开的是全部的存在论难题。"②而列维纳斯出离海德格尔之路也是就此开始的。列维纳斯认为，在成为一个工具系统之"前"，世界就已经是一种"滋养"的整体（un ensemble de nourritures），就是说，"我们虽然超越自身，是一种绽出性存在，却是被限制在对象之内的"③。列维纳斯把滋养中的这种与对象的关系的特征称为"享受"（jouissance）。在位格的纯粹同一性中，主体是陷滞于自身的；而在享受的世界中，主体就从自身分割出去，"在这个意义上，我们的日常生活已经是从开始的物质性中解放出来的一种方式"④。这里已经包含了对自身的遗忘。海德格尔批评常人"遗忘自身"，列维纳斯却赞赏这种遗忘，他认为，"'世俗的滋养'的道德性"是第一个道德、第一

①　胡塞尔在时间问题上与列维纳斯的关系可用"从被动综合的时间意识到异质触发的感性时间"作为理解的线索之一，详见下节。

②　Emmanuel Levinas, *Le temps et l'autre*, Montpellier: Fata Morgana, 1979, p. 45; Emmanuel Levinas, *Time and the Other（and additional esays）*, trans. Richard A. Cohen, Pittsburgh, Pennsylvania: Duquesne University Press, 1987, pp. 62-63.

③　同上书，第 46 页/第 63 页。

④　同上。

个自制(abnégation,自我否认)①,它是每个人都要经验的。

享受使得主体生活在客体之中或被他所吸收的客体所吸收,这样就与自身有了距离。海德格尔对此距离是批评的;而列维纳斯则认为工作就是对此距离的征服,"工具或工具的制造就是对那种填平这个距离的幻想的追求"②。列维纳斯认为现代机器作为工具更多地已经不是海德格尔所考虑的"器具"的功能了,工具(机器)本身具有了压制劳动的效应,因此才有了列维纳斯的新主题:"独在最终被还原到的现象就是痛苦和伤心"③。这种痛苦和伤心真实地构成了独在的悲剧,而"享受的绽出性并没有能够克服这种命运"④。由此,列维纳斯明确以下两点是其独在分析的重点:一是"我对独在的分析,是在需要和劳动的痛苦中加以追求的,而不是在那种虚无的焦虑中实现的"⑤;二是这种痛苦是身体的,而不是道德的,正是身体的痛苦才是存在所不可松懈的。列维纳斯明确排斥海德格尔甚至萨特的布尔乔亚作风,认为没有任何可以躲避这个磨难的地方,"在这个意义上,磨难就是虚无的不可能性"⑥。

然而,在磨难中却有死亡的亲近(proximité)。死亡的不可知性是与对虚无的不可能性的经验(即磨难的经验)相关的。与死亡的关系是不可能发生在光之中的,所以它是不可知的,是一种神秘之谜。就光就是智性的而言,所有的知识都是主动性的,"通过光的中介,在知识中的所

---

① Emmanuel Levinas, *Le temps et l'autre*, Montpellier: Fata Morgana, 1979, p. 46; Emmanuel Levinas, *Time and the Other (and additional essays)*, trans, Richard A. Cohen, Pittsburgh, Pennsylvania: Duquesne University Press, 1987, p. 63.
② 同上书,第 53 页/第 68 页。
③ 同上。
④ 同上书,第 55 页/第 69 页
⑤ 同上。
⑥ 同上。

有被动性都是主动性"①,即使死亡宣告了有主体所无法把握的事件,也没有阻止主体把所遇到的所有客体都理解为是自我建构的。在这个意义上,海德格尔甚至把死亡作为存在的最极端的可能性,"准确地说,它使所有其他的可能性得以可能"②,死亡由此成为主体自由的一个事件。列维纳斯则认为,死亡是一种不可"知"的神秘之谜,是一种纯粹的被动性经验,"死亡从来就不是一种在场"③。当死亡在此时,我就不在此,这不是因为我是虚无了,而是因为我不再能够把握了。就是说,在死亡到场时,不在了的那个"我"实际上是"我的主人地位""我的生力""我的英雄气概";尤其是在磨难中,"我"似乎达到了可能性的极限而成为一种不可能性。此时,极端性假设的那些至高的责任(向死而在)就转化为极端的无责任能力,进入婴儿状态,"死亡就是回到这种无责任状态,像婴儿一样啜泣颤抖"④。这里,在与死亡相亲近的磨难中发生了从主动性向被动性的倒转,死亡从来不能被预设,它只是来临。可以使人们"预设"死亡的虚无是不可能的,死亡的临近尚还可以是一种"现象",但是死亡本身却无从把握,不仅不是现象,甚至不能被预设。而虚无要么是不可能的,要么只是存在的另类表达,即使非存在也已经是"要去"不存在,因而就已经是"去存在"。正如列维纳斯后来所明确的,to be or not to be 根本就不是一个真正的问题。⑤ 总之,在死亡面前,存在者不再有能力成为存在者,"我们不再能够'能够'"(nous ne pouvons plus pouvoir)⑥,因为

① Emmanuel Levinas, *Le temps et l'autre*, Montpellier: Fata Morgana, 1979, p. 57; Emmanuel Levinas, *Time and the Other (and additional essays)*, trans. Richard A. Cohen, Pittsburgh, Pennsylvania: Duquesne University Press, 1987, p. 70.

② 同上。

③ 同上书,第 59 页/第 71 页。

④ 同上书,第 60 页/第 72 页。

⑤ 参见 Richard A. Cohen ed., *Face to Face with Leuinas*, Albany: Sun Press, 1986, p. 40。

⑥ Emmanuel Levinas, *Le temps et l'autre*, Montpelier: Fata Morgana, 1979, p. 62; Emmanuel Levinas, *Time and the Other (and additional essays)*, trans. Richard A. Cohen, Pittsburgh, Pennsylvania: Duquesne University Press, 1987, p. 74.

我们不再有"能够"的能力。死亡就是筹划的不可能性，因此，不同于海德格尔的是，列维纳斯认为，"死亡不再是肯定而是打破了我的独在"①，在死亡中，存在者的存在被异己化了。依据列维纳斯的观点，死亡是无法与现在连接的，因此才引出了真正的将来，即不可化归到现在或在场的将来本身。所以，将来就是他者，而"他者就是将来。与他者的关系就是与将来的关系"②。对此，列维纳斯很明确："我不是用将来去界定他者，而是以他者去界定将来，因为死亡的那个将来就在于它的异质性之中。"③这是以他者为起点的方向，而不是以时间中的将来为预设的方向。从柏格森到萨特都是把将来作为（将来的）在场（现在），这种作为预期性和筹划性的将来是列维纳斯所反对的，因"将来不是在场（现在）"，"从这样的将来概念出发，人们就决不会把时间理解为'移动着的永恒的形象'"④，"时间的真实性"就在于永远不能在现在里面找到将来。柏格森的作为绵延的自由本来也可以达到同样的结果，但是他为现在保留了决定将来的权力，他认为"绵延就是创造"；而列维纳斯认为，"创造"只是"重新开始"，时间的要义在于"新生"。时间的深刻意义就在于打开了主体的封闭性，这意味着主体在创造自身时就前设了对神秘之谜的一种开放，这也是列维纳斯坚持在存在者（主体）之"前"（其实是之"外"）要有匿名而又不可懈怠的存在（exister）的原因。因为在场决然不可能超越自身，侵入将来，所以与将来的关系只有在与"他人"的"面对面"的"关系"中才能完成。面对面的场域也将使时间自身整个得以完成，因为时间的条件就在人们的关系或历史中。死亡有一个积极的意义，就在于它是将来，它表明了与在场的断裂，因为我不能与死亡并存，所以将来就绝非来

---

① Emmanuel Levinas, *Le temps et l'autre*, Montpellier: Fata Morgana, 1979, p. 63; Emmanuel Levinas, *Time and the Other* (*and additional essays*), trans. Richard, A. Cohen, Pittsburgh, Pennsylvania: Duquesne University Press, 1987, p. 74.

② 同上书，第 64 页/第 77 页。

③ 同上书，第 74 页/第 82 页。

④ 同上书，第 71 页/第 80 页。

自自我，死亡表明真正的将来是异质性的，他人就是将来。正是在与他人的面对面的关系中，在场与将来的"关系"才得以建立，"与他者的关系就是他者的不在场，但不是纯粹的不在场，不是纯粹虚无的那种不在场，而是在将来的境域中的不在场，这种不在场就是时间"①。也就是说，他者的不在场不是一种完完全全的、纯粹虚无的不在场，而是**将来视域中的不在场**，因为所谓将来(avenir)就是总是将要来临(à venir)却从不会在场，在将来的视域中"呈现"的只能是"不在场"。"在场"的"时间性"的超越性所朝向的应该就是"将来"的神秘之谜，于是时间本身也不再是存在者存在的境域，而是存在超出自身的样式。正是在这个意义上，我们才可以理解列维纳斯所说的"时间就是存在的事件"②的真正意味。

这种异己的他者(l'Autre)对"我的存在"的控制不是主体式的拥有，而是一种谜，不是不知道，而是不可能知道。对于这种神秘之谜，列维纳斯引入了情欲关系："我认为情欲关系为我们提供了这种关系的一个原型。情欲，就像死亡一样强有力，将为我们提供对这种与神秘的关系进行分析的基础。"③正如英译者 Cohen 在"注释"中所提示的：情欲像死亡一样强有力，这是源自《旧约》"雅歌"的传统，对列维纳斯影响至深的罗

---

① Emmanuel Levinas, *Le temps et l'autre*, Montpellier: Fata Morgana, 1979, pp. 83 - 84; Emmanuel Levinas, *Time and the Other (and additional essays)*, trans. Richard A. Cohen, Pittsburgh, Pennsylvania: Duquesne University Press, 1987, p. 90.《时间与他者》的英译者 Cohen 在"导言"中甚至认为，他人时间与我的绽出性时间二者本身之间就不是同时性的，相反，正是他人时间对我的时间性的中止或打搅才是真正的时间所具有的异质性。Cohen 在其精彩的"导言"中有两处说法：一是将列维纳斯的瞬间等同于胡塞尔的原印象；二是更多从列维纳斯要铺展开异质性的时间的所谓"三个维度"的角度，解释列维纳斯从前期"将来"向后期"过去"的转变。我认为，列维纳斯的瞬间确实有胡塞尔的原印象的渊源，这在其后期特别明显，但在这里，还是放在海德格尔的"当下"的背景下可能理解得会确当些。而从将来到过去的转换更已经是列维纳斯本人以后新的时间性的引入了。总的说来，Cohen 似乎有以列维纳斯的后期立场诠释其前期作品之嫌。当然，关于列维纳斯思想发展中有无转折问题，学者们还有不同意见。

② 同上书，第 88 页／第 92 页。

③ 同上书，第 64 页／第 76 页。

森茨维格在其《救赎之星》的第二部分的第二卷也是如此开篇的。① 列维纳斯正是由此开始了真正属于他自己的现象学描述,"欲望"成为中心"意向性","情欲的意向性是将来自身的惟一的意向性"②,而其结果便是永远不能化归的、"在女性中方得以实现的异质性"③。由此,作为"在生命中的"他者之他性的显现的爱人就被呼唤出来了。如果说对于海德格尔,是死亡揭示了将来和时间自身的本质,那么,在列维纳斯这里,真正能够打开时间的只有"爱",因为"爱"是生命的动力,至少像死亡一样有力,由"爱"出发就可以全新地布展主体,这成为列维纳斯在此书之后的主题。

至此,我们可以在"存在与时间"的向度上简要梳理一下列维纳斯"出离"海德格尔的轨迹。列维纳斯将海德格尔的存在(Sein)理解为虚无,"虚无化的存在"就是其 il y a,但这种理解忽略了海德格尔还有"无的运作"。海德格尔的虚无意义上的存在不仅可以被列维纳斯诠释为失眠与警醒,实际上,海德格尔的"无的运作"本来就可以直接为列维纳斯所说的位格的出现给予说明。不过,也可以说列维纳斯是以其特有的方式阐释了海德格尔这种"无的运作"机制,用列维纳斯的话说,"正是从独在的角度才有对本真形式中的 Dasein 的分析"。④ 至于对海德格尔的超越,列维纳斯则是从对在场的批评开始的,他一直把海德格尔的哲学归为"自身指涉"意义上的"在场的哲学",他认为海德格尔的烦和表象进行的都是自身指涉意义上的综合行为,这种综合行为是要使将来和过去聚集在当下的结构中得以呈现。列维纳斯要做的就是保持住过去和将来

---

① 参见 Emmanuel Levinas, *Time and the Other (and additional essays)*, trans. Richard A. Cohen, Pittsburgh, Pennsylvania: Duquesne University Press, 1987, p. 76。

② Emmanuel Levinas, *Le temps et l'autre*, Montpellier: Fata Morgana, 1979, p. 83; Emmanuel Levinas, *Time and the Other (and additional essays)*, trans. Richard A. Cohen, Pittsburgh, Pennsylvania: Duquesne University Press, 1987, p. 89.

③ 同上书,第 81 页/第 88 页。

④ 参见同上书,第 89 页/第 93 页。

那种不可化归到在场的异质性,直面死亡和他者。在列维纳斯的思想逻辑进程中,先是"瞬间",然后是"将来",再转为"过去",总之,有真正异质性的将来和过去的"时间"是列维纳斯逃脱海德格尔阴影的主线,他自己的思想也是在对时间一步步地完整构型中逐步完备。一句话,海德格尔的时间是存在者的存在的境域;而列维纳斯的时间却是存在得以超出自身的境域,"时间不是作为存在者的存在的存在论境域,而是作为超越存在的一种样式,作为'思'与他者的关系"①。

第三节　异质触发的感性-时间——从"意向性与感性"解读列维纳斯与胡塞尔的关系

一、自身触发的时间-意识

我们在第一章第四节曾经论述过,真正的纯粹被动性——异质触发(hetero-affection),而非自身触发(auto-affection)——在智识主义的胡塞尔那里是无法成为主题的。所谓"被动"综合问题在胡塞尔那里实际上就是时间自身的"综合"问题。这种支配一切的被动地流逝着的"原综合"不以主体的任何能动性为前提,相反,它倒是使所有能动性成为可能的前提,也就是说,正是借此主体天生具有的时间化的构造能力构造出体验的原初统一,意识才在时间化中构造了自身。简单地说,这种在我思之前,甚至无自我的情况下发生的"时间化"(Zeitigung)正是所有主体性的原构造的场所。一句话,在胡塞尔的这种所谓"原被动性"中显现的却正是主体之根或其源始形态。

事实上,这种作为生命或体验的时间-意识本来就是德国古典哲学传统中的核心理念,同样也成为胡塞尔以后几乎所有从现象学出发的思

---

① Emmanuel Levinas, *Le temps et l'autre*, Montpellier: Fata Morgana, 1979, p. 8; Emmanuel Levinas, *Time and the Other (and additional essays)*, trans. Richard A. Cohen, Pittsburgh, Pennsylvania: Duquesne University Press, 1987, p. 30.

想家的源点。即便是个体性的主体,作为问题域(problematic),也是在其中才得以生发的,前期海德格尔的思想就是典型代表。我们在第二章第一节曾经梳理过这个问题。简要地说,"作为纯粹的自身触发,时间不是一种现实的刺激对现成的自我进行冲击。作为纯粹的(自身触发)它构成了自身自我激活(Sich-selbst-angehen)那样的东西的本质……也构成了主体性的本质结构"①,正是"纯粹自身触发的观念被规定为先验的最内在的本质"②。针对康德的作为先天形式的时间,海德格尔说,作为纯粹的自身触发的时间并不是依附于纯粹统觉并在心灵中产生的,恰恰相反,作为"自身性的可能性基础"的时间不仅早就已经在纯粹统觉中存在,而且正是这种时间才"使得心灵成其为心灵",使得自身性(Selbst)得以呈现。换句话说,时间的这种自身刺激自身首先使纯粹自身的存在及其构建成为必要和可能,而"纯粹的自身触发就提供了这种有限自我的先验的源始的结构"③。简单地说,自我(das Ich)在先验的意义上就是时间本身,而作为纯粹的自身触发的时间性,在"自身性"(自己触发自己)的意义上也就是"有限的自身"(endliches Selbst)。实际上,正是在此"本原的自身性"中,《存在与时间》中的"时间性"(Zeitlichkeit)才正式呈现。

二、非意向性的原印象与感性-时间

作为胡塞尔和海德格尔的学生、又更是一代原创性哲学家的列维纳斯对现象学的理解和发展是经历了一个曲折的历程的,在本书的论域内,可以简单地说,直到 1964 年左右——在 1959 年的几篇文章中还认为意向性仅仅意味着对理性的固执,是有待批评的——列维纳斯才真正

---

① Martin Heidegger, *Kant und das Problem der Metaphysik*, Frankfurt: Klostermann 1973, S. 189; Martin Heidegger, *Kant and the Problem of Metaphysics*, trans. R. Taft, Bloomington: Indiana University Press, 1990, p. 129.

② 同上书,第 190 页/第 130 页。

③ 同上书,第 191 页/第 131 页。

发展出了现象学意义上的历时性的时间概念,并把感性作为意向性的非意向性来源,开始扩展意向性,就是说,开始有自己的时间性观念并以之为基础正面阐述意向性。1965 年发表的《意向性与感性》①一文就是这方面的集中表述。

如众家所论,列维纳斯是以罗森茨威格(Rosenzweig)的仁慈和正义(或犹太教本身的"来自高处的呼唤和应答")补充了胡塞尔的现象学,因为先验主体性不可能打破它自身奠基其上的"境域",而打破这个境域或介入它的边界才正是列维纳斯的"伦理-关系"的本性。但在这里,我们同时又看到,列维纳斯恰恰又是以胡塞尔式的对意向性分析的描述展开了对与原素的感性接触的论述。当然,意向性分析在列维纳斯这里仍是对具体性的探究,但其已经是对不可还原到自我的关系或亲近的描述。对于以意向性分析为核心的现象学方法,列维纳斯在 80 年代的谈话中说得很明确:

> 现象学方法使我们能够在我们活生生的体验中发现"意义"②;它把意识揭示为始终与在它本身之**外**的对象、**异己的**东西等保持接触的一种意向性……现象学可以使意识理解自身的主旨、反思自身并因此发现其意向性的所有隐蔽的或被忽视的境域……可以说现象学就是一种使我们了解我们在世界中的位置的路径,这是一种自

---

① Emmanuel Levinas, *Discovering Existence with Husserl*, translated and edited by Richard A. Cohen and Michael B. Smith, Evanston, Illinois: Northwestern University Press, 1998, pp. 135 – 150.

② 这里以及本段引文中其他的"意义"一词都是列维纳斯本人强调的 sens,而不是他所反对的 signification,对此可参见 John E. Drabinski, *Sensibility and Singularity: The problem of Phenomenology in Levinas*, Albany: State University of New York Press, 2001, p. 222。至于二者的区分详见列维纳斯 1964 年的"La Signification et le Sens"一文,英译见 *Emmanuel Levinas, Basic Philosopical Writings*, edited by Adrian T. Peperzak, Simon Critchley, and Robert Bernasconi, Bloomington: Indiana University Press, 1996, pp. 33 – 64.

身思义(a sich besinnen),使得意义在生活世界中的起源得以恢复。①

简单地说就是,作为意向分析的方法,现象学使我们坐实在具体的生活之中,使我们真正地朝向"事物本身"。当然,这已经是法国现象学家基于海德格尔的存在论,但又与其不同的、颇有感性特色的对胡塞尔意向性的一路理解了。② 实际上,《意向性与感性》一文就是从把意向性看作一种"解放",认为它"贡献了一种'从自身中走出去'的新观念"开始展开的。这是该文在开篇就立论的三个观点中的第一个。第二个是指出胡塞尔意向性中的唯心主义:"如果说唯心主义早已就在意向性之中了,那是因为意向性从一开始就被设想为是意指一个理想的客体的。"③第三个是强调"现象学所有被遗忘的视域以及这些视域的复活"④。第一和第三点是列维纳斯的现象学哲学所承继并发扬了的,而第二点是列维纳斯要突破的。

列维纳斯的这篇文章也是讨论胡塞尔的原素之谜的确定性(positivity)的少数作品之一。简单地说就是,"原素-形式"关系并没有穷尽感性的可能性。感性(sensation)、原素(hyle)和原印象(Ur-impression)都源于 the sensuous,胡塞尔称其为原感性(Ursinnlichkeit)以与第二感性相对,前者没有理性的任何沉淀,后者则是从理性的一种生产性中生发的。胡塞尔还明确指出,接受性是先于被给予性的,而且二者也是不一致的,原感性在经验中的那种被给予性只是已经过去的那

---

① Richard Kearney, *Dialogues with Contemporary Continental Thinkers*: *The Phenomenological Heritage*, Manchester University Press, 1984, pp. 50 - 51. 黑体为引者所加。

② 萨特的《胡塞尔现象学的一个基本概念:意向性》可以说是以最突出的方式阐释了这种理解。

③ Emmanuel Levinas, *Discouering Existence with Husserl*, translated and edited by Richard A. Cohen and Michael B. Smith, Evanston, Illinois: Northwestern University Press, 1998, p. 136.

④ 同上书,第137页。

些东西的一个线索而已。① 这正是 the sensuous 的悖论性的双重特征:
一方面已经是关系性的原素(hyle),另一方面却是早已过去了的东西。
列维纳斯的"踪迹"一词就是用来表示这种双重特征的。② 而对这种已经
过去的东西的描述又必须依靠对时间和生成的现象学反思。列维纳斯
的正面立论从此开始。

不过,我们先要明确列维纳斯这种立论的两个基础或背景。

首先,是列维纳斯对于现象学时间的基本看法。列维纳斯很明确:

> 时间意识(consciousness of time)不是对时间的反思,而是时间
> 化自身(temporalization itself)。③

> 胡塞尔把这种 flux 即感性自身的意义化(the sensing of sensation
> itself)叫做"绝对的主体性",它在**比客体化意向性更深**的层面上,先行
> 于语言……这种 flux 不再有任何的建构,它是所有建构和观念化(真
> 实化,idealization)的条件……时间意识也就是意识时间。④

可以说,列维纳斯是赞同胡塞尔关于内时间意识具有原被动的综合功能
的说法的,列维纳斯的起点或所接续的端点是以《经验与判断》为代表的
后期胡塞尔的前述谓经验理论,或者说,在列维纳斯视域中的是从此前
述谓经验(即反思前,并使反思得以可能的时间-意识的自身原综合)所
反观到的胡塞尔的整个现象学。

---

① 参见 Husserl, *Ideas*, Vol. 2: *Studies in Phenomenology of Constitution*, trans. by R. Rojecwicz and A. Schuwer, Dordrecht: Kluwer Academic Publishers, 1989, p. 348。

② 对"踪迹"概念我们得预先作个说明:列维纳斯在《存在论是基本的吗?》文中曾经举过一个"擦拭无意间遗留的痕迹而又无意间落下踪迹"的例子,虽然用了"踪迹"一词,但是在文中这恰恰是用来例证他所要反对的"存在论"的立意即"存在的厚度超出意识的范围"的。实际上,列维纳斯自己的"踪迹"概念直到 1964 年前后才有完整的立意。如同他的绝大多数概念一样,这实际上是一个整体与无限、同一与他者"之间"的"关系"概念。

③ Emmanuel Levinas, *Discovering Existence with Husserl*, translated and edited by Richard A. Cohen and Michael B. Smith, Evanston, Illinois: Northwestern University Press, 1998, p. 143.

④ 同上。黑体为引者所加。

其次,是列维纳斯对作为反思基础的自身意识的领会。"(意识)行为在时间中延展着,而关于(这种在时间中延展着的)意向的时间性实在又有一种意识"①,这是一种对意识的意识,就是说,意识不仅使客体向我们呈现,也使其自身向自身呈现,列维纳斯把它们分别称作"被感觉的"和"被体验的","'体验'表明了意识内容与自身的一种前反思的关系……这是一种非对象化的对自身的意识到,它体验它自己,它就是Erlebnis"②。这种"体验"实际上就是萨特意义上的"自身意识",它不仅指那种伴随性的对进行着的意识的意识,甚至就是先验意识的全部,即胡塞尔所说的"在原意识中被意识到的原初河流"③。胡塞尔正是以此保证了反思的可能性。因为事实上,意识的"每一个'内容'"都可以"被原意识到",而且是"自身地和必然地"被原意识到,而若如此则就已经具有现象学的"明见性",即"亲身显现"了。不过,与胡塞尔的这种目的在于从方法论上避免无限后退、保证反思自身的合法性的立场不同的是,列维纳斯要挖掘这种"体验"中不那么具有现象学明见性或就是非意向性的东西。实际上,这也成为列维纳斯从胡塞尔现象学内部进行突破的一个引爆点。所以,当发现这种"体验"也适用于没有任何意向性内容或非意向性的内容的意识,因此就可以说"存在一些没有意识到任何东西的意识状态"④时,列维纳斯非常兴奋(行文到此处用了一个感叹号)。⑤ 另

---

① Emmanuel Levinas, *Discovering Existence with Husserl*, translated and edited by Richard A. Cohen and Michael B. Smith, Evanston, Illinois: Northwestern University Press, 1998, p. 138.

② 同上。

③ 胡塞尔:《生活世界现象学》,克劳斯·黑尔德编,倪梁康、张廷国译,上海译文出版社 2002 年版,第 149 页。

④ Emmanuel Levinas, *Discovering Existence with Husserl*, translated and edited by Richard A. Cohen and Michael B. Smith, Evanston, Illinois: Northwestern University Press, 1998, p. 139.

⑤ 这里的问题出在(就像很多研究者一样),列维纳斯认为胡塞尔的意向性理论或其整个现象学主要或全部都是对象性(或对象化)的内容,并以此(或因此)做成知识论或方法论。这样,在"明见性"的光照下,自身意识、前反思意识、非对象性(或化)意识就成为"阴影"(列维纳斯在 *Discovering Existence with Husserl* 第 192 页的注释⑦中用的也是这个比喻)问题。但实际上,对此向度的开掘才是真正的哲学问题,胡塞尔之后的许多哲学家也都是在这个方向上用力的,而且从深处上讲,自身意识也正是胡塞尔本人的现象学的方法论乃至存在论的根基。

外，在对胡塞尔的著作作出以对象性（化）意识分析为主的基本判定时，列维纳斯还敏锐地发现，实际上，在胡塞尔那里，这类对象化意识常常有方法论的自身奠基功能，不仅是经常自主地呈现并被分析的，甚至早在《逻辑研究》时就被赋予了"保证"直观充实的功能。[1]

正是在这两个基础或背景之上，列维纳斯自信地从对最基本的感性直观的意向分析开始了他的立论。立论中的一个核心要点在于，对于不仅是"一条感性原素的时间之流"，"也是一个被体验的在场"的意识中的原素内容，列维纳斯认为胡塞尔的思想是有内在矛盾的。一方面，胡塞尔认为，作为心理材料要素，这些原素内容（hyletic contents）不同于超越意向所朝向的客体的性质，因为后者已经是被意向性赋予"客体"意义了，而前者只是后者的一种"射映"（Abschattung，列维纳斯这里意外地把本属于意向性内容本身的射映分离出去）；另一方面，为了保证意向性能够达及源始的、有血有肉的存在，胡塞尔又认为此二者之间是有相似性的，并且只是由于这种与客体相似的被体验的感性内容，客体才得以呈现。胡塞尔甚至还由此在"被体验的内容"和"在其中被反思到的东西"之间进行类比。

但是，感性材料毕竟不是客体方面的特性，不是一种加以解释就可以成型的粗坯[仿佛康德知性综合对感性材料（sensible given）的塑形]，而是属于被体验这一面的。这里的关键在于，列维纳斯把这种不属于对象性意识而又使之成为可能的感性，在关涉意向性的源始意味的意义上，等同于"作为所有意识之源泉的原印象"[2]。实际上，胡塞尔自己也说过："没有印象，也就没有意识。"[3]但是问题的关键是对于这个位于源点

---

① Emmanuel Levinas, *Discovering Existence with Husserl*, translated and edited by Richard A. Cohen and Michael B. Smith, Evanston, Illinois: Northwestern University Press, 1998, p. 139.

② 同上书，第 141 页。

③ 胡塞尔：《生活世界现象学》，克劳斯·黑尔德编，倪梁康、张廷国译，上海译文出版社 2002 年版，第 89 页。

接缝处的原印象,胡塞尔本人在将其整合进自己的先验主体性的时候遗留下了什么问题。列维纳斯的观点是,作为绝对主体性的意识之流实际上就是感性自身的意义呈现过程,它"比对象性意识要更深一层"①。这已经是源始之流了,"它是所有建构和理想化的条件"②,在其后没有任何思想或事件。这里有两层意思需要说明:(1)按列维纳斯的说法,把滞留和前摄叫作意向性,就是把(观念性的)思想和(源始的事实性的)事件同一了③。因为本来是作为射映的感性,但其整体在其被体验的内在性中又是通过射映而得到的。当然,这是因由"一种内在而又特殊的意向性"④。(2)时间或时间意识的背后没有另外的时间,它们也不是从没有时间的点中生发的,这里直接涉及如何理解"既非(列维纳斯早期所强调的)将来,也非(其后期所更注重的)过去,而是原印象才是时间性的源泉"这个"一以贯之"的根本问题。简单地说,列维纳斯所强调的这个原印象点绝非在时间之"外"。当然,这个时间已经是列维纳斯意义上的时间了,而且,列维纳斯也反对意向结构的形式或时间意识的结构之类的"共时性"的形式。有意思的是,几乎是基于同样的缘由,海德格尔提出了"形式指引"的思想,而列维纳斯则是提出了"意识内的时间间距"之说,并由此形成其下文要引入的独特的"历时性"时间概念。⑤

① Emmanuel Levinas, *Discovering Existence with Husserl*, translated and edited by Richard A. Cohen and Michael B. Smith, Evanston, Illinois: Northwestern University Press, 1998, p. 143.

② 同上。

③ 参见同上书,第 142 页。

④ 同上书,第 141—142 页。

⑤ 于是,这种"对象先于感知"的关系就成为列维纳斯全部论证的关键。列维纳斯的"回忆老于滞留"似乎有些牵强,"原意识先于反思"以及"在反思中对象必然先于感知"这类来自胡塞尔本人的论据就要有力些。这可能是因为我们的所谓论证主要都还是不自觉地仍然以对象性知识为标准。不过无论如何,既然还是哲学论证,我们就还得要追究下去,于是我们会发现,问题的根本还是对"先于"这种作为背景的"时间关系"的理解。而这就涉及列维纳斯对时间性的根本"立场"。

作为胡塞尔的学生,列维纳斯知道,从知识性的即客体的、理想化的意向性,到这种与时间本身的工作相同一的、原初的意向性的进展在胡塞尔那里早就实现了。列维纳斯所要做的就是在这种时间化的源始意识中进一步地挖掘。首先,"作为滞留的变式的记忆是第一个超越性"①。列维纳斯认为,胡塞尔的《内时间意识现象学》中的这个基本观点,恰恰可以说明:在时间性即意向性中已经有了历时性。也就是说,在对于现象学而言是一同出现的"对象"和"感知"之间,我们发现了一种间距。②因为第一个超越性即第一个"对象",恰恰就意味着"已经过去了"的"回忆";而它作为滞留的变式,却是"老于""滞留-原印象-前摄"的意向性本身。其次,实际上更关键的在于,那个"意识离开了它就什么都不是"的"原印象",在由滞留-前摄之连接所构建的意识之流中——因为同所有被认识的对象一样,原印象也只有通过此射映才是可以感知的——已经不再与自身同一了;换句话说,原印象只有在与自身不同一的情况下才能构成意识之流。于是,只要认可对象与感知之间有着间距,那么这种转化、过渡、不同一就存在于时间性的根基之处。正是在这个意义上,列维纳斯把原印象叫作"最高意义上的非观念性"③。实际上,列维纳斯认为,胡塞尔已经正是在这个意义上把原印象称作"原创作"(Urzeugung),即从无到有的转变(即转变为向意识呈现的存在者)了,并且认为这就是"绝对的行为"。但是,胡塞尔仍然把它叫作主动性的"自发的发生"(genesis spontanea)。列维纳斯则明确地说:这种不能被任何连接、期望、统一性所充实的不可预见的原印象就是完全的被动性,是对刺入同

---

① Emmanuel Levinas, *Discovering Existence with Husserl*, translated and edited by Richard A. Cohen and Michael B. Smith, Evanston, Illinois: Northwestern University Press, 1998, p. 143.

② 有意思的是,这种间距在胡塞尔那里恰恰被用来说明反思的行为特性。(参见本书第一章第四节所引耿宁的论述)

③ Emmanuel Levinas, *Discovering Existence with Huserl*, translated and edited by Richard A. Cohen and Michael B. Smith, Evanston, Illinois: Northwestern University Press, 1998, p. 144.

一的他者的接受。正是在这个意义上，列维纳斯认为："意向性的秘密就在时间之流的这种变式（modification）之中"①。

这里的关键环节就是把原印象等同于感性。正是在这个意义上，列维纳斯说感性位于活生生的当下的发生性的基础之中，从而也在意向性本身的基础之中。实际上，列维纳斯认为，感性"在另外一个意义上扩大了主体的主体性"②。胡塞尔在《观念Ⅱ》中把原印象界定为原初的感性（original sensations），表示的是它自身的"那儿"，是作为异物影响我的（affecting Ego as foreign），"这种非派生的原印象破碎为原感性，破裂为自我-行动和自我-触发"③。对此原感性，列维纳斯极其赞赏，认为"在胡塞尔这里，原感性就是主体的源始的活动，运动和姿态就在主体的那个主体性之中"④。这是因为，"主体不是静止不动的照相机的镜头，对于它来说所有的运动都只是对象……主体在其中运动的就是它要构建的空间"⑤。列维纳斯很形象地说："正是主体在空间中的行走建构了空间"⑥。他把这种感性的事件（event）叫作"源始轨迹"（original iteration）。这里当然已经有了海德格尔和法国现象学存在主义的要素。但是，列维纳斯仍然还是把主题限制在胡塞尔意义上的现象学之内：一方面，他重新规定了"超越"的含义："我们为什么不能在词源学的意义上理解超越这个词，即作为走过去、跨出去或一种步伐，而不要当作一种表

① Emmanuel Levinas, *Discovering Existence with Huserl*, translated and edited by Richard A. Cohen and Michael B. Smith, Evanston, Illinois: Northwestern University Press, 1998, p. 145.

② 同上。

③ Husserl, *Ideas*, Vol. 2: *Studies in Phenomenology of Constitution*, trans. by R. Roiecwicz and A. Schuwer, Dordrecht: Kluwer Academic Publishers, 1989, p. 348.

④ Emmanuel Levinas, *Discovering Existence with Husserl*, translated and edited by Richard A. Cohen and Michael B. Smith, Evanston, Illinois: Northwestern University Press, 1998, p. 147.

⑤ 同上。

⑥ 同上。

象呢? ……超越就是由原感性所产生的"①,以至可以说,身体就"是最高意义上的超越的器官"②;另一方面,他还是把原感性的这种奠基作用等同于原印象,"就像时间的建构是从原印象开始的一样:'那个要去时间化的已经是被时间化了的'"③。甚至,列维纳斯还把原印象作为胡塞尔的整个先验还原所要达成的目标,即所有意义的"起源"。当然,这已经是列维纳斯眼中的胡塞尔了。对此,列维纳斯也很清楚,这从这篇文章的最后对三个问题——"(先验)还原了的意识满足了对第一性的和中性的基础的要求了吗? 从本性上说,'原印象'难道不是被非我、被他者、被'事实性'(facticity,海德格尔及存在主义用语——引者)所拥有吗? 难道感性不正是对先验工作、对与起源一致的那种明见的在场的否定吗?"④——的提问态度上已经充分表现出来了。

综观全文,我们发现,列维纳斯这里所讨论的感性的结构性功能已经不是意识内部的一种微调,而是直接关涉到主体性的边界问题。就是说,如果可以在现象学的范围内完成这种结构性的修复的话,意向性或主体性本身就可以得到保证;而如果不能,我们就会遭遇到一种不是内在于自身的意识。当然,胡塞尔也认为体验中的这些感性(the sensuous)成分实际上又是经由感性能力(sensibility)的被动性才能达及的非意向性的内容。但是,在静态的现象学分析中是不足以保持这种非意向性的,它要求的是一种对原印象意识的发生性分析。由此,时间性被导入。也正是由此,出现了一种"不可被还原的不在场",异质性(alterity)出现了。但是,对于胡塞尔,这只构成他的先验唯心论的一个必须的步骤;而对于列维纳斯,以时间性展开原感性,却是其自身思想的

---

① Emmanuel Levinas, *Discovering Existence with Husserl*, translated and edited by Richard A. Cohen and Michael B. Smith, Evanston, Illinois: Northwestern University Press, 1998, p. 148.

② 同上书,第149页。

③ 同上书,第148页。

④ 同上书,第150页。

一次重要深化。

列维纳斯的关键性主张在于，原印象先于滞留并且使滞留成为可能；可是当滞留作为变形了的原印象并由此构建了作为绝对主体性的意识之流的时候，原印象就因与所谓被给予不一致而成为不在场了。因此，一方面，原印象"是所有意识的起源"，也是所有存在的源头；[①]另一方面，原印象本身成为无法回忆的过去，一个踪迹。这种"原印象"可以说就是对"感性"的时间性解释。而列维纳斯对此悖谬的诠解就构成了此文的最重要贡献，也是此文的核心要义。我们可以简述如下：在主体性的活生生的当下中完成的那种意向性只能恢复滞留中被建构的内容；而实际上是作为感性的原印象的变式的滞留仍然有着非意向性的内容，并且**正是意向性的发生性源泉**。从原印象到被建构的时间是单向的，前者构成了后者的条件。所以，一句话，感性位于意向性的源头。感性创生了主体性时间，但后者的出现恰恰把这种前被给予的东西完全隔离开来了，实际上，原印象也只有作为一种时间距离（temporal distance），其自身才能被展示出来。而"时间"，依照列维纳斯，恰恰就应该是描述这种隔离或差异的：感性是一种时间的鸿沟，而时间是从不在场到在场的桥梁。这就是意向性的源始结构中的神秘，"意向性中的神秘就在于它与时间之流的隔离或是时间之流的变式。意识是时间的老化，是对丢失的时间的研查"[②]。这就是列维纳斯的作为体验的时间，一种历时性的意识，它包容了胡塞尔的主体性时间或是为其奠基。当列维纳斯说"意识时间就是时间意识"[③]时，他既是说胡塞尔将时间与意识等同，即时间性就是绝对的主体性，也是说他自己的历时性时间也是一种历时性的、原

---

① 关于这个谜一样的起源，最困难的地方是它如何创造，即它与意识的创造的关联点在哪里，是在意识内完成，还是使意识得以可能？这不仅是原印象意向性与唯心论意向性之间的历时性关系问题，也是原印象意向性内部或其自身如何成立的问题。

② Emmanuel Levinas, *Discovering Existence with Husserl*, translated and edited by Richard A. Cohen and Michael B. Smith, Evanston, llinois: Northwestern University Press, 1998, p. 145.

③ 同上书，第 143 页。

素性的主体性。而且,实际上,列维纳斯也正是通过对胡塞尔的时间性意识分析的解读来生发和展开自己对异质性(alterity)的言说的。在胡塞尔那里,原印象本身就不是被主体创造的,而是自发生成的,但又是意识中不可分离的因素,"没有了原印象意识什么都不是"。列维纳斯就把这个叫作"同一中的他者",认为这是一种由激进的被动性的关系所引发的活动,这种活动又生成性地为完成了的意向性构建了条件,它既不是主动综合,也非被动综合。因此,列维纳斯认为,正是胡塞尔在此打开了先验主体性的钙化结构,进而由此提出了一种"异质触发"的历时性的主体性。因为要使自身在场(self-presence),就必须跨越从感性到在场的观念那条时间鸿沟(这就是列维纳斯本人所说的时间)。实际上,也必须从此跨越(感性-时间),意识才成为可能。而这种跨越同时就使非我或他者变成了不在场,或仅仅是踪迹,一条原初的历时性的线索。简而言之,在非意向性的原印象意义上的感性-时间,正是意向性的可能性条件。可以说,正是由于彻底贯彻现象学的"面向实事本身"原则,此根基处的"同一-他者之佯谬"——具体地可以概括为"identity/separation 佯谬"(即从感性到主体性的时间鸿沟)和"possession/obsession 佯谬"(即主体性在其源点就被他者占据)——才得以呈现。所以,列维纳斯在他的第二本、实际也更具原创性的代表作《异于存在或在本质之外》的最后还是再次表明:"我们的分析是在胡塞尔的哲学精神中进行的……是一直忠诚于意向分析的。"①

三、自身异质性与他者异质性

实际上,通过 20 世纪 20 年代和 30 年代对时间意识的分析,胡塞尔已经把作为被动综合的感觉作了相应的扩展;意向性也已经扩展和深化到被动综合(被动意向性、本能意向性)的领域中。当然,在《被动综合判

---

① Emmanuel Levinas, *Otherwise Than Being or Beyond Essence*, trans. by A. Lingis, The Hague: Martinus Nijhoff Publishers, 1981, p. 183.

断》中胡塞尔还是说：如果没有自我参与发挥作用，在原印象和滞留视域中的空乏表象之间就不会有意向的融合。但是到 30 年代，在其对"活的当下"的描述中，也就是在 C 手稿中，他就已经认识到"在原始印象和处于同时性中的原始滞留之间，存在着内容的原始融合"①。就是说，胡塞尔已经发现有一个前对象的活的当下的阶段的素材构造，它是先于意识的对象化层次的。"这就是说，在对象化的反思被指向那种在被动联想中被预先构造出来的东西之前，进而在这种被预先构造出来的东西被立义为某种东西之前，这种前构造就已经发生了"。② 而且，这种被动性有自己的主动权，它本身就是一种"综合"，并有先验意义上的"联想"作为其规律，即此阶段内容可以通过原印象和滞留的空乏表象之间的相互唤醒（即结对）而不断得以产生，而这种原始联想的综合最终又是以本能的被动意向性作为其先验的条件的。这种"前反思的原意识"在滞留的明见性中同样具有经验内容的明见性。简而言之，在 C 手稿中，胡塞尔就已经对以原始样式存在着的、流动的当下做了清晰的表述。山口一郎认为，列维纳斯并不了解胡塞尔这方面的工作③，因此，在他眼里，胡塞尔的现象学不可能有对他人的原印象的拯救，即"对一个先于意向的意识之流的他人的被动性的拯救，因为意向的意识之流必定会把他人认同化和对象化为一个对象"④，而原印象虽然能把内容引入到活的当下中去，但是它本身就必然是无内容的，纯粹是隐藏在痕迹背后的。

确实，早在《观念Ⅰ》中，胡塞尔就已经明确，即使做了"不下降到组成一切体验时间性的最终意识的晦暗深处，而只是把体验看做内在反思中呈现的统一时间过程"的限制，在由意向性所组建的活生生的经验领

---

① 转引自山口一郎《"你"的现象学》，载《哲学译丛》2001 年第 4 期，第 11 页。

② 同上书，第 13 页。

③ 确实，从舍勒、梅洛-庞蒂、唐克陶到德里达，对感性原素的结构性和建设性功能都是格外关注的，但是他们也都没有明确在胡塞尔本人那里这些问题实际上已经被明白地提出并悬搁了。

④ 山口一郎：《"你"的现象学》，载《哲学译丛》2001 年第 4 期，第 12 页。

域中也有"非意向的成分",并且承认其中有激活性的组建功能,甚至会有可能成为经验所必需的感性基础。但是,胡塞尔毕竟还是认为,构建意向性的本质的那些特征可以在没有这些感性基础时就能获得具体性,这就把这些问题推延了。① 实际上,早在 1904—1905 年间的"内时间意识现象学讲座"中,胡塞尔就已经把原素问题归结为原印象问题,而对其作了精细的考究,但是直到其后期真正引入时间性问题的发生现象学,这个向度上的问题才逐渐明晰。因为时间意识之"谜"说到底就是自我的原构成问题②,而时间的或纯我的构成就是原素的构成③,它必须下降到最终意识的晦暗深处,而在《观念Ⅰ》中这是被限制的④。近年来,随着胡塞尔后期遗稿的整理及出版,人们对胡塞尔在这个方面的工作和贡献才逐渐重视和了解,说列维纳斯当时不了解这些是完全有道理的。但是,列维纳斯的工作不仅(甚至就不是)在时差上填充了现象学意识分析在时间-意识描述层面的缺口;作为原创性的哲学家,他是从批评胡塞尔的整个现象学的本质主义(后期手稿的精神确实也还是如此)的角度,在充分把捉到感性-时间-自我的紧密相关性的意义上,从感性入手展开了自己的非意向性、实即非自我的"现象学哲学"。

胡塞尔的被动综合是在时间-意识中进行的,来自自我中心的主动行为被滞留的意向性所取代⑤,但这里仍然有着法则、综合,最终主动行为仍然是根源,简单地说这里仍然是"主体的前反思的综合行为"。然而,原印象的原创造却是"非"主体哲学的源点,列维纳斯从此发展出了感性-时间。当然,问题不是这么简单。首先是要将纯粹被动性与被纯

---

① 参见胡塞尔《纯粹现象学通论》,李幼蒸译,商务印书馆 1995 年版,第 213—215 页。

② 参见同上书,第 533 页。

③ 参见同上书,第 535 页。

④ 参见同上书,第 213 页。

⑤ 参见胡塞尔《经验与判断:逻辑谱系学研究》,兰德格雷贝编,邓晓芒、张廷国译,三联书店 1999 年版,第 132—133 页。

粹被动性所抓住的意识区分开，局限于后者就会把所有的"自我被唤醒"①当做自身触发。列维纳斯正是针对性地提出"异质触发"②，强调异质性的、从外部赋予的"意义"，以及与此相应的异质性经验。当然，可能更早的前提是将时间从胡塞尔的意识领域中解放出来。时间的真正意义是意识与他者的关系，否则在意识内部就只有共时性，即可以再次被呈现，re-present，从而成为"本质"（变中之不变）。但只有真正的创造（creation）、起源（genesis）才是历时性意义上的时间性。更主要的意义在于，有了此前提，就可以讨论主体本身的合法性问题，一个更深的全新的哲学境域——其中的主题是"关系"——被打开了。当然，列维纳斯在此境域中尽力要抓住的只是伦理性本身，以及位格和主体性，当然，它们都是在"关系"的基础上才有意义的。

从本书关注的角度来看，还是卢汶档案馆馆长贝耐特对列维纳斯的评述③更加切中肯綮。

贝耐特的解读线索——"他者是如何介入我的生命的时间性的"——涉及在此时间性中"自我的异质性"和"来自他人的异质性"两个方面。他认为这实际就是"作为历时性的时间经验"与一种"以无本原的被动性和创伤性的异质触发为形式的对他人异质性的经验"这样两种经验。列维纳斯一方面觉得胡塞尔的原印象的自身异质性打开了承认他者的异质性，一方面又指责胡塞尔将原印象与滞留相连接实际上又消除了差异，阻碍了对他者的异质性的承认。④ 此处的关键在于："究竟是时间打开了原初的地平，并由此统摄所有的异质性，还是一种异质性的来

---

① 这是与原印象密切相关的"创生"问题，而且更大更重要，涉及的是主体的创生。这也是胡塞尔《现象学心理学》的主题之一，是一个现象学内部的爆破点。

② 参见 Emmanuel Levinas, *Otherwise Than Being or Beyond Essence*, trans. A. Lingis, The Hague：Martinus Nijhoff Publishers, 1981, p. 121 等处。

③ 参见 Rudolf Bernet, "Levinas' Critique of Husserl," in *The Cambridge Companion to Levinas*, edited by Simon Critchley and Robert Bernasconi, Cambridge, New York：Cambridge University Press, 2002。

④ 可能这里的问题是，与滞留脱离的原印象还能不能叫作原印象？

临使得时间得以呈现?"①贝耐特认为,列维纳斯的问题出在:这种从对"构建了时间化运动的同一与他者的差异"的现象学的和存在论的反思中被提出来的"自身异质性"(self-alterity),在其作为第一哲学的伦理学那里,事实上却是突然就转化成了他者异质性;而列维纳斯本人却似乎是坚持所有的异质性都来自他者异质性,而不是从自身异质性可以开展到他者的异质性。简而言之,贝耐特认为,对于自身异质性和他者异质性哪个是真正的和根源性的问题,列维纳斯是含混的。

贝耐特的批评很尖锐。也许列维纳斯会觉得贝耐特的问题太现象学或太存在论了,但事实上,一直到《总体与无限》,列维纳斯确实仍然主要是从现象学和存在论的角度来探讨超越的时间意义问题以及自身异质性与他者异质性的差异问题的。因此可以说,贝耐特的批评在理路上实际上仍然是德里达在其著名的《暴力与形而上学》一文中对列维纳斯的批评的延续。

对《意向性和感性》一文的解读和态度所引发的是对于列维纳斯的现象学的理解和评价问题,本书的基本的观点是,这不是一个描述更加细致精确、视野更加开阔的自我-主体性境域"内"的细节性的进步或借助诠释才得以倡扬其意义的技术问题。说到底,这不是一个认识论问题,不是"正因为他人也是世界的中心,所以'惟一'世界的证明才愈加重要的"意义上的、实即"严格科学"问题的所谓"交互主体"问题;也不是目的在认识-把握世界和他人的现象学-心理学分析问题。列维纳斯的一个根本观点是,伦理关系对于自我-同一的哲学完全是异域性的。因为在胡塞尔那里,即使是在讨论时间和意识的关系问题最多的"贝尔瑙手稿"中,讲的也还是时间的自身综合,不过是更加强调前摄的地位,而原

---

① Rudolf Bernet, "Levinas' Critique of Husserl," in *The Cambridge Companion to Levinas*, edited by Simon Critchley and Robert Bernasconi, Cambridge, New York: Cambridge University Press, 2002, p. 97

印象只是对先行的前摄的充实而已。① 在现象学研究的境域内，或许这样两种区分才是至为根本和关键的：一是对象意识与自身意识之分。对把现象学归结为对象意识的批评不仅是列维纳斯对胡塞尔的智识主义的批评，也是海德格尔的此在的要义之一。实际上，在胡塞尔本人那里，更多的手稿也是关于这个很难符合"严格的科学"的要求却更为根本的自身意识这个主题的，因为这种非反思的却又是对象意识（包括内在的时间客体）的条件的自身意识，实际上正是其整个反思或本质直观现象学的源点。二是在自身意识——实即时间性（或时间化过程）本身——中又有自身性的时间和异质性的时间之分。而在自身性的时间性中更有从"向心"（胡塞尔）到"离心"（海德格尔）的转变；在异质性的时间性中，则有从他者向他人的转变，这也是使列维纳斯的"伦理"思想更加周全（如"他者为什么就是他人"等问题，以及社会、第三者、上帝、正义等概念的引入）、更加独立的必要步骤。应该说，必须沿循对这些现象学的根本问题的考究，我们才能真实地理解"伦理学作为第一'哲学'"究竟是如何才能得以成全的。

第四节　历时性是踪迹对在场的关系

一、列维纳斯 1964 年前后的变化

1964 年，德里达的著名批评《暴力与形而上学：论埃马纽埃尔·列维纳斯的思想》②发表，这篇文章是列维纳斯获得世界性声誉的起点和平台，从此，德里达和列维纳斯的关系也成为思想界尤其是后现代思潮中

---

① 参见 Dan Zahavi，"Time and Consciousness in Bernau Manuscripts，" in *Husserl Studies*，Vol. 20，No. 2，2004。

② 参见德里达《书写与差异》，张宁译，三联书店 2001 年版，第 128—276 页。

的一个焦点。① 但是我们突出这个年份,不是因为是德里达导致了列维纳斯的转变②——早在 1961 年,列维纳斯就开始了他自己思想的转变,1963 年发表的不过是其中的一个阶段性成果的《他人的踪迹》就已经很难被德里达放进批评的对象中了(当然在时序上德里达也没有来得及将其考虑进来)——,而是想表明哲学家具有世界性声誉的契机恰恰是来源于其自身真正的原创性,因为正是在此时期,具体地可以说是从 1961 年到 1967 年,列维纳斯对自己的立场、表述、方法乃至概念的选择等一系列根本问题进行了全面的审省,最终得以完全摆脱海德格尔的"存在论气候",完成了"作为第一哲学的伦理学"的异质性言说。这具体地体现在从《总体与无限》到《异于存在或在本质之外》的转变中。在《总体与无限》中,自我的同一性只是到最后才被质疑③,列维纳斯似乎担心质疑自我的同一性会消解对责任的强调和承担;而"替代"(substitution)概念——《异于存在或在本质之外》的核心——的提出就使得他者从一开始就处在了任何同一性的中心,从而彻底革命了"主体-选择-责任"的传统道德模式。简单地说,这是因为**外在性有了自己的根基,并且它结构着我们的在场、我们的主体性**。由此,他人就不再只是陌生人,外在性也不再只是存在的剩余(因为即使是满溢的超出也是基于存在)。于是,我们可以讨论邻居、亲近、社会和正义,他者不再是与实在现实相对应的那种虚幻的乌托邦。本书以为,这种革命之所以可能,其哲学向度上的基础就是在承认时间-意识或时间性是现象学根基的前提下,从将来,到过去,最后到当下,一步步兜底置换,原创性地另立了作为与他者的关系的

---

① 其中最著名的专著应该是 Simon Critchley 的 *The Ethics of Deconstruction: Derrida and Levinas*(Oxford and Cambridge:Blackwell,1992)。

② 以本书的观点看,尽管德里达首先挑起了批评,但从各自思想的实质及进程来说,列维纳斯对德里达的影响要更早于也更大于德里达对列维纳斯的影响。不过这已是另一个系列研究的专题。

③ 德布尔把前期列维纳斯的思想定位为"一种伦理的先验哲学"参见 Richard A. Cohen ed., *Face to Face with Levinas*,Albany:SUNY Press,1986,pp. 83—115。

感性时间。由此，全面超越意向性理论才有可能；进而，只有作为现象学才可能的**存在论**也才被真正摆脱。

《总体与无限》的中心议题是"异质性的课题化"（thematization of alterity），其现象学要义在于，首先将总体的意义回溯到它的视域①，并将表象性的意向性模式（通过 desire 和 enjoyment）回溯到非表象的源泉②；然后，我们就会发现，面对面的关系就是这种终极境域③，就是"最充分意义上的""经验"④，这种经验的意味（sens）就是异质性或外在性。列维纳斯认为，这种外在性就是他人面容的"在场"，但是，这种"在场"对于所有对象化的意向性都是现象的剩余，也可以说，异质性就是多余的（excessive）在场——在将在场作为另类现象学的根基的意义上，列维纳斯甚至说："面容就是一种活的在场（living-presence）"⑤。

但是，到《异于存在或在本质之外》，面容就代表了所有在场的失败。它不再是现象，不再是超越的事件及其多余的意义，而是贫穷的不在场——踪迹（缺失，不在场）已经处于同一性（身份、人格）的核心。Drabinski 认为，这种转变所利用的就是作为现象学根基的时间性的"活的当下"。⑥ 确实，列维纳斯这期间的文章表明，在其时间的起源处，意识就已经处在综合性时间和同时性之外了，换句话说，在时间和意识时间之内已经有了一种历时性，它对活的当下和整个在场都有组建和规界作用，概而言之，**踪迹结构了在场**。列维纳斯认为，这种踪迹借以结构在场的通道就是"谜"（enigma），通过"谜"，踪迹封闭了不可回忆性；而借由"被动性"，踪迹就在规界在场的东西与后来又在活的当下中到达自身的

---

① 参见 Emmanuel Levinas, *Totality and Infinity：An Essay on Exteriority*, trans. A. Lingis, Pittsburgh：Duquesne University Press，1969，p. 24。
② 参见同上书，第 129 页。
③ 参见同上书，第 81 页。
④ 同上书，第 25 页。
⑤ 同上书，第 66 页。
⑥ 参见 Drabinski，"The Hither-Side of the Living-Present in Levinas and Husserl，" in *Philosophy Today*，Spring 1996，pp. 142—150。

东西之间建立了联系。可以说，"谜"就是"踪迹"的意义，因为所有异质性经验的"客体"都是不可回忆的。

在时间问题的视域中，可以说，从《总体与无限》到《异于存在或在本质之外》的进展就是把重心从"将来"转到了"过去"。[①] 前期的现象学表现在对主体的创生的描述和对他者的在场（作为"面容"出现在 eros/fecundity/filiality/fraternity 中）的描述。这种描述仍然还可称作本质性的（eidetic）。但是，他者的这种"在场"已经既不在视域中，也不在因缘的系统中了，其实质是一种"去形式化"（deformalization）——相反，胡塞尔的现象学描述却是形式化的过程——，不仅他者的在场不再依赖于自我的综合行为（既不依赖我的动机也不依赖我的行为），而且他者的呈现也不由中性术语"存在"来中介。正是针对胡塞尔强调滞留对在场的构建作用——列维纳斯将其归结为自同性（l'Même）、主体的同一性和主体视域内的表象的建构，这也是西方哲学传统的主流，列维纳斯才特别强调来自"将来"的"新"和"他性"，朝向一种未被揭示的真（这里有海德格尔的将来优先性的影响，但更多是对罗森茨维格的承继）。到后期的《异于存在或在本质之外》，关于"将来"谈论的就很少了，"过去"——不可回忆的"过去"——成为主题。如果说《总体与无限》的主题是外在性、异质性、他者，其叙述逻辑是从隔离性的主体出发，然后再到与他者的伦理关系，那么，以主体——异质性主体，而非隔离性的即自由的主体——为主题的《异于存在或在本质之外》则把主体从其开端（或任何开端之前）就置于与他者的关系中了，以至于他者成为主体性的"本质"，即主体之所以成为主体的原因。于是，本来构成主体本质的其自身的过去，恰恰成为不可回忆的，所以不可回忆的过去也就成为《异于存在或在本质之外》的主题。在这样的境域内，不仅是现象学的意向性，而且所有基于主体的以及海德格尔的存在言说都被彻底置换了，以至于如何言说——表现

---

① 参见 Jeffrey Bloechl ed., *The Face of the Other and the Trace of the God：Essays on the Philosophy of Emmanuel Levinas*，Fordham University Press，2000，p. 92。

为所说(Dit)和言说(Dire)的复杂关系——成为主题。

我们可以将这种转变过程具体化简在以下几篇文章中:从1961年开始的《意义与意味》[《他者的踪迹》(1963年)是其中最后一个部分①]、《谜与现象》(1965年)、《意向性与感性》(1965年)、《替代》(1967年)。这是一个超越现象学的过程,是对踪迹(不可回忆性)如何结构在场的描述,其提要可概略如下:一是提出非课题化的经验并区分出两种意义。二是深究根源即时间性("现象性不可能与时间分离"②)中的原印象。三是由此使得过去(虽然是不可回忆的)得以结构在场。总之,这是对"谜是他性的踪迹"(Enigma is the trace of Illeity)的展开论述③,也是列维纳斯继独在的生发现象学和情欲现象学之后的第三次现象学描述,借此,完全异质性的现象学最终得以建立。

下面,我们就来解读列维纳斯转折时期的这几篇作品,以求展现列维纳斯真正原创性的巨著《异于存在或在本质之外》的思想背景及其现象学进路。

二、他者的踪迹

在《他者的踪迹》一文中,列维纳斯深有感触:"他者"自从被西方哲学打开而成为一种"存在"以后,就再没有了它自身的异质性。因为从一开始就被对作为他者的他者的恐惧所震撼,西方哲学从本性上就是一种存在哲学,对存在的把握甚至已成为人的根本性结构,"西方哲学成为一

---

① 参见 *Emmanuel Levinas:Basic Philosophical Writings*, eds. Adriaan T. Peperzak, S. Critchley,&. R. Bernasconi, Bloomington:Indiana University Press, 1996, p. 173。

② Emmanuel Levinas, *Otherwise Than Being or Beyond Essence*, trans. A. Lingis, The Hague:Martinus Nijhoff Publishers, 1981, p. 31.

③ 若只以惯常所言的列维纳斯的他人主题为线索,那就可以概略为,到后期,列维纳斯的他人就有了双重身份:你和第三者(illeity),后者是由他自己的"过去"决定的。由此又可以说转变的要义是从伦理到正义了。

种内在性和自主性或无神论的哲学"①。从亚里士多德到莱布尼兹,哲学家们的上帝就是与理性相符合的上帝,是被把握了的上帝,是不可能给意识的自主性带来麻烦的上帝。实际上,意识中的每一种倾向最终都是自身意识,黑格尔就是个典型。不过,值得庆幸的是,除了实际上是基于内在性描述的存在的所谓"超越性",哲学家们也曾带来了真正超出存在之外的神秘信息:一个是柏拉图的超越存在的"善",一个是普罗提诺的"太一"。当然,他者的呈现本来就不在"世界"的语境(context)之中,而是自身的意义化(signifyingness of its own),并且揭示着这个世界本身的诸境域(horizons)。甚至可以说,当每个存在者被作为课题化的东西而"表现自身"之时,也就是进入所谓"它自己的内在性"之际,它本身恰恰被掩盖了,并在言说乃至思想中成为一种"幽灵"般的显现。当此存在者就是他人时,便有了列维纳斯思想中一个最基本的界定:"他者的这种幽灵般的显现就是面容"。

对这个具有核心地位的基本界定需要做以下说明:(1) 在列维纳斯这里,真正的他者只是他人(前文所述的在享受中的所谓他者只是准他者或伪他者),他的他性(Illeity of He)不是事物的它(it)(马塞尔和布伯都已经对此做过明确区分),因此,当**"说"或"思"他者时就已经是人类的相遇了**。因为这种伦理性的相遇或真正的相遇是"面对面"的,所以,他者的一切就凝聚或体现在了"面容"上。(2) 面容的生命就在于解除(undoing)形式,"他者的在场就在于将呈现自己的形式剥掉,它的呈现是无能为力的呈现的剩余"②。在世界的具体性中,面容是抽象的和裸露的。**它被剥去了自己的形象,这就是裸露的(naked)一词的切实含义。**而正是通过面容的赤裸,赤裸自身在这个世界上才有可能。面容的赤裸是一种没有任何文化装饰的赤贫(destitution),一种绝对(absolute),在

---

① Mark Taylor ed. , *Deconstruction in Context*, Chicago: University of Chicago Press, 1986, p. 346.

② 同上书,第351—352 页。

其自身的产生之时就被分解了。面容是从绝对的异域"进入"我们的世界的,也就是来自绝对性——这种绝对性事实上就是用来命名激进的陌生性的。在其绝对性中的面容的意义就是从其字面意义上讲的"非-凡的"(extra-ordinary)。(3)这种绝对的他者的到来,即面容的到访,怎么都不能被置换成一种揭示,一种真实的表象,甚至是一种符号或提示,否则,在其中面容就失去了它的异质性。不是说另外有一个世界,或有一个世界在这个世界的背后,列维纳斯的"超越"就是"超越世界",超越所有的认知、"去蔽"乃至符号,因为符号也仍然会将其所指引回到这个世界来。踪迹也不是有意的或无意的痕迹,因为它既不揭示也不掩盖任何东西。即使是某个过去了的人,若说他的"踪迹",也不是意指他的过去,不是意指他在这个世界上的劳作和享受。① 总之,踪迹的"在场"只呈现为打乱了的世界秩序,因为"恰当地说,踪迹是一个从没有存在在那儿过的、总是已经经过去了的东西的在场"②,所以它不是存在者的存在及其解蔽,它与我的生活是"完全隔离的"(ab-solute)。这里,列维纳斯引用普罗提诺的话说:"在存在的王国里,太一的踪迹建立了自己的真实,生存就是太一的一个踪迹。"③(4)正是这种不在场使面容的"来临"成为可能,这是一种"它打扰了内在性却没有到这个世界的境域中来"④的"来临",所以它是一种"抽-象"(ab-stract),但不是从特殊到普遍的那种逻辑上的抽象,也不是经验主义者那种非现实的纯粹源始的感性材料意义上的抽象,相反,它朝向所有的存在者,但又抽身在外。这个面容所从而来又抽身而去的、"在外的"——不是某个位置或地点的——"别处",就是绝对的不在场⑤,正是这种"不在场"使"面容"有了一种意义,这就是"踪

---

① 参见 Mark Taylor ed. , *Deconstruction in Context* , Chicago:University of Chicago Press,1986，p. 359。
② 同上书,第 358 页。
③ 同上。
④ 同上书,第 355 页。
⑤ 萨特于此有一个最有价值的洞见:他者就是这个世界的一个纯粹的洞。但是,列维纳斯的评价是,萨特没有看到,他者与这个不在场的关系既没有指向也没有透露这个不在场。

迹"。换句话说，这个面容从其而来的超越的意义就是踪迹，就是完全过去了的不可再回忆到的不在场，"踪迹就是在存在之外赋义的"①。"面容有自在（存在），因为它在他性的踪迹中"②，他性是异质性的源泉。（5）这里，列维纳斯或许是第一次明确提出了可作为其思想转折标志的说法："面容是一种独一无二的敞开（此即现象学意义上的'自身呈现'——引者），（胡塞尔意义上的对）超越物的赋义行为并不能销去超越而使它进入内在性的秩序；这儿正相反，超越拒绝内在性恰恰在于超越物的超越已经过去了。"③从此，超越不再是存在的剩余，它在从来未曾到场之际就已经不可还原地永远过去了。（6）"在存在之外就是一个第三人，他不能由自身、自身性（ipseity）来界定……（他就是）第三个向度的可能性，即逃脱在存在问题上的内在性和超越性的二元对立"④，面容从其而来的那个"之外"（beyond）就在第三人这里。这种不可包含在任何关系中的"绝对"或"超越性"就是第三人的它性（illeity），就是面容的那种至上的"在场"的基础。第三人意味着人格和伦理，如果说踪迹有一种特殊的赋义行为，那么**使这种赋义成为可能的就是这种绝对的它性所具备的人格秩序**（personal order）。正是在这个意义上说，上帝是在踪迹中显现的，"在上帝的形象中存在"就是要在他的踪迹中发现自己；但是，走向上帝并不是跟从他的踪迹，而是要走向在其中的他"人"。

在被剥去形式之后，"面容"是麻木的，没有任何感觉，可怜而悲惨，但它却是从高处发向我的祈求，在它的谦恭中有着"仰止"（height）。"面容"的"在场"所意味的是一种不可抗拒的命令，是对意识能力的终止，也就是说，意识被面容所质疑，而且"这种质疑不可能被化归到对这种质疑的意识，绝对的他者不是在意识中可以反思到的，它对这种反思的拒绝

---

① Mark Taylor ed., *Deconstruction in Context*, Chicago：University of Chicago Press，1986，p. 356.

② 同上书，第 359 页。

③ 同上。

④ 同上。

甚至到了连这种拒绝也不能转化为意识的内容……面容使朝向它的意向性不安"①,这是对意识的质疑,不是质疑的意识。但是,这又绝不仅仅是否定性的,因为质疑自我其本身就是对绝对他者的欢迎,成为一个我就意味着不能从责任(回应能力)中滑掉,"我"的"独一无二性"就在于没有人能在我的"位置"上"回答"。从胡塞尔的意向性理论或海德格尔的存在论的角度看,这种意义上的"我"就是一种"存在的剩余",是意向性所无法充实的剩余。当然,我们也可以从现象学或主体性哲学的角度或用其语言说,"面容"就是他者的纯粹的表现(即对他者的经验),它揭示了这个世界的境域——揭示境域以显示经验,质疑当下以让更原初的东西呈现出来,也就是从被动性和更广阔的境域角度阐发"意义生发"(这是现象学的根本),这正是列维纳斯的现象学成就——,它是最初的语言,构成了交往(即交互主体)的前提。但是,列维纳斯的主旨更是对他们的超越,即超越到无限,"就是因为这种不可收集的剩余、这种超越,我们才把我与他人的关系叫做无限观念"②。朝向这种无限观念的就是"欲望,换句话说,"欲望"就是对他者的经验。③ 这种欲望是单方面的给予,为了他者的秘密而无保留地消耗自己,它无法被满足,而只会使欲望不断增加,因为被欲望的东西不仅不能填足我的欲望反倒把它掏空,使其更加饥饿。在面向或回应他人的意义上,欲望的这种无限增加,就意味着:"我愈直面我的责任我就会有更多的责任"④。

---

① Mark Taylor ed., *Deconstruction in Context*, Chicago: University of Chicago Press, 1986, pp. 352 - 353.

② 同上书,第 353 页。

③ 在此,列维纳斯提出了一种全新的情感意向性,它由朝向无限的欲望所构建,这也是列维纳斯在《总体与无限》中的一种主张。但是直到此时,列维纳斯仍然还是将其奠基在主体的内在性之中。

④ Mark Taylor ed., *Deconstruction in Context*, Chicago: University of Chicago Press, 1986, p. 354.

三、从现象到谜

如果说,在《他者的踪迹》中,"踪迹"还是作为"从未出现却又已经过去"的"在场"出现的话,那么在《谜与现象》("Énigma et phénomène")①一文中,列维纳斯就已经意识到存在论的特征是被"在场"的理念所支配。从此开始,他就明确地与"在场存在论"拉开距离,把"过去"界定为是从未在场过的,并在此基础上重新梳理了"经验"概念。

> 作为理性的言说,哲学的明见性所指向的一直是被看到的、自身显示的东西,因此也就是指向在场,术语"在场"既意味着时间序列中的一个有特权的位置,也意味着一种显现。②

列维纳斯认为,"存在"就凝聚了这两种意味,"作为一种指向在场的言说,哲学是对存在的理解,或者就是存在论,或者一种现象学"③,存在和言说共有同一个时间,它们是共时的。但是人类思想中也有在在场和不在场之间的、并不那么清晰区分的一些范畴,如柏拉图的太一和善,以及上帝。它们在一种经验中不可能显现,并非由于这种经验有限的和感性的本质,而是由于所有思想都有一种结构,这种结构就是主体-客体的一种"相互"关系,如果它们能进入这个关系,它们就可以在场,可以显现,具有可知性。至于那些不可见的、不可显现的则属于另一类游戏,它们是从另类时间,即历时性时间中产生的,在这种时间中,每一瞬间都不再与现在相关

---

① 《谜 与 现 象》("Énigma et phénomène", 1965),英 译 载 *Emmanuel Levinas*:*Basic Philosophical Writings*, eds. Adriaan T. Peperzak, S. Crichley & R. Bernasconi, Bloomington:Indiana University Press,1996.该文的主题是在与"时-间"[entretemps,该词既指"此时",又指"间隔的时候"。列维纳斯对该词的使用意味着:在"(与)此(同)时"的"同时性"结构中有着异质性的间隔,即"历时性"。故本书将其意译为"时-间",entre 的意思是"在……之间",temps 意为"时间"]相关的意义上讨论被动性。此后,"谜"(enigma)成为列维纳斯思想中的一个关键词。

② *Emmanuel Levinas*:*Basic Philosophical Writings*,Bloomington:Indiana University Press,1996,p. 66.

③ 同上。

联，既不在场也不通过回忆或期望而在场，它会使主体发疯，却正是超越在场的通道。这种"不可化归的搅乱"，就是超越存在的踪迹。《谜与现象》一文的目的就是要对这种搅乱作出形式化的描述，从而使得我们能够谈论一种不再能化归到存在之理解的时间、地点和规范。

列维纳斯认为，他者不是现象，反倒是"世界"现象的中断；但是现象学却可以提供道路而达及他者的非显现性。这里的关键仍然在于对时间性的理解。由当下原点构成的时间之流（ABC……）在主体性哲学中是被反对的，因此，过去只能从现在才能走到，就是说过去只能作为滞留或沉积（A1，或 A2…）而起作用或被唤醒；未来也是在这个斜线上作为前瞻而呈现的，仍然也是来到自身，所以当下性就是主体性。柏格森的绵延就是直接讨论这个 ABC……之"流"的。ABC……之间有绝对的"差异性"和"不可连续性"，这是绵延的要义。从哲学史看，"不可连续性"是被主体性哲学吸纳了，但是差异性却被搁置了，于是，绝对的过去和未来都成为形而上学问题（即被神目所看到的内容）而被悬置起来。列维纳斯所承继的就是这种"差异性"的时间——真正的过去作为踪迹不仅不是滞留，而且从主体性哲学来看，它从来就未在场过，它是"永远无法追回的曾经"。列维纳斯称时间的这种差异性为"历时性"，而历时性的时间就被列维纳斯名为**"时-间"**（entretemps），它发生在绝对不在场与在场之间：当意识朝向自身的源起处运动时，其自身就成为不在场的；而当意识向自身呈现（即在场）时，此源起恰恰又已经是被放逐的了。"时-间"就是用来表示这两种运动之间"关系"的术语，其意义是"搅乱"（dérangement）。"搅乱"是一种"轻微的"对秩序的打扰，就是说它"总是已经"退回了——如果我们没有保留它，它在打扰之前就已经退回了。当然，这肯定会被坚定的在场论者看做幻觉，也正因此，最终，这一切都要由"我"来"决定"是保留还是驱除，它只为那些愿意保留它的人而留存。① 于是，这种既显现

---

① 这些人会发现："听，有人敲门！"《圣经》中描述上帝的到来像夜的贼即此义。

自己又不显现自己的方式就被"我"叫作"谜"。与"现象"那种堂皇的胜利的呈现相对，"现象向搅乱敞开，而搅乱听任自身被带回到秩序中去，这就是谜的歧义之所在"①。这不是两种"视域"的问题，"谜"也绝不是某种非理性的或荒谬的东西，因为后者都是向理性呈现并被其界定的。"搅乱"是在不可回忆的基础上，在主体的位格中发生的，它是异质性经验中的"谜"的那种"在场"，是"踪迹"进出在场的通道。

问题是，这种搅乱何以能够真正地出现？因为所有的不规则都会成为新的规则得以建立的动力，就像历史会抹去所有的血和泪，其力量就像斯宾诺莎的整体真理；因为贸然闯进的陌生人也会在冲突之后达成和解，而为了防止对话被死亡中止，交互主体性就在努力保证一种不死性。这似乎是一条不可打破的意义的锁链。于是，这些就成了难题：

> 邻居是如何将其自身从意义的语境中挣脱出来的？

> 在中介所组成的世界中，亲近和垂直关系如何出现？在这个意义的世界，即说出的(le Dit, the Said)世界中，在这个通过将其演示为现象而都可见到其结构——（大写的）自然和历史——的世界中，什么时候表达(expression)和言说(le Dire, Saying)才能来临？②

列维纳斯点出了关节之所在："为了能有搅乱的可能性，必需一种易碎的在场(a fissile present)，就在它的那个针尖点上解构自身"③，"原印象"就是在场的爆破点。但是，只有原点爆破是不够的，因为搅乱还意味着打断，这就需要一个陌生者，但他又必须在打破秩序"之前"就已经离开，这样就意味着一种不到场的"过去"。于是，意识只要是关于这种陌生的他者的，其时间连续性就会崩溃，因为所有的预期和关注都会落空，

---

① *Emmanuel Levinas: Basic Philosophical Writings*, eds. Adriaan T. Peperzak, S. Critchley, & R. Bernasconi, Bloomington: Indiana University Press, 1996, p. 73.

② 同上书，第 69 页。

③ 同上书，第 72 页。

而感性原素的东西也会从感性意义中回落。当事件发生时,意向性却丢失了;而当意识返回自身时,事件又已经远去了;而对意识的这种一张一弛密切关注的自身意识的作用也是要么太早要么太晚。这就是搅乱。这种一晦一明的"时-间"就是历时性的发生甚至就是其结构,"时-间是历时性在一单个的瞬间得以表达的方式,这个瞬间就是搅乱……搅乱就是异质性经验中的谜的在场"①。

在行文中,列维纳斯是直接提出了主张:不再建立起同时性,而只挖掘"表达"从中得以临近的"深度的关系",只关涉一种不可颠倒的、不可回忆的、不能被表象的"过去"。② 这种"过去"就是踪迹,空洞而荒凉,没有任何内容和牵扯。这就是"面容的裸露"。因此,是面容在表达自己,是面容在打破秩序,它就是绝-对的(ab-solute,孤绝而不会有任何牵连)。当然,面容同样可以变成符号,但是在它被赋义成为一种符号之前,它就是一种不可复原的不在场的"空"③,而不是不在场的符号。

可是,这一切又都不是关键,至关重要的是意识的自身敞开,"迷非常关心的是主体性,仅仅主体性一个就能将谜的悄无声息的潜入和退出保持住……被呼声所召唤,召唤到无可旁推的责任……主体就是谜的伙伴,是搅乱存在的超越的伙伴"④。对于主体,这种召唤又是如此之急迫而又准确,因为它首先已经挖空了主体的内在性——甚至可以说,这种"挖空"竟就是主体性之所是,即在主体性根基和中心处的他者(l'Autre dans l'Même)。而这就是《异于存在或在本质之外》的主题:替代(Substitution)。

---

① John E. Drabinski, *Sensibility and Singularity:The Problem of Phenomenology in Levinas*, Albany:State University of New York Press,2001,p. 163.

② 这是强行中断,类似棒喝,然后从真谛开说。

③ 我们这里用"空"而不用"无",因为"无"是与"存在"成对的词,自古希腊以来,"无"从来就没有自己独立的地位,只是作为"非存在"附属于存在。

④ *Emmanuel Levinas:Basic Philosophical Writings*, eds. Adriaan T. Peperzak, S. Critchley, & R. Bernasconi, Bloomington:Indiana University Press, 1996,p. 74.

四、虚位以待的主体性

1967 年,以"Substitution"("替代")为主题的讲座出现,该文献成为《异于存在或在本质之外》一书的源头和核心篇章。与其同时出现的还有《语言与亲近》一文,二者共同构建了列维纳斯后期思想的主题。列维纳斯后期著作中最显著的一个特征是不再使用存在论语言,而是引进了替代(substitution)、人质(hostage)、迫害(persecution)等一系列新词,并从"同一与他者"之辩转向"同一中的他者"和"为他者的同一"之说,且因此而重新检讨了"同一性"和"责任"概念。在《总体与无限》中,"同一性"概念只是在最后论述生育性时才被明确地质疑,因为列维纳斯担心对同一性概念的质疑会减弱责任的意义,这也说明列维纳斯当时还没有确立自己全新的"主体"概念,而且其"责任"还只是"为自己的选择负责"这一传统的含义。从"Subtitution"一文开始,列维纳斯重新检视了"同一性"范畴,从而对"责任"概念作了全新的界定,其基本精神在于,主体是被唤出的,必须应答,并且要为所有的人和物(包括迫害我的)负责。正是这种责任的无条件性(即主体的无视域性)表明我们总是已经在"本质"(实即存在)之外了。但是,"异"的论述仍然是从时间开始的,这是因为:一方面,时间就是"本质"及其表述——这是要破的"根";另一方面,历时性的时间化就是言说(le Dire, Saying),"言说就是无限的动词形式"①——这是要立的"本"。② 而"本质的破裂"就是"伦理";同一性的破裂以及从存在到替代的改变,就是主体的主体性;"主体性"就是"虚位以待"(null-site),就是主体对万物的服从,就是他的敏感性、他的脆弱性、他的感性,就是绝对的被动性历史。于是,与西方整个的存在论传统相

---

① Emmanuel Levinas, *Otherwise Than Being or Beyond Essence*, trans. A. Lingis, The Hague: Martinus Nijhoff Publishers, 1981, p. 13.

② 此历时性意味着把遥远的过去保持为外在于所有的在场、所有的表象并且是所有可回忆的过去的源泉,"一种前-本原的过去"(同上书,第 9 页)。

对立,不是说理解就是理解存在者的存在,存在是所有理解或领会的基础;恰恰相反,存在必须在存在之他者的基础上才能被理解。[①] 换句话说,作为主体性根基的"应答"是在所有的理解之前发生的,它是对债务的回应——这种债务也是在所有的自由、意识和在场之前就已经签下的。这种应答的确发生了,似乎是早已过去的那些"不可见的"在经过时留下了踪迹。这种踪迹焕发为邻居的面容,而与言说一样,踪迹是在面容上被展示同时又被擦去的。总之,在主体的这种责任(应答的能力)中要"立"的,即要"肯定"的东西就是无限,无限是不能被课题化的,但主体性正是一个无限可以由此超出本质(即超出存在)的裂点。

五、时间与主体

时间之谜根源于主体,实际上也就是主体——在根基(sub-)的意义上——之谜。胡塞尔的作为极点和过程的纯粹自我,都以时间性作为共同根源。海德格尔的时间性的绽出本性就是此在的存在,此在就是时间性;其后期源始时空、四方运作的混元之势,更以泛神论的方式表明时间就是存在本身。源此背景,时间不仅是"滞留-原印象-前摄"或"曾在-当下-将来"之类的绽出性结构,更是主体性在各个源始层面的表征。质而言之,这是"理解"本身,"理性"本身,一种统摄机制,一种权力。胡塞尔所谓的"被动"综合与海德格尔的"源始"存在,恰恰是泄露这种统摄权的隐秘的阿喀琉斯脚踵。

列维纳斯同时抓住这两个脚踵,"逃避存在"和"他性时间"成为列维纳斯自身思想的出发点和立足点。从存在到存在者,从存在者到他者,从存在论差异到存在论分隔,是一条走出海德格尔阴影的早期进路。但是,列维纳斯整个现象学的实质性根基却是对渊源于胡塞尔的时间-意识的兜底置换。因为即便是在发生现象学时期的胡塞尔,其被动综合也

---

① Emmanuel Levinas, *Otherwise Than Being or Beyond Essence*, trans. A. Lingis, The Hague:Martinus Nijhoff Publishers,1981,p. 16.

仍然是在时间-意识中进行的，只是来自自我中心的主动行为被滞留的意向性所取代，这里仍然有着法则、综合，主动行为最终仍然是根源。简单地说，这里虽然是前反思的，却仍然是"主体的""综合""行为"。

对于列维纳斯来说，"不可能与时间相分离的"对"存在的现象性"的解释①就是从时间维度对"被动性"问题的解释，感性、踪迹和谜都是被动性的意向结构的组成部分。这是一种"异质性的（heteronomous）经验"，并且正是这种被动性或异质性经验的历时性时间结构奠基了《异于存在或在本质之外》中"原印象"的意义。这更是一种"感性的时间性"，通过诉诸非模式化的、不可退缩的质料性（nonmodified and irretrievable materiality），被动性经验的结构把时间和质料交织在一起，从而直接关涉感性能力（sensibility）。② 正是感性能力的超越性功能表明：不是意向组建了对象，而是客体塑型了意向。因此，意义的赋予就有了外在的源泉，也就是说，感性能力"总是已经"被"他者"所唤起，感性从一开始就是"异质触发"性的。这是一种与他者之间的创伤性的、无中介的关系，正是它使得历时性的意义成为可能，使奠基于自我的同时性被他性所打断。这其中的关键就在于，正是在作为现象学根基的时间中，列维纳斯引入了感性；感性的性质不仅是被赋予意义的，作为触发状态，它们也是给予意义的。列维纳斯说：

> 有一种意识，在其中，感性印象与自身没有任何分延时就分延了；它分延而没有分延，它就是同一性中的他者……这不是与自身在同一个相位，而是刚刚过去，或就要来到。而在自己的同一性之内分延，或去保持已经被置换了的时刻，这就是"预留"和"保留"！③

---

① 参见 Emmanuel Levinas, *Otherwise Than Being or Beyond Essence*, trans. A. Lingis, The Hague：Martinus Nijhoff Publishers,1981,p. 31。

② 实际上，列维纳斯在 1959 年就已经转到这种感性问题，从而为意向性分析打开了另类的视域。

③ Emmanuel Levinas, *Otherwise Than Being or Beyond Essence*, trans. A. Lingis, The Hague：Martinus Nijhoff Publishers,1981,p. 32.

在此源始的时间之流中，没有本质性的内容，意识中的这些感性印象原点仿佛是从意识流中拔出了自己，打开了自己，实际上，这已经是作为"同中之异"的原印象了；而似乎暗示着前摄和滞留的预留和保留，也已经显示出在保持同一性、可复原性的内部早就有了异质性的成分。

这里，列维纳斯所针对的是胡塞尔现象学中因为还原不彻底而产生的（实际上已经是思辨性的）遗留物，即认知性意志的产物，特别是其意向性理论中所残留的"意志主义"和"目的论"的痕迹①，后者尤其表现在"动机"在胡塞尔现象学中所具有的关键性地位，因为其保证建构性统一的作用一直持续到了接受性的被动综合中，在这个意义上，甚至可以说，只有相对于清醒，睡眠才有意义。而在列维纳斯这里，与胡塞尔相反，原印象是在所有变式之前的，并且是滞留的根据，是"非变式的、自身同一的，没有任何滞留在先，也先行于所有的前摄，因此甚至就是先行于自己的可能性"②，因为所谓"自己的可能性"都是以主体或实体的先行为依据的。如此纯粹的原印象③是外在于活生生的当下及其所构成的那种共时性时间的，就是说，它是前现象的、不可能被认识的。实际上，这种原印象在成为共时性中的原印象时就已经不是自身了，但却是后者的根源；而前者的这种激进的不在场和后者的那种在场之间的"时-间"结构就是历时性，历时性所表述的就是在场的这种不在场的根源，也就是踪迹对秩序的搅乱机制。正是在这里，列维纳斯最富革命性的创见呈现了：**原印象的这种对"活的当下"时间的打断就是主体的唤醒和自我的真正产生，作为第一哲学的伦理学就是先验统觉的源始统一体的破碎。**于是，正是在意识现象学的基础上显现了"正义"问题，因为自我是不能自身为

---

① 参见 Emmanuel Levinas, *Otherwise Than Being or Beyond Essence*, trans. A. Lingis, The Hague: Martinus Nijhoff Publishers, 1981, p. 96。

② 同上书，第 33 页。

③ 在时间的基本观念上，列维纳斯甚至都没有柏格森意义上的时间本身的连续性观念（异质性的绵延也是连续性之一种），他要纯化每一个原印象的生发作用，并将其作为绝对主体性本身的要义。可以说，不是时间本身，而是主体性本身才是列维纳斯现象学的真正主旨。

自身建基的,因为本来是作为自我根基的时间只是与他人的关系。正是这种与他人的关系——因而是伦理关系,先于任何本我论和宇宙论,先于任何意义上的反思,正是无本原的(an-archaic)被动性和创伤性的异质触发成为"前"本原,使得立义本身的发生和真正外在的超越性得以可能,也使得真正多元性的个体主体性得以生发。一句话,伦理学——作为第一哲学——得以成立。

　　从外向性的意向性,到对每一瞬间的关注,到被意识的先验结构所钙化了的主体的觉醒和生机,再到真正个体之间的社会正义,一个全新的革命性的现象学境域焕然而出了。在此别开的境域中呈现的是别样的自我景观(自我经济),别样的主体,真正的被动性、外在性(超越性)和异质性。这样,列维纳斯就在胡塞尔和海德格尔之"后",使第一哲学在现象学的意义上再次得以可能,更在威权主体之"后"呈现出真正的伦理与主体。其历史影响是革命性的。①

---

① 法国第三代现象学家的领军人物 Marion 的说法是有代表性的:"就像我们事实上都已经注意到的那样,(列维纳斯的)这样一种对意向性和现象性的倒转,即从可见的并被瞄向的客体到瞄向并因此成为不可见的面容,激进地置换了现象学分析的整个视域。在这个方面,我们都已经成了列维纳斯主义者(Levinasians)了,这是毋庸置疑的。"(Jean-Luc Marion, "The Voice without Name:Homage to Levinas," in *The Face of the Other and the Trace of God*, ed. Jeffrey Bloechl, New York:Fordham University Press,2000,p. 225)

附录一　主体、他者与正义
——激进思潮中的列维纳斯初论

从后现代解构大师德里达都感到"震惊",到现今几乎所有批评列维纳斯的激进人物都认为"列维纳斯还不够列维纳斯",时代精神的巨擘已经将列维纳斯这位 20 世纪最著名的伦理学家推上了关注现实解放的激进思潮的巅峰。这给我们的研究打开了一片恢宏壮阔的天地,这也是本书写作的源始背景和目标视域。事实上,真正的主体和正义原本就是列维纳斯一生的至上追求,因此,在作为本书主体论域的时间性论述的最后,我们想尝试着探询这个世界,这也算是对本书主体部分几乎是迫不及待地强行终止的一个交代和对绪言的呼应。让我们从法兰克福学派开始。

一、同一与他者:对主体与客体的重新界定

列维纳斯与法兰克福学派在思想上并没有发生过太多的直接对话,但二者之间在思想上的诸多关联却是引人深思的①,其中最醒目的就是

---

① 对此已有不少论述,如 C. Fred Alford, "The Opposite of Totality: Levinas and the Frankfurt School," in *Theory and Society* 31: 229 – 254, 2002 (Kluwer Academic Publishers); Steven Hendley, *From Communicative Action to the Face of the Other: Levinas and Habermas on Language, Obligation, and Community*, Lanham, Boulder, New York, Oxford: Lexington Books, 2000。

他们都对西方理性主义传统持某种颠覆态度。所不同的只是法兰克福学派更多地关注历史，而列维纳斯则更为关注被传统存在论思维所压抑的差异性层面的形而上解放。而恰恰是后者这个常常是隐含着的现实解放背面，规定着主体、伦理、对话与道路等众多的现实问题。

列维纳斯与阿多诺都对总体性哲学的核心概念"主体"重新进行了界定。列维纳斯所借助的是从笛卡尔的作为无限的上帝转换而来的他者概念，"无限就是那个绝对的他者"①。正是由于与这个他者的"遭遇"才使得主体的建构得以可能。这种"遭遇"与知识或唯我论完全无关，因为主体只是这一"遭遇"的结果，因此它不可能是观念的根源。从这个意义来说，传统理性主义以主体为"根基"来建立观念王国是根本不可能的。同样，阿多诺也有类似的表述："人是一种结果，不是一种观念。"②在《否定的辩证法》中，他还进一步指出："主体和客体的分离是不可能靠还原于人类甚至还原于孤立的人来消除的。"③当然，阿多诺的目的是克服主体与客体的二元分裂状态，实现它们之间的一种理想的关系，即相互渗透而不是相互支配。但是，两人的类似性毕竟可以表明：一方面，列维纳斯通过他者理论所表达的并非一种抽象的形而上学的愿望重铸，而是有着强烈的时代特征的，即对"同一性"的反叛意识。这集中体现在他对"同一"（即"自我"）与"他者"的关系的论述上。列维纳斯认为这种关系既不可以根据它们之间的不同，也不能根据它们之间的对立来加以表述，因为这两种表述方法都假定了一个超出于这两者之上的总体性的或所谓"客观的"视角："如果这同一个（the same）仅仅根据与他者（the Other）之间的对立来确立它的同一性（identity），那么它就已经是一种包

---

① Emmanuel Levinas, *Totality and In finity*: *An Essay on Exteriority*, trans. Alphonso Lingis, Pittsburgh: Duquesne University Press, 1969, p. 49.

② 阿多诺：《主体与客体》，载《法兰克福学派论著选辑》上卷，商务印书馆 1998 年版，第 209 页。

③ 阿多诺：《否定的辩证法》，张峰译，重庆出版社 1993 年版，第 50 页。

含了这同一个与他者的总体性的组成部分了"①，即便是描述与他者的
"关系"都会暗示着这种总体性视角的出现，自我与他者会被看成是分享
着一个共同的基础，其结果就是最终使他者仅仅变成为自我的另一个版
本。因此，列维纳斯对这种"关系"的表达是甚为奇特和自相矛盾的；这
是一种"没有关系的关系"②。它是一种关系，因为在这里发生了遭遇；而
说它没有关系则是因为这种遭遇既不建立部分，也不建立知识，他者仍
然是绝对的他者。这一遭遇也不是一个可在现实历史中来加以定位的
事件，它只是一种结构性的可能性，它先于所有后天的经验，并使其得以
可能。正由于取消了这种客观的、总体性的视角，主体（或者"自我""同
一性"等）的地位也就在一种新的条件下重新得到了界定。同样地，另一
方面，阿多诺否定辩证法的矛头也是直接指向了总体性哲学。对于他来
说，主体同样不是根源，相反，他更为强调客体的优先性。他指出："说到
底，对同一性的批判是对客体的优先性的探索。"③这里所谓的同一性就
是指那种主观主义的思维方式的产物。他反对主体称自身为整体。
他说：

> 客体虽然只能靠主体来思考，但仍总是某种不同于主体的东
> 西；而主体在天性上一开始也就是一种客体。即使作为一种观念，
> 我们也不能想象一个不是客体的主体；但我们可以想象一个不是主
> 体的客体。④

显然，客体相对于主体就具有一种优先性，这类似于列维纳斯所讲的他
者的绝对性。但阿多诺也意识到，不能像素朴的实在论那样把客体看成

---

① Emmanuel Levinas, *Totality and Infinity: An Essay on Exteriority*, trans. Alphonso
Lingis, Pittsburgh: Duquesne University Press, 1969, p. 38.
② 同上书，第 80 页。
③ 阿多诺：《否定的辩证法》，张峰译，重庆出版社 1993 年版，第 181 页。
④ 同上。

某种直接的客观性，在这里，客体的优先性"意味着辩证法中的一个要素"①。套用列维纳斯的话来说就是，主体是在辩证法中与客体遭遇的。虽然这里有了辩证法的语境，但是阿多诺"并没有牺牲他者理念"，因为"没有他者，认识就会退化成同义反复，被认识的东西就会是认识本身"②。

　　当然，阿多诺所谓的"客体"与列维纳斯的"他者"之间是有着质的区别的，因为就后者而言，他者根本就不是与主体相对的另一极，而是自我得以可能的条件。可以更明确地说，列维纳斯的他者正如其理论来源（如笛卡尔的第三沉思）所表明的，确实类似于上帝，它与自我之间的关系是在本质上不对你的。而对于阿多诺来说，主体与客体之间不管怎么说还是存在着某种中介关系的："客体的中介意味着它不应被静态地、教条地实在化；相反，客体只有在和主观性纠缠在一起时才能被认识，主体的中介意味着没有客观性的要素主体便是十足的无。"③在列维纳斯那里，他者实际上是有着层次上的划分的。Davis 明确指出：

> 　　（小）他者（other）与（大）他者（Other）之间的区分也许看起来无足轻重，然而对于列维纳斯的思想来说这却是不可或缺的。前者也许可以被整合进这同一个（the Same）之中，而后者却绝对不可能；前者确证了总体性，而后者揭示的是无限。④

这也就是说，阿多诺用以对抗总体性的是具体，而列维纳斯则是无限。因此，他们对主体的确定既有类似的方面，也有着质的不同。阿多诺的主体仍在现实历史之中，而列维纳斯的"主体"虽然在世界中也有一种居

---

① 阿多诺：《否定的辩证法》，张峰译，重庆出版社 1993 年版，第 182 页。

② 同上书，第 182 页。

③ 同上书，第 184 页。

④ Colin Davis, *Levinas：An Introduction*, Notre Dame, Indiana：University of Notre Dame Press，1996，p. 43.

家的感觉,但它最终仍是唯一的"独在"(solitude)①。与法兰克福的其他许多成员一样,阿多诺也曾谈到过他者问题。马丁·杰在评论马尔库塞时曾做过这样的判断:"他(马尔库塞)从不像法兰克福的其他主要理论家那样强调乌托邦的'他者'(Other)的无形象的含混性。"②可见,对于除马尔库塞之外的法兰克福学派的很多成员来说,他者是个重要问题。阿多诺曾明确提出"他者的外观"这一概念,借助于他者来与同一性相对抗:"在那种揭穿同一性的谎言的决裂中,存在物仍然混杂有这种他者的不断被破坏的誓言。一切幸福都不过是那种否定人并使人自己否定自己的总体幸福的片断。"③所谓的总体幸福只能存在于这种自我否定过程中,也就是说,正是因为他者对同一性的这种否定与破坏才有了总体的幸福,这也就是马丁·杰所说的他者的含混形象的乌托邦作用。阿多诺实际上是把对抗物化的商品交换世界的同一性逻辑的希望寄托在了物的具体外观上了,这也是他所说的"外观是非外观的前提"的含义之所在:"不可消除的对可替代的商品交换世界的抵抗是眼睛的抵抗。眼睛不想让世界的色彩消失。"④可以说,阿多诺的所谓"他者"指的就是物的具体存在。这显然与列维纳斯的他者概念有着本质的区别。对于列维纳斯来说,他者根本就是我所无法接近的,因而也就根本谈不上有什么外观,他者的一切甚至都发生于我"想"看之前。

尽管列维纳斯将他者视作无法看到的,不可能在光线中显现——这是他与胡塞尔现象学产生分歧的一个关键之处,但是,他是坚决反对虚无主义的。在他看来,通过逃离 il y a,作为主体的我得以成立,并由此展开了劳动与拥有。在劳动中,事物的他者性被自我同一化了。这是独在的享受性世界中必然的环节。在这个层面上,列维纳斯是反对海德格尔

① Emmanuel Levinas,*Time and the Other* (*and additional essays*),trans. Richard A. Cohen, Pittsburgh,Pennsylvania:Duquesne University Press,1987,p. 39.

② 马丁·杰:《法兰克福学派史》,单世联译,广东人民出版社 1996 年版,第 85 页。

③ 阿多诺:《否定的辩证法》,张峰译,重庆出版社 1993 年版,第 405 页。

④ 同上书,第 406 页。

的所谓"沉沦"的精英意识而支持马克思的。当然，对于列维纳斯来说，关键或真正的问题或目的却是在同一性的主体之"后"才呈现的，即自我如何与他人建立起一种新型的、真正的伦理关系。① 在这里，列维纳斯特别之处在于，在他看来，这种种关系、理论甚至社会，都不是由主体引申出的。

也就是说，笛卡尔的我思（cogito）并不是列维纳斯的出发点；相反，这种伦理关系对于作为主体的我来说其实都是被动的、是被强迫的，列维纳斯甚至说是被他者迫害的结果。但是，作为主体的我去承担起这一结果却正是我所应负的伦理责任。一句话，伦理关系并不是我主动实施的一种道德选择，而是我必须承担的一份责任。换句话说，伦理与正义对于列维纳斯来说并不是由于自我的缘故才得以可能的——而这恰恰是康德以来的道德和政治哲学的根基，在某种程度上恰恰相反。与阿多诺一样，列维纳斯认为，如从作为同一性的主体出发，它所导致的并不会是对作为主体的人的真正的人道关怀；相反，它只能导致自恋性的同一性暴力。

二、平等、差异与激进民主

总的来说，以阿多诺为代表的法兰克福学派对当代资本主义社会现实的批判是十分尖锐和深刻的，其尖锐性就表现在他们对否定性的强调以及对同一性的瓦解上；而其深刻性则表现在他们对他者与时间都表现了一定的程度的尊重。但是，他们的这些批判在现实社会改造问题上却没能带来太多的肯定性的结论。而当代的激进左派通过民主道路的选择更是将问题带进了一个异常复杂的语境之中。就此语境而言，列维纳

---

① 从这个意义来说，说列维纳斯是通向后现代思想的代表，又正表明后现代恰恰是有伦理指向的。实际上，后现代伦理也早已成为主流伦理思想讨论的一个主题。Simon Critchley 的 *The Ethics of Deconstruction：Derrida and Levinas*（Oxford and Cambridge：Blackwell，1992）和后文要提到的鲍曼的《后现代伦理学》可算是其中的代表。这批学者中很多都有左翼色彩。

斯的意味就更为深长了，因为在这种复杂性中，许多问题的交织似乎越发显示出形而上建构的某种必要性。

对于当代后现代语境下的激进左派来说，其主要理论问题正如图海纳针对当代社会出现的两种日益分裂的趋向——全球化与社群化——所提出的：我们如何能既彼此平等又互有差异地共同生存？"尽管我们大家相处在一起，但我们几乎没有任何共同之处，然而，当我们大家都共同抱有某些信仰和承继某种历史时，我们就会排斥那些与我们不同的人。"①要解决这个问题必然涉及他人的权利问题，因此如何理解与界定主体与他者就仍然是个关键。而实际上，这里的根本问题就是他者的问题：

> 对他者的承认，只有在每个人都明确承认他者有权成为一个主体的条件下，才有可能实现。反过来说，主体如果不承认他者为主体，则主体本身也不能得到他人的明确承认，而且，主体首先就不能摆脱对他者的恐惧，因为，不管怎么说，他者是有排除主体的意图的。②

对于图海纳来说，他的立论基础是很明显的，那就是"主体"：

> 在主体观念与多种文化的社会观念之间，说得更确切一点是，与文化交流的观念之间，根本不存在任何互不连续的问题，因为，我们能否共同生存而又各自保持我们不同的特点，全看我们能否互相承认彼此都是主体。③

图海纳甚至说，应当把"民主"一词定义为"主体政治"。因此，图海纳最终是以主体为基础来论述和承认他者的。

---

① 阿兰·图海纳：《我们能否共同生存？——既彼此平等又互有差异》，狄玉明、李平沤译，商务印书馆 2003 年版，第 5 页。
② 同上书，第 230 页。
③ 同上书，第 213 页。

拉克劳与墨菲在《领导权与社会主义的策略》一书中也谈到了"主体"范畴。但不同的是,他们认识到了主体如果作为"本原主体"所必然会带来的困难:"'本原主体'不断潜回到试图修补其带来的断裂的那些概念之中"①。他们指出:"主体不可能成为社会关系的本原……因为所有经验都依赖严格的话语可能性条件。"②因此,他们所关注的并不是主体本身而是"主体立场",只有通过对"主体立场"的话语特征的分析,才能完成对主体本身的把握。而在这样一种把握中,他者必然会作为一种起分散作用的因素而出现。拉克劳和墨菲指出:

> 既然断定每一个主体立场的话语特征都被连接到拒绝作为本原和根本的总体主体概念上,必然盛行起来的分析要素就是那些分散的、去总体的、去中心的某种关于他者的立场,其中每个连接或关系的因素都削弱了分散化修辞的认识作用,并且导致了对于将会秘密再引入被统一或进行统一的主体范畴再总体化的怀疑。③

拉克劳和墨菲与图海纳的区别是很明显的,因为对于图海纳来说,他者仅仅相对于主体而言,并且仅仅为了主体同时又外在于主体而存在;而对于拉克劳和墨菲来说,他者有可能成为主体(立场)之中的一种有效因素,他们把这一过程称为从"分散"到"分离",而由此所带来的问题则是,"如果每个主体立场是话语的立场,分析就不可能免除他者的一些立场的多元决定形式"④。相比于图海纳,拉克劳和墨菲的这种观点显然更为清醒。但是,拉克劳与墨菲认为,他者在主体中所起的这种从分散到分离的作用还不能真正把主体建立起来。言下之意,其论述的主旨仍在于

---

① 恩斯特·拉克劳、查特尔·墨菲:《领导权与社会主义策略——走向激进民主政治》,尹树广、鉴传今译,黑龙江人民出版社 2003 年版,第 128 页。

② 同上。

③ 同上书,第 128—129 页。

④ 阿兰·图海纳:《我们能否共同生存?——既彼此平等又互有差异》,狄玉明、李平沤译,商务印书馆 2003 年版,第 129 页。

为主体建构寻找基础。

但是这样,就会出现如 Young 所说的"两难悖论"①了:

> 在一方面,我们必须克服隔离状态,因为它否认了人类兄弟般
> 和睦相处的理想;而在另一方面,要克服这种隔离状态,我们又必须
> 进行自我-隔离,因而同样否认了人类的这一理想。②

Young 认为,这种两难实际上反映了人类集体生活的一个真实困境,是无法彻底克服的。在她看来,与其通过某种制度性的所谓平等宣言来忽视这种差异,还不如正视这些差异。她认为关键在于必须避免那种本质主义的态度,不要将这些差异同化进某种逻辑范畴体系中去,因为那样做的结果只能是将差异变成排斥。而要做到这一点,Young 认为就必须对差异作一种关系性的(relational)、语境化的(contextualized)理解。只有在一定的关系和语境中,差异才不致演变为相互排斥或对立。而且,也只有当差异是在一定的语境中来被理解时,群体的同一性也才能真正具有意义。

实际上,在这种理解中,主体与他人之间的关系虽已不再是对称性的,但却又变成了交互性的了。对此,鲍曼曾针对这种使他者成为"社会空间化过程的一种副产品"③的做法提出:我们应该把他者作为"道德空间"中的客体,就是"我们为之存在的(live for)的他者"④,这种他者不是认知活动的对象。但是,他者一旦作为不可认知的"陌生人"存在了,实际上又既难以引起作为主体的我们的认知上的共鸣,也难引发道德上的认同,因此,他者的权利实际上并没有得到承认。在这样一种空间化景象下,他者甚至只能作为令人恐惧的对象而现身。因此,鲍曼对他者对

---

① Iris Marion Young, *Justice and the Politics of Difference*, Princeton, New Jersey: Princeton University Press, 1990, p. 169.

② 同上。

③ 齐格蒙特·鲍曼:《后现代伦理学》,张成岗译,江苏人民出版社 2003 年版,第 278 页。

④ 同上书,第 195 页。

于伦理意义的重建到底能有多大作用抱着一种悲观的态度,没有在他者身上找到希望。当然,比较而言,鲍曼相对来说还清醒点,他已通过他者的这种恐惧形象确认了他者的不可接近性,而图海纳、拉克劳、墨菲甚至还没有认识到这一点,即便是 Young 的"交互语境"下的主体与他人也没有真正意识到主体与他者的这种非对称性关系。

从这个角度来说,列维纳斯在形而上学意义上所确认的他者,对于解决这里的悖论就有着非同寻常的意义了。同时,列维纳斯所说的他人的面孔也就更加耐人寻味了。"与哈贝马斯不同,对于列维纳斯来说,我们道德责任的重心并不存在于交往行动的过程,而是存在于他所指称的'他人的面孔'之中,而交往行动所指向的也就是这个他人。"①对于列维纳斯来说,他人的面孔是在对话中呈现给我的。在对话中,他人通过其面孔向我揭示的是什么呢? 列维纳斯说:一方面,他人在对话中暴露了他的软弱性(vulnerability),他人的面孔是向我的"权力"呈现的,因此他人是软弱的;但是另一方面,正由于这种软弱,他对我的权力就进行着抵制。更重要的,他还因此而要求成为我的"主宰者",命令我关注她/他的命运,他站在"仰止之处"(height)召唤着我。通过他人的面孔,列维纳斯实际上就揭示了他者的一个独特的维度,即他者之成为一个与我不同的差异性因素并不是因为他的强大,他也不是在对峙中成为一个与我不同的对立面的;恰恰相反,他的权威其实就来源于其软弱性。这样的他者与主体当然不是对称的,而正是由于这种不对称性,他者才不会被任何一种逻辑努力同一化,不会成为本质主义的牺牲品。虽然他人的面孔出现在我与他人的"对话"过程中,但所体现的却是具有形而上权威的他者的"伦理"价值。可以说,列维纳斯的所谓非对称性关系的意义就在于,他指出了无论是从一定的逻辑体系出发(实际上这仍是从主体自身出

---

① Steven Henley, *From Communicative Action to the Face of the Other*: *Leuinas and Habermas on Language*, *Obligation*, *and Community*, Lanham, Boulder, New York, Oxford: Lexington Books, 2000, p. 33.

发),还是从人与人的既定差异出发(这仅仅是对现实状态的一种确认),都不能使人的关系发生根本的改变,必须在其中引入某种新的因素,他称之为具有形而上权威的他者。

那么,主体如何与他者发生"关系"并使伦理学得以真正建立呢?这就产生了"从主体走出"以及"主体与他者的相互遭遇"的这样两条歧义性的途径问题:一方面主体必须走出自身以与他者相遇,另一方面在主体自身之中又包含了他者。简单地说,这就是列维纳斯的两本巨著《总体与无限》和《异于存在和在本质之外》各自的主题。就前一方面而言,列维纳斯认为,只有当主体面向无限并接受无限的考问时主体才能呈现出来而成为真实的主体;而从后一方面来说,主体面向无限并成为真正主体的过程又并不是一个前后相继的逻辑过程,这一切就发生在主体内部,这也就是说在主体内部就有他者。而无论如何,他者始终是使现实的关系具有伦理性的一种可能性前提,自我的权利就是以这种他者为基础的。实际上,在列维纳斯看来,纯粹的被动性、敏感性和异质性本来就是主体性的核心要义,用列维纳斯的话说就是,对他人的异质性(alterity)的尊重必然意味着一种"源始的断裂",与所有前人类存在论的断裂。① 人的权利原初地就是他人的权利,这也就是说,对他人的尊重必须发生于人的原初生存存在论的断裂处。因此,列维纳斯对人的权利的论述,究其根源来说,实际上是对人的原初生存存在论的一次革命,是在人的存在论层面上所进行的一次解放。因此,再不是像康德那样,虽然有来自绝对的律令,但是因为仍然是在同一性的理性上界定人的,所以还必须进行一次向自律的转换,这样不仅导致了形式主义,还间接地取消了主体的个体性,最终只是使现实冲突"理论化"了。从这个角度说,列维纳斯倒是真正地"现实"了。但是同样很显然,列维纳斯的伦理学并不发生于现实的历史时间之中,他是站在形而上学的层面上来解决前述

---

① 参见 Emmanuel Levinas, *Alterity and Transcendence*, trans. Michael B. Smith. London: The Athlone Press, 1999, p. 149。

悖论的,即他试图从现实解放的背面来解决这个问题,他实际上也只能站在这个背面。悖论是消除了,因为主体与他者不再是对称性的。但是,现实"道路"到底何在呢?

德里达认为在其同道列维纳斯那里,伦理与政治是断裂的。在伦理被界定为"无条件的好客的无限的责任"时,政治领域却充满危险,没有任何先验的保障,但正因此后者就需要超越伦理计算的决定,作为"政治干预",它没有任何存在论基础,没有任何先验保障,但正因此才又是正义的。政治学就应该是关于"回应他者的独一无二的要求的艺术",因而需要政治干预,需要创造;是有一种普遍的行为标准,但我与其的关系是被动的。① Bernasconi 说得干净:列维纳斯实际上很清楚,从来就没有无政治学的伦理学、无需要的欲望和没有所说(said)的言说(saying),否认制度和政治学,就会停留在欲望的精神层面上,只好两手空空地走向他人;但是,列维纳斯的伦理对政治的介入,并不是要在决定什么是应该做的意义上去指导它,而是去"挑战那些体现在底线和边界智慧中的意义"。Bernasconi 的结论是:"列维纳斯的思想不可能变成传统意义上的政治哲学,它从来没有想去这样做,但这正是它的力量。"②

在一次访谈中,列维纳斯曾被问道:既然在你对上帝分析中,它是存在或在场的不可能性,那么与他者的伦理关系岂不完全是乌托邦和幻想了吗? 他的回答是:"尽管它是乌托邦的,但这不妨碍它赋予我们指向他人的日常行为以宽宏与善意:即便是那种最细微与最普通的姿势……也都见证了这种伦理关系"③。这是一种伦理良知,更是"一种关注他人的具体实践(praxis)"④——这或许就是列维纳斯思想的现实性与力量。

---

① 参见 Simon Critchley, *Ethics-Politics-Subjectivity*: *Essays on Derrida*, *Levinas and Contemporary French Thought*, London & New York: Verso, 1999, pp. 276 – 277。

② 同上书,第 285 页。

③ Richard Kearney, *Dialogues with Contemporary Continental Thinkers*: *The Phenomenological Heritage*, Manchester University Press, 1984, p. 68.

④ 同上书,第 69 页。

附录二 再论列维纳斯的现象学

虽然在权威的《现象学运动》中,施皮格伯格给了列维纳斯单独一大章的篇幅,虽然《胡塞尔全集》的编者之一、现象学家施特拉塞尔专门撰写了这一章,虽然列维纳斯的博士论文就是在胡塞尔的指导下完成的,虽然轰轰烈烈的法国现象学运动就是从这篇博士论文开始的,萨特和利科也都曾明言自己所受列维纳斯的影响,虽然列维纳斯始终以现象学家自居,而新一代的法国现象学家也都普遍地直接或间接地承认他们对列维纳斯的跟从,但是,列维纳斯的现象学却总是受到争议。这不仅涉及对列维纳斯本人思想的理解和定位问题,也(或更)关涉对胡塞尔现象学本身的意义以及对它的理解。对此,笔者尝试性地做些梳理,就教方家。

一、列维纳斯对胡塞尔现象学的继承、批评和改造

列维纳斯明确表示:"毫无疑问,胡塞尔就是我的著述源泉"。① 在列维纳斯看来,"意义的视域",以及对这些视域的探寻方法是胡塞尔(以及海德格尔)给他的最大启示,也是现象学的最核心的贡献。就连列维纳

---

① Levinas, *Entre Nous: on Thinking-of-the-Other*, trans. Michael B. Smith and Barbara Harshav, New York: Columbia University Press, 1988, p. 123.

斯用以反对胡塞尔的那些诸如非理论的意向性、身体的作用等等也都可以在胡塞尔本人的作品中发现。但是,胡塞尔最大的问题,在列维纳斯看来,就是再现(representation,或翻译为表象、代现)或理论、认知的特权——受海德格尔的影响,列维纳斯把这些特权归结为"存在的存在论意义"①的特权,因为"存在就是可以被思想的"②。列维纳斯的一个基本观点就是胡塞尔的先验意识哲学把他者化归为再现的意向对象。于是,相对于胡塞尔的"源始事实"③是"一切谜中最大的谜"④即我思或绝对意识的存在及其功能,海德格尔的源始事实是存在直至纯粹存在本身,同样作为现象学家的列维纳斯所面对的"最源始的事实"便是"我与不是我的他人的相遇"。可以说,他所有的现象学分析和描述都是在这个关怀和基础上完成的。

众所周知,意向性理论是现象学的核心。列维纳斯甚至说:"现象学就是意向性"。⑤ 而意向性概念本身"在列维纳斯对现象学的分析及后来对它的批评中也发挥了核心作用。"⑥列维纳斯很明白胡塞尔的意向性理论的含义及其来源,也对这种理论做了几乎是绝无仅有的反省和批评。他说,在胡塞尔那里,"意识的意向性结构的特征就是再现,它是所有理论和非理论意识的基础。布伦塔诺的这个主题对于胡塞尔依然有效,只不过更加精致更加细心而已"⑦。这种精致体现在"客体化行为"这个概念上,"在发展出心灵的情感和实践生活的一种源初的、非理论的意向性

---

① Levinas, *Entre Nous: on Thinking-of-the-Other*, trans. Michael B. Smith and Barbara Harshav, New York: Columbia University Press, 1988, p. 124.

② 同上书,第 125 页。

③ Husserl, *Formal and Transcendental Logic*, tran. Dorion Claims, The Hague: Martinus Nijhoff, 1969, p. 237.

④ 胡塞尔:《欧洲科学的危机与超越论的现象学》,王炳文译,商务印书馆 2001 年,第 101 页。

⑤ Levinas, *Discovering Existence with Husserl*, translated and edited by Richard A. Cohen and Michael B. Smith, Evanston, Illinois: Northwesten University Press, 1998, p. 112.

⑥ 柯林·戴维斯:《列维纳斯》,李瑞华译,江苏人民出版社 2006 年版,第 10 页。

⑦ Levinas, *Entre Nous: on Thinking-of-the-Other*, trans. Michael B. Smith and Barbara Harshav, New York: Columbia University Press, 1998, p. 127.

的同时,胡塞尔仍然坚持把再现,即客体化行为,作为所有意识行为的基础"。① 列维纳斯的反省和批判也正是从对这种最基础的"客体化行为"的分析开始的。在列维纳斯看来,这种客体化行为的意义就在于:"意识意味着在场,意味着一种在自我对面的设置,这就是'世界性',一种被给予的事实:是赤裸裸地呈现给把握和掌控"②。于是,"学习"(apprendre)就意味着一种"把握"(prendre),"现在"(maintenant)也就是"在手上把握着"(main 的意思是手,tenant 的意思是把持)。因此,"呈现给认知主体的存在不仅是给此主体以导引,而是在事实上(ipso facto)已经把它自身给予了这个主体。知觉已经在抓握回了:概念(Begriff)反映了这种把握(prehension)的内涵。"③换句话说,"被给予"的东西"早已是在思维的范围内了,经由其所谓的'超越性',(主体实际上)已经应许了对它的一种拥有和一种享受、一种满足。"④由此"把握",列维纳斯认为,"整个世界现象准确地说来就是:在思维与可思维者的关系中,有一种被保证了的和谐:世界的显现就是其自身的给出,关于它的知识就是一种满足,似乎它满足了一种需要。这也许就是胡塞尔在谈到思想与世界的那种相关时所要表达的。"⑤所谓"对象化"或"课题化"的知识,在列维纳斯看来,正是以充分实现的方式体现了知识的这种意味,即满足了意向(至于空的意向性则是自己满足自己)。列维纳斯认为,全部的传统哲学都是"把意义的起源或者其本然地位安置在了作为知识的心灵(psyche qua knowledge)——甚至包括自我意识——中了,并且正是从此种心灵中辨认出了精神(mind)"⑥;而在这种清楚地表达了"自我的统一体"的"我

---

① Levinas, *Entre Nous: on Thinking-of-the-Other*, trans. Michael B. Smith and Barbara Harshav, New York: Columbia University Press, 1998, p.140.

② 同上书,第 127 页。

③ 同上书,第 126 页。

④ 同上书,第 126 页。

⑤ 同上书。

⑥ 同上书,第 124 页。

思"中,所有的认知都是"自足的"。这种"自足"甚至表现在"存在"上。海德格尔说存在总是超出自身的,但在列维纳斯看来,"存在依然很神奇地维持在自身之内或回复到自身。自我的外在性和他性(也同样又)在内在性中被再次俘获。"①事实上,列维纳斯早就把胡塞尔的现象学定位在了西方哲学的传统内,认为"尽管其内容和影响都是革命性的,但是,无论是其主题还是对此主题的处理方式上,胡塞尔都是忠诚于欧洲文明的那些实质性的教义的。"②不过,在列维纳斯看来,这个传统的主题是"自由"。作为这种精神的最高体现者的胡塞尔所追求的自身明见性就是这种自由的积极的完成,因为意识就是它所接受的东西的根源。自明性表征的是自由,这决定了胡塞尔的整个哲学。列维纳斯认为,这也是"意向性"作为赋义行为的根本意义。"意向性不是别的,它就是自由的完成","赋义就是这种自由的表现"。③　这是列维纳斯对胡塞尔意向性的基本定位。

即便如此,作为解决"超越"问题的基本方法的意向性概念在列维纳斯自己的理论中仍然占有核心地位,甚至可以说,只有在列维纳斯这里,意向性的这种对"与真正他者的相遇"的描述才得以实现。但是,要真正走出胡塞尔的意向性概念所蕴含的这种内在性或同一性,就必须首先理清其运作的机制,从其根基处引入他者,从而使整个意向性得以打开,成为描述与他者相遇的基本方法。这个机制和根基就在时间-意识那里。对于时间-意识的这种根基性的地位及其机制,列维纳斯是有明确表述的,"我有一种特别的印象就是这种理论把时间作为自由和精神性的显现";如果说"自我就是意识的自由",那么正是"时间完成了这种自由":

---

① Levinas, *Entre Nous: on Thinking-of-the-Other*, trans. Michael B. Smith and Barbara Harshav, New York: Columbia University Press, 1998, p. 125.

② Levinas, *Discovering Existence with Husserl*, translated and edited by Richard A. Cohen and Michael B. Smith, Evanston, Illinvis: Northwestern University Press, 1998, p. 47.

③ 同上书,第 76 页。

"时间事实上就是主体性自身的秘密"。[1] 列维纳斯所批评的胡塞尔思想中的那种在场或再现的"特权",也正是在时间-意识中得以充分体现的。因为现在或在场作为一种无所不包的自足性、自洽性,恰恰取消了历时性,虽然似乎相反地表现为通过过去和未来的视域才使现在自身得以定位。"人们只能学到他已经知道的,或者在可回忆的可再现的记忆的伪装下能被放进思想的内在性中的东西。怀旧和想象把一种同时性和统一体借给了在从属于时间的经验中被丢失的或只有在未来才是的东西。"[2]在这种时间-意识的运作机制中,在列维纳斯看来,不是作为视阈本身的滞留-前摄结构,而是"原印象"或瞬间成为最关键而又微妙之处。正是在这个点上,意识的"自发性和被动性的二律背反"得到了解决,[3]因为在胡塞尔那里,作为所有意识起源的"原印象",其"源始的被动性同时就是最初的自发性"。[4]

如果说另类的意向性是列维纳斯现象学描述的核心,那么这种意向性的根基或机制,仍然也要是在根本性的时间意识中找寻。在这个意义上,我们甚至可以说,现象学的描述都是由对时间的领悟开始的。不过列维纳斯的独特进路在于他是从伴随性的自身意识中打开了时间的后门,从而在最微妙而隐蔽的主体性运作的根基的边上,自下而上地一扇扇打开了现象学描述的大门,展现了他常被归于另类或被否认的现象学描述。

让我们看看列维纳斯在这里的思路。首先是自身意识问题。其中的第一个关节在于,列维纳斯认为,现象学还原过后的意识中仍然有剩

① Levinas, *Discovering Existence with Husserl*, translated and edited by Richard A. Cohen and Michael B. Smith, Evanston, Illinvis: Northwestern University Press, 1998, pp. 76—78.

② Levinas, *Entre Nous: on Thinking-of-the-Other*, trans. Michael B. Smith and Barbara Harshav, New York: Columbia University Press,1998, p. 125.

③ Levinas, *Discovering Existence with Husserl*, translated and edited by Richard A. Cohen and Michael B. Smith, Evanston, Illinois: Northwester University Press, 1998, p. 78.

④ 同上书,第 77 页。

余物，这就是伴随性的自身意识，对意识的意识，它是非意向性的；而且，这种任何视线背后的幽灵并非外来的，"朝向世界和客体、其结构被称为意向性的意识，间接地、附加地同时就是对自身的意识；是对把世界和客体呈现给自身的那个主动的自身的意识，也是对它的那种表现行为的意识，是对思维活动的意识"①；特别是，这种"隐含的、纯粹伴随性"的自身意识既不同于反思也不同于内感知，而且永远都不可能变成后二者的对象。② 第二个关节点在于，列维纳斯把这种先于所有意向的、隐含的意识（不是意识"行为"）定义为"纯粹的被动性"。③ 并且，自始至终，这种非意向性的意识都是完全的被动性，不可能借由反思或内感知而使其成为主动的意向性行为的潜在状态，就是说，不是所谓"前"反思状态。这个意义上，它就是"不可以回忆的"，也即永远不可列入意向性意识，在其中，在场消失了，"抹去自身并且离散了"④，或者成为被剥夺了所有属性的赤裸裸的在场。第三个关节点在于，列维纳斯就把这种非意向性的前反思的意识称作"愧疚意识"（mauvaise conscience）⑤。它是羞怯的、谦卑的，甚至会把已经做成的自我作为是"可恨的"（帕斯卡尔语）。由此，自我或借自我得以显现的存在（所谓的"存在在此"意义上的"此在"）的问题（哈姆雷特的自身生存的问题）便成为矫情的假问题——因为自我的存在威权早已存在——真正的哲学问题从此便成为"存在如何能够证明自身的

---

① Levinas, *Entre Nous: on Thinking-of-the-Other*, trans. Michael B. Smith and Barbara Harshav, New York: Columbia University Press, 1998, p. 127.

② 列维纳斯在这里有点混淆了内感知和反思尤其是现象学反思。内感知是对内在体验的感知，但不一定就是相即性的（adequate）；只有现象学反思才是相即性"感知"（当然，这是在"感知"一词的最宽泛的意义说的）。这是两种完全不同性质的感知或"观"，简单地说，前者是现象学心理学，后者是哲学认识论。列维纳斯的这个混淆实际上早在《胡塞尔现象学中的直观理论》中就出现了。另外，实际上，胡塞尔在诉诸明见性的同时，也有反思不可以相即地加以把握的东西，即"内在的超越"。

③ 同上书，第 128 页。

④ 同上书，第 129 页。

⑤ 英译为 bad conscience。陆丁将此词中译为"过意不去"，并做了长的译注，可参考赵汀阳主编《年度学术 2005：第一哲学》，中国人民大学出版社 2005 年版，第 300 页。

正当性？"源此，异于"自我-同一-存在"一路的"他者"出现了，不是被前者用来做既成事后的、循环性的自我证明，即所谓的"承认"，而是没有他者，就没有真正意义上的主体——回应或责任意义上的，或康德意义上的主体——的发生。由此可见，这种非意向性的意识或所谓前反思的自身意识对于列维纳斯的现象学论述来说，是根基性的。

那么如何理解或展开这个非意向的自身意识呢？在理解了我们在上文多次出现过的加连字号的"时间-意识"所意味的"意识在本质上是时间性的"这个胡塞尔现象学的基本精神以后，列维纳斯的一篇"对其方法论进行清晰有力的总结"①的文章（"作为第一哲学的伦理学"）中的一段说明，对我们的理解就至关重要了："作为一种先行于所有意向的、混乱的、隐匿的意识——或者作为摆脱了所有意向的绵延——它与其说是一种行为，毋宁说是一种纯粹的被动性……当然，现象学分析在反思中描述了这种时间的纯粹绵延，即借由滞留和前摄之间的游戏把它意向性地建构起来了；但是，正是在时间的这种绵延中，这些滞留和前摄至少是不明显的，而就其表示一种流动而言，恰恰向我们提示了另一类的时间……一种没有任何回忆或重构过去的行为能够逆转的时间流逝……一种不同于认知、不同于对在场或将来和过去的不在场进行再现的时间……一种纯粹的绵延，没有中断，没有持续，既不敢称其名也不敢言其在，是那种没有自我在其中持存的瞬间的机制，自我总是已经流逝了的，'他还没有开始就已经结束了'。这种非意向性的意义就在于它是歉疚意识（mauvaise conscience）的一种形式"。② 这段话点明了这样一个关键：前反思的非意向的意识或自身意识具有另类的时间。如果说自身意识是反思的根基并从而乃至是整个德国古典哲学的根基的话，列维纳斯就是要给这种精神性开出另类的天地，另类的时间便具有魔棒的功用。我们就可以理解，为什么列维纳斯首先要引入时间，并且必须要与他者

---

① Sead Hand（ed.），*The Levinas Reader*，Blackwell Publishers，1989，p. 75.
② 同上书，第 80—81 页。

相关才是（他所说的）时间。

有此铺垫，列维纳斯的质疑就咄咄逼人了："我要问：意向性总是——就像胡塞尔和布伦塔诺所认定的那样——奠基在一种表象（再现）的基础上吗？或者说，意向性就是'意义的礼物'（gift of meaning）的惟一样式吗？有意义的东西总是与一种课题化和一种表象相关吗？它总是由对一种多样性和时间的分殊（dispersion）的聚集中才产生出来吗？是不是思想从一开始就被贡献给了充实和真理？它只是在其理想的同一性中对被给予之物的一种把捉吗？思想本质上就是与和它自身相同的东西的一种关系——就是说从本性上是无神论的——吗？"①

列维纳斯的解决方案在法国实存主义现象学的背景下要更好理解些。与列维纳斯的《胡塞尔现象学中的直观理论》所具有的海德格尔倾向相一致，萨特的"自我的超越性"一文作为对先验唯心主义的批评，展开了法国现象学的"实存"主义。萨特后来在《存在与虚无》中说，只要是认知关系，就永远不能摆脱唯我论（胡塞尔和康德皆然），认为应该求助黑格尔的直观，因为这种直观在于"使我在我的存在中依赖别人"②，认为只有在存在中才能摆脱唯我论，这是法国现象学的共识。当梅洛-庞蒂说胡塞尔那里有他人问题时，就是在（自然和历史的）"处境"的意义上说有超出意识的存在的。③ 可以说，法国生存论-现象学的存在论的核心在于：意识是存在的产物，如梅洛-庞蒂发现知觉和身体的构造行为是客体化行为的基底；列维纳斯认为"享受"就是我们与世界的原初关系，它有自己的意向性，其内容不以被表象客体的呈现方式显现的。有此背景，我们就可以更好地理解列维纳斯的基本观点：胡塞尔对意向性的解释所展示的超越只是内在性的一种变式，它被反思的内在结构所同化。事实

① Levinas, *Entre Nous: on Thinking-of-the-Other*, trans. Michael B. Smith and Barbara Harshav, New York: Columbia University Press, 1998, p. 127.
② 萨特：《存在与虚无》，陈宣良等译，三联书店1987年，第317页。
③ 梅洛-庞蒂：《知觉现象学》，姜志辉译，商务印书馆2001年版，第7—8页。

上，从《胡塞尔现象学中的直观理论》开始，列维纳斯就要为这种理论性的表象意向性奠基，但是受海德格尔的影响，与其类似，列维纳斯认为在反思方法基础上的表象概念对于我们与存在的关系是不够的：必须回到前反思的生活中来；只有超越（超越一切种属等认知范畴）达及生存，才与存在有一种直接的关系。换句话说，超越就是与存在的直接关系。直到《总体与无限》，这种与存在的直接关系才被列维纳斯弃置，而开始充分描述不能还原到内在性的超越性即"外在性"的展现结构。外在的无限性成为奠基性的，逼近"脸"的外在性的"超越意向"就是"从外面赋义"，列维纳斯称之为"一种伦理的赋义"（an ethical Sinngebung）①即将意向性倒置了，方向性地改变了意向性本身的结构。

二、列维纳斯现象学的主题与方法

"主体性"一直是列维纳斯哲学的主题。列维纳斯广受关注的对海德格尔的批判就是在这个视角上进行的，因为海德格尔那里只有存在没有人，而且那个存在也没有带出来人性，这在海德格尔本人那里得到确证。不过，需要注意的是，列维纳斯所谓的主体是从康德意义上的主体即道德主体开始，也就是从对经验（认知、理论）理性的超越开始的，是由康德对（知识性）直观的超越——尤其是由此而进入到伦理主体及其自由——展开了对胡塞尔的批判和超越。这是对西方传统的核心——"自由"，一种把握（领会、理解），居家状态，耶稣的人义——的批判。其理路大致是，先把西方传统归结为以自由为宗旨的传统，再把胡塞尔归结为这种传统的最高体现，而以"困难的自由"为主线展开这个批判。由此，不仅萨特（其自由尚还不如胡塞尔的彻底积极），甚至海德格尔（因为其存在也不过就是自其源头古希腊以来西方哲学的主旨），也属于其批判对象。将一切尽囊其中的黑格尔更是首当其冲。可以说，列维纳斯一生

---

① Levinas, *Discovering Existence with Husserl*, translated and edited by Richard A. Cohen and Michael B. Smith, Evanston, Illinos: Northwestern University Press, 1998, p. 121.

都在捍卫主体性,但是他要将其奠基在无限观念之上,而在其核心或根基处恰恰却是他人。也可以说这是一种"作为超越的主体":一方面是超越,借助海德格尔的"存在地地道道是超越"(至少在《从存在到存在者》和《时间与他者》时是这样),由此进入"具体世界"(境域、情感、感性、情欲、多产、懒惰、失眠……);另一方面,借"主体就是在其自身之外的存在"又从超越回到"主体之存在",从而承接了康德的道德主体(依据康德,只有在道德意义上才有主体可言),在这个向度上,"从存在到存在者"的意义恰恰是要从海德格尔走出来。于是,不被存在所限定的超越——作为超越的主体——成为早期列维纳斯阐述自己思想的主题。与此相应,作为主体性本身的胡塞尔的时间性肯定要被扬弃,但因为植根于时间意识的意向性本身还被用作主要的哲学方法,因此对此时间性的彻底改造便成为主题性任务,正如前文所述,其结果是倒置了意向性,即从外面赋义。对胡塞尔时间意识的这种改造甚至直接导致了对同根于胡塞尔的海德格尔的时间性的革命。缘此,主体性和时间性成为直到《整体与无限》的列维纳斯早期思想的两大主题,也是我们得以进入并展开列维纳斯思想的两个路径:一是存在者及康德的主体概念;二是瞬间与原印象,即异质的时间性。

　　于是,在列维纳斯这里,就有了另类的主题"非自由的主体"和另类的现象学方法"时间的他者"、即"从不显现"的"踪迹"。"踪迹"概念在德里达那里是指符号概念被剥去能指-所指结构后的遗留物。因为"所指"只具有形而上学的合法性,就像"时间概念只是一个形而上学概念,只是对'在场的统治'的命名"①一样。就如列维纳斯在《异于存在或在本质之外》的结尾强调他"对意向性分析的忠诚"时所要表达的:"(我们的分析)将概念定位在它们所呈现的境域中,(但是)在客体的展现中、在客体的概念中、在仅仅被概念所吸引的视野中,这种境域无法辨识,或者被遗忘

_____

① Derrida, *Margins of Philosophy*, translated, with additional notes, by Alan Bas, Chicago: The University of Chicago Press, 1982, p. 63.

和替换。在其中所有的东西都被课题化、都要在一种主题中才得以展现的所说(le Dit)必须还原到它作为言说(Dire)的意义,超出在言说和所说之间的那种简单的对应关系。"①关注"境域"、反对"课题化"的"对象"、反对如同能指和所指关系那样的 dire 和 dit 的关系,从后者"还原"到前者,这些都是现象学的语言和操作。

若简单归类的话,列维纳斯的另类现象学操作还可以展现在以下几个方面:

首先,从原印象处开口。对于胡塞尔,"现在"是有结构的,但是原印象却是凝缩成点的现在,胡塞尔以这种把现在点座架到由滞留和前摄构成的视阈中从而说明其如何显现的方式,恰恰是给现在序列(通过回忆和想望组成)奠基即以滞留-原印象-前摄的形式说明其何以可能,而且这种奠基同时也是为主体性的,"应该将时间理解为主体,将主体理解为时间"②。这仍然是一个只有现在(即在场)才是根基或才具合法性的西方传承。只要想到胡塞尔的时间图式中的那条横线的存在就可以理解了。

其次,使不可见得以显现。事实上并非所谓异类的甚至会被否认的现象学家才有对不可见的描述,一些所谓正统的现象学家的观点及其描述也有异曲同工之妙。一位是黑尔德。他曾对"充实"做过这样的界定:真正的充实是一种到达本源的体验,即指引终止,此时,事物自身和世界自身就可以非课题地——即既排除认知性的对象化也排除用具性的此在的"为了"——被给予;就是说,只有回到本真的此在自身,才能真正地逗留在事物面前让事物自持地宁静地自身显现,世界的去蔽-遮蔽的二位一体的运作才能到场。③ 他的观点是:是世界而不是存在才是海德格

---

① Levinas, *Autrement qu' être ou au-delà de l'essence*, La Haye: Martinus Nijhoff, 1974, pp. 230—231;英译本 *Otherwise Than Being or Beyond Essence*, trans. A. Lingis, The Hague: Martinus Nijhoff Publishers, 1981, p. 183。

② 梅洛-庞蒂:《知觉现象学》,姜志辉译,商务印书馆 2001 年版,第 528 页。

③ 黑尔德:《世界现象学》,孙周兴编,倪梁康等译,三联书店 2003 年版,第 78—80 页。

尔的唯一的实事本身。黑尔德的思想可以说是走出意识与存在这两大现象学传统领域的一次成功尝试。① 另一位是马里翁(Marion)。他的一个观点是:现象学就在于现象的没有条件的源初被给予②,donation 是马里翁用来翻译 Gegebenheit 的,特指纯粹的被给予或被给予的真切含义。给予(donation, givenness)就是赠予(don, gift),没有条件,不需要存在(海德格尔)或客体或对象化(胡塞尔)的奠基③。马里翁认为这是从列维纳斯和利科直到德里达和昂利(Henry)都选择的路径④,并不需要"我的存在"⑤。马里翁是主题为"有关不可见的现象学"的法国现象学中的神学转向的主要代表之一。Chretien, Courtine 等法国现象学第二代或新现象学家承认,他们的与内在现象性(immanent phenomenality)决裂而向不可见或他者敞开的理论源头就是列维纳斯。这也是继 Vincent Descombes 的著作 Le meme et l'autre 后法国哲学家对 1975 年到 1990 年的本国现象学发展的一个报告中提出的说法,得到了许多人的间接的赞同⑥。实际上,自从海德格尔在"四个研讨班"上明言"不显现之物的现象学"开始,德里达、昂利等人都不仅自称要比胡塞尔本人更忠诚于现象学的精神,而且已经逐步展开了神学转向。马里翁就说他所称的比海德格尔的存在的呼唤(call)更源始的纯粹的呼唤本身也仍然属于现象学,

① 但是,黑尔德反对以列维纳斯为代表的要"在他人之本真经验为现象学哲学寻找一个内在开端"的意图,坚持这个开端只能在此在的本真的世界经验中。(黑尔德:《世界现象学》,孙周兴编,倪梁康等译,三联书店 2003 年版,第 238 页。)

② Marion, Jean-Luc. *Reduction and Givenness: investigations of Husserl, Heidegger, and Phenomenology*, trans. Thomas A. Carlson, Evanston: Northwestern University Press, 1998, p. 32.

③ 同上书,第 72 页。

④ 同上书,第 2—3 页。

⑤ Marion, Jean-Luc. *Reduction and Givenness: investigations of Husserl, Heidegger, and Phenomenology*, trans. Thomas A. Carlson, Evanston: Northwestern University Press, 1998, p. 239/n. 64.

⑥ 参见 D. Janicaud et al., *Phenomenology and the "Theological Turn":the French Debate* (New York: Fordham University Press,2000)一书中第一部分 Janicaud 的报告。

"准确地说,这与用此在分析取代先验自我的建构是同一个原因"①。

再次,彻底的还原。就像马里翁所言,"有什么样的还原就有什么样的被给予"(so much reduction, so much givenness)②,他本人的"还原"就是在由"绝对无条件的呼唤和对其绝对无制限的回应"所构成的"境域"中实现的。同样,列维纳斯也是从还原入手开始对现象学进行内部改造的。在《胡塞尔现象学中的直观理论》中,列维纳斯认为,"还原是进入现象学入口"③,但是,"还原到先验主体只是朝向现象学迈出的第一步"④,甚至胡塞尔的理论偏见或态度也必须被"还原"掉,即"找到其动机",也就是"把其境域揭示出来"。列维纳斯在"表象的废墟"一文中指出,实际上,胡塞尔自己后来业已超越了观念论,进一步探究客体化行为的前客体性的根据。若如是,现象学还原的真正的任务便成为揭示隐藏在每一个在场或再现((re) presentation)背后的匿名的生命,而源此,思想的创生性和统治就会被现象学的描述本身揭示为是一种幻觉了。

正是在这些意义上,本文认同列维纳斯所自称的那样,他是始终忠诚于现象学精神的。

① Marion, Jean-Luc. *Reduction and Givenness: Investigations of Husserl, Heidegger, and Phenomenology*, trans. Thomas A. Carlson, Evanston: Northwestern University Press, 1998, p. 197.

② 同上书,第203页。

③ Levinas, Emmanuel. *The Theory of Intuition in Husserl's Phenomenology*. trans. Andre Orianne, Evanston: Northwestern University Press, 1973, p. 135.

④ 同上书,第150页。

参考文献

一、外文著述

1. Adorno, Theodor W. *Negative Dialectics*, trans. E. B. Aston. New York: Continuum, 1973

2. Bernet, Rudolf, Kern, Iso and Marbach, Eduard. *An Introduction to Husserlian Phenomenology*. Evanston: Northwestern University Press, 1993

3. Bernet, Rudolf. "Levinas' Critique of Husserl". in *The Cambridge Companion to Levinas*. eds. Simon Critchley and Robert Bernasconi. Cambridge: Cambridge University Press, 2002

4. Bloechl, Jeffrey (ed.). *The Face of the Other and the Trace of God: Essays on the Philosophy of Emmanuel Levinas*. New York: Fordham University Press, 2000

5. Boer, Theodore de. *The Rationality of Transcendence: Studies in the Philosophy of Emmanuel Levinas*. Amsterdam: J. C. Gieben Publisher, 1997

6. Cohen, Richard A. (ed.) *Face to Face with Levinas*. Albany: SUNY Press, 1986

7. Cohen, Richard A. Ethics, *Exegesis and Philosophy: Interpretation after Levinas*. Cambridge: Cambridge University Press, 2001

8. Critchley, Simon. *Ethics-Politics-Subjectiity: Essays on Derrida, Leuinas and Contemporary French Thought*. London & New York: Verso, 1999

9. Critchley, Simon. *The Ethics of Deconstruction: Derrida and Levinas*. Oxford and Cambridge: Blackwell, 1992

10. Davis,Colin. *Levinas : An Introduction*. Notre Dame,Indiana : University of Notre Dame Press,1996

11. Derrida, Jacques. *Margins of Philosophy*. translated, with additional notes,by Alan Bass. Chicago:The University of Chicago Press,1982

12. Drabinski, John E. *Sensibility and Singularity : The problem of Phenomenology in Levinas*. Albany:State University of New York Press, 2001

13. Fink, Eugen. "The Phenomenological Philosophy of Edmund Husserl and Contemporary Criticism". in R. O. Elveton ed. *The Phenomenology of Husserl : Selected Critical Readings*. Chicago:Quadrangle Books,1970

14. Heidegger,Martin. *Being and Time*. trans. John Macquarrie and Edward Robinson. New York:Harper & Row,1962

15. Heidegger,Martin. *Kant and the Problem of Metaphysics*. trans. R. Taft. Bloomington:Indiana University Press, 1990

16. Heidegger,Martin. *Kant und das Problem der Metaphysik*. Frankfurt am Main:Vittorio Klostermann, 1991

17. Heidegger, Martin. *Sein und Zeit*. Tuebingen:Max Niemeyer Verlag, 2001

18. Heidegger, Martin. *The Basic Problems of Phenomenology*. trans. Albert Hof-stadter. Bloomington:Indiana University Press, 1982

19. Hendley, Steven. *From Communicative Action to the Face of the Other : Levinas and Habermas on Language, Obligation, and Community*. Lanham, Boulder,New York:Oxford,Lexington Books,2000

20. Husserl, Edmund. *Cartesian Meditations : An Introduction to Phenomenology*. trans. Dorion Cairns. The Hague:Martinus Nijhoff,1960

21. Husserl, Edmund. *Ideas, Vol. 2 : Studies in Phenomenology of Constitution*. trans. R. Rojecwicz and A. Schuwer. Dordrecht:Klumer Academic Publishers, 1989

22. Kearney,Richard. *Dialogue with Contemporary Continental Thinkers : The Phenomenological Heritage*. Man:Manchester University Press, 1984

23. Kisiel,Theodore J. *The Genesis of Heidegger's Being and Time*. Berkeley:University of California Press, 1993

24. Lee, Nam-in. "Static-Phenomenological and Genetic-Phenomenological Concept of Primordiality in Husserl's Fifth Cartesian Mediation". in *Husserl Studies*. Vol. 18. No. 2. 2002

25. Levinas, Emmanuel. *Alterity and Transcendence*. trans. Michael B. Smith. London:The Athlone Press,1999

26. Levinas, Emmanuel. *De l'existence à l'existant*. Paris:Vrin, 1981

27. Levinas, Emmanuel. *Discovering Existence with Husserl*. translated and edited by Richard A. Cohen and Michael B. Smith. Evanston, Illinois: Northwestern Unliversity Press, 1998

28. Levinas, Emmanuel. *Entre Nous: On Thinking of the Other*. trans. Michel B. Smith and Barbara Harshav. New York: Columbia University Press, 1998

29. Levinas, Emmanuel. *Ethics and Infinity: Conversations with Philippe Nemo*. trans. Richard A. Cohen. Pittsburgh: Duquesne University Press, 1985

30. Levinas, Emmanuel. *Existence and Existents*. trans. A. Lingis. Durdrecht, Boston and London: Kluwer Academic Publishers, 1978

31. Levinas, Emmanuel. *Le temps et l'autre*. Montpellier: Fata Morgana, 1979

32. Levinas, Emmanuel. *On Escape*. trans. Bettina Bergo. Stanford: Stanford University Press, 2003

33. Levinas, Emmanuel. *Otherwise Than Being or Beyond Essence*. trans. A. Lingis. The Hague: Martinus Nijhoff Publishers, 1981

34. Levinas, Emmanuel. *The Theory of Intuition in Husserl's Phenomenology*. trans. Andre Orianne. Evanston: Northwestern University Press, 1973

35. Levinas, Emmanuel. *Time and the Other (and additional essays)*, trans. Richard A. Cohen. Pittsburgh, Pennsylvania: Duquesne University Press, 1987

36. Levinas, Emmanuel. *Totality and Infinity: An Essay on Exterority*. trans. A. Lingis. Pittsburgh: Duquesne University Press, 1969

37. Manning, Robert J. S. *Interpreting Otherwise than Heidegger: Emmanuel Levinas' Ethics as First Philosophy*. Pittsburgh, Pennsylvania: Duquesne Unliversity Press, 1993

38. Marion, Jean-Luc. *God without Being: Hors-Texte*. trans. Thomas A. Carlson. with a foreword by David Tracy. Chicago and London: The University of Chicago Press, 1991

39. Marion, Jean-Luc. *Reduction and Givenness: Investigations of Husserl, Heidegger, and Phenomenology*. trans. Thomas A. Carlson. Evanston: Northwestern University Press, 1998

40. Mensch, James R. "Husserl's Concept of the Future" in *Husserl Studies*. Vol. 16. No. 1. 1999

41. Peperzak, Adriaan T. *Beyond: The Philosophy of Emanuel Levinas*. Evanston, Illinois: Northwestern University, 1997

42. Peperzak, Adriaan T. Critchley, Simon, and Bernasconi, Robert (eds.). *Emmanuel Levinas: Basic Philosophical Writings*. Bloomington: Indiana University Press, 1996

43. Peperzak，Adriaan T. *To the Other：An Introduction to the Philosophy of Emmanuel Levinas*. West Lafayette，Indiana：Purdue University Press，1993

44. Poeggeler，Otto. *Martin Heidegger's Path of Thinking*. trans. D. Magurshak and S. Barber. Atlantic Highlands，NJ：Humanities Press International，Inc.，1987

45. Reynaert，Peter. "Intersubjectivity and Naturalism：Husserl's Fifth Cartesian Meditation Revisited". in *Husserl Studies*. Vol. 17. No. 3. 2001

46. Rockmore，Tom. *Heidegger and French Philosophy：Humanism，Antihumanism，and Being*. London，New York：Routledge，1995

47. Rosenzweig，Franz. *The Star of Redemption*. trans. William W. Hallo. New York，Chicago，San Francisco：Holt，Rinehart and Winston，1970

48. Schmid，Hans B. "Apodictic Evidence". in *Husserl Studies*. Vol. 17. No，3. 2001

49. Sokolowski，Robert. *The Formation of Husserl's Concept of Constitution*. The Hague：Martinus Nijhoff，1970

50. Taylor，Mark（ed.）. *Deconstruction in Context*. Chicago：University of Chicago Press，1986

51. Theunissen，Michael. *The Other：Studies in the Social Ontology of Husserl，Heidegger，Sartre，and Buber*. trans. Christopher Macann with an Introduction by Fred R. Dallmayr. Cambridge and London：The MIT Press，1984

52. Wood，David. *The Deconstruction of Time*. Atlantic Highlands，NJ：Humanities Press International，Inc.，1989

53. Wyschogrod，Edith. *Emmanuel Levinas：The Problem of Ethical Metaphysics*. The Hague：Martinus Nijhoff，1974

54. Young，Iris Marion. *Justice and the Politics of Difference*. Princeton，New Jersey：Princeton University Press，1990

55. Zahavi，Dan. "Time and Consciousness in Bernau Manuscripts". in *Husserl Studies*. Vol. 20，No. 2. 2004

56. Zahavi，Dan. "The Three Concepts of Consciousness in *Logische Untersuchungen*". in *Husserl Studies*. Vol. 18，No. 1. 2002

二、中文译著和著述

1. 阿多诺. 否定的辩证法. 张峰译. 重庆出版社，1993

2. 鲍曼. 后现代伦理学. 张成岗译. 江苏人民出版社，2003

3. 贝耐特. 胡塞尔贝尔瑙手稿中的时间意识新现象学. 中国现象学与哲学评论·第六辑. 上海译文出版社，2004

4. 比梅尔. 海德格尔. 刘鑫, 刘英译. 商务印书馆, 1996

5. 德布尔. 胡塞尔思想的发展. 李河译. 三联书店, 1995

6. 杜小真. 勒维纳斯. 三联书店(香港)有限公司, 1994

7. 恩斯特·拉克劳, 查特尔·墨菲. 领导权与社会主义策略——走向激进民主政治. 尹树广, 鉴传今译. 黑龙江人民出版社, 2003

8. 费希特. 全部知识学的基础. 王玖兴译. 商务印书馆, 1986

9. 芬克. 对胡塞尔现象学还原的反思. 中国现象学与哲学评论. 第二辑. 上海译文出版社, 1998

10. 弗兰克. 论个体的不可消逝性. 先刚译. 华夏出版社, 2001

11. 伽达默尔集. 严平编选. 邓安庆等译. 上海远东出版社, 1997

12. 港道隆. 列维纳斯: 法外的思想. 张杰, 李勇华译. 河北教育出版社, 2002

13. 耿宁. 什么是对意识的反思?. 中国学术·第15辑. 商务印书馆, 2003

14. 海德格尔. 存在与时间. 陈嘉映, 王庆节译. 熊伟校. 三联书店, 1987

15. 海德格尔. 林中路. 孙周兴译. 上海译文出版社, 1997

16. 海德格尔. 路标. 孙周兴译. 商务印书馆, 2000

17. 海德格尔. 面向思的事情. 陈小文, 孙周兴译. 商务印书馆, 1996

18. 海德格尔. 形而上学导论. 熊伟, 王庆节译. 商务印书馆, 1996

19. 海德格尔选集(上、下). 孙周兴选编. 上海三联书店, 1996

20. 海德格尔. 在通向语言的途中. 孙周兴译. 商务印书馆, 1999

21. 黑尔德. 胡塞尔与海德格尔的"本真"时间现象学. 中国现象学与哲学评论·第六辑. 上海译文出版社, 2004

22. 黑尔德. 世界现象学. 孙周兴编. 倪梁康等译. 三联书店, 2003

23. 胡塞尔. 纯粹现象学通论. 李幼蒸译. 商务印书馆, 1995

24. 胡塞尔. 笛卡尔式的沉思. 张廷国译. 中国城市出版社, 2002

25. 胡塞尔. 经验与判断:逻辑谱系学研究. 兰德格雷贝编. 邓晓芒, 张廷国译. 三联书店, 1999

26. 胡塞尔. 逻辑研究·第二卷第二部分. 倪梁康译. 上海译文出版社, 1999

27. 胡塞尔. 逻辑研究·第二卷第一部分. 倪梁康译. 上海译文出版社, 1998

28. 胡塞尔. 内在时间意识现象学. 杨富斌译. 华夏出版社, 2000

29. 胡塞尔. 欧洲科学的危机与超越论的现象学. 王炳文译. 商务印书馆, 2001

30. 胡塞尔. 生活世界现象学. 克劳斯·黑尔德编. 倪梁康, 张廷国译. 上海译文出版社, 2002

31. 胡塞尔. 现象学的方法. 克劳斯·黑尔德编. 倪梁康译. 上海译文出版社, 1994

32. 胡塞尔. 现象学的观念. 倪梁康译. 上海译文出版社, 1986

33. 胡塞尔选集(上、下). 倪梁康选编. 上海三联书店, 1997

34. 黄裕生. 时间与永恒:论海德格尔哲学中的时间问题. 社会科学文献出版社, 1997

35. 杰. 法兰克福学派史. 单世联译. 广东人民出版社, 1996

36. 靳希平. 海德格尔早期思想研究. 上海人民出版社, 1995

37. 康德. 纯粹理性批判. 蓝公武译. 商务印书馆, 1960

38. 科克尔曼斯. 海德格尔的《存在与时间》. 陈小文等译. 商务印书馆, 1990

39. 列维纳斯. 上帝、死亡和时间. 余中先译. 三联书店, 1997

40. 刘小枫选编. 海德格尔与有限性思想. 孙周兴等译. 华夏出版社, 2002

41. 梅洛-庞蒂. 知觉的首要地位及其哲学结论. 王东亮译. 三联书店, 2002

42. 梅洛-庞蒂. 知觉现象学. 姜志辉译. 商务印书馆, 2001

43. 倪梁康. 胡塞尔现象学概念通释. 三联书店, 1999

44. 倪梁康选编. 面向实事本身:现象学经典文选. 东方出版社, 2000

45. 倪梁康. 自识与反思:近现代西方哲学的基本问题. 商务印书馆, 2002

46. 萨弗兰斯基. 海德格尔传:来自德国的大师. 靳希平译. 商务印书馆, 1999

47. 萨特. 存在与虚无. 陈宣良等译. 三联书店, 1987

48. 山口一郎. "你"的现象学. 哲学译丛, 2001, 4

49. 施皮格伯格. 现象学运动. 王炳文等译. 商务印书馆, 1995

50. 孙向晨. 现象学,抑或犹太哲学?——对莱维纳斯哲学犹太性的探讨. 哲学研究, 2001, 1

51. 孙周兴. 说不可说之神秘. 上海三联书店, 1994

52. 图海纳. 我们能否共同生存?——既彼此平等又互有差异. 狄玉明, 李平沤译. 商务印书馆, 2003

53. 文德尔班. 哲学史教程. 下. 罗达仁译. 商务印书馆, 1996

54. 谢林. 先验唯心论体系. 梁志学等译. 商务印书馆, 1997

55. 杨大春. 超越现象学——列维纳斯与他人问题. 哲学研究, 2001, 7

56. 叶秀山. 从康德到列维纳斯:兼论列维纳斯在欧洲哲学史上的意义. 中国社会科学院研究生院学报, 2002, 4

57. 叶秀山. 思·史·诗:现象学和存在哲学研究. 人民出版社, 1988

58. 张祥龙. 海德格尔思想与中国天道:终极视域的开启与交融. 三联书店, 1996

59. 张一兵. 问题式、症候阅读与意识形态:关于阿尔都塞的一种文本学解读. 中央编译出版社, 2003

60. 张一兵. 无调式的辩证想象——阿多诺《否定辩证法》的文本学解读. 三联书店, 2001

后　记

　　列维纳斯进入我的视野是在 2001 年的秋天,在 UIUC 图书馆那庞大的书库里。外面是天空幽深的湛蓝与树叶灿烂的金黄和鲜红,里面是老书库低矮的亭子间,访学一年,大多时间都在这里面了,因为有这么多真正神奇的世界。从社会批判理论,从政治哲学,从德里达,从胡塞尔,从海德格尔,从法国哲学,从生态主义、女性主义、少数民族主义、同性恋主义……无数的激光束在这显得黑暗的书库中最后集结成的就是列维纳斯的形象,高大而炫目。正是从这虚幻的憧憬中我开始了本书的读思之旅。

　　我有幸跟从两位先生。一位向我打开了广阔的视野,正是有众多的光束才着实有周全的列维纳斯的形象;一位在幽邃的思旅中时时照亮前行的梯道,正是耳提面命的引导才有从胡塞尔、海德格尔到列维纳斯的实在进程。感谢张异宾先生和倪梁康先生。但愿这本由博士论文修处而成的小书能弥补学生平时的疏漏和拖沓(希望不是更甚)。

　　感谢我的母系南京大学哲学系。感谢给了我几乎全部支撑的师长学友。

　　感谢叶秀山先生、黄裕生先生和周文彬先生,感谢他们惠允这本小书进入"纯粹哲学丛书"。这是信赖,更是督促和巨大的压力,有些方面可能已是如今日之不可留,希望能有明日之可待。特别感谢杨建平博士,没有他的真诚支持和苦心督促,再过若干年也不会成书,更别提面世。

说到面世,心中不禁惶惶不安起来,不仅是这一本小书根本就无力承担这许多谢,更感到我只是用近 20 万字的篇幅提出——但愿还能打开——了问题,而且此问题域本身还是问题重重。好在这只是开始,也希望这是好的开始。

王　恒

2005 年 10 月于南京大学南园 17 舍

凤凰文库书目·纯粹哲学系列

《哲学作为创造性的智慧:叶秀山西方哲学论集(1998—2002)》 叶秀山 著

《真理与自由:康德哲学的存在论阐释》 黄裕生 著

《走向精神科学之路:狄尔泰哲学思想研究》 谢地坤 著

《从胡塞尔到德里达》 尚杰 著

《海德格尔与存在论历史的解构:〈现象学的基本问题〉引论》 宋继杰 著

《康德的信仰:康德的自由、自然和上帝理念批判》 赵广明 著

《宗教与哲学的相遇:奥古斯丁与托马斯·阿奎那的基督教哲学研究》 黄裕生 著

《理念与神:柏拉图的理念思想及其神学意义》 赵广明 著

《时间性:自身与他者——从胡塞尔、海德格尔到列维纳斯》 王恒 著

《意志及其解脱之路:叔本华哲学思想研究》 黄文前 著

《真理之光:费希特与海德格尔论 SEIN》 李文堂 著

《归隐之路:20 世纪法国哲学的踪迹》 尚杰 著

《胡塞尔直观概念的起源:以意向性为线索的早期文本研究》 陈志远 著

《幽灵之舞:德里达与现象学》 方向红 著

《形而上学与社会希望:罗蒂哲学研究》 陈亚军 著

《福柯的主体解构之旅:从知识考古学到"人之死"》 刘永谋 著

《中西智慧的贯通:叶秀山中国哲学文化论集》 叶秀山 著

《学与思的轮回:叶秀山 2003—2007 年最新论文集》 叶秀山 著

《返回爱与自由的生活世界:纯粹民间文学关键词的哲学阐释》 户晓辉 著

《心的秩序:一种现象学心学研究的可能性》 倪梁康 著

《生命与信仰:克尔凯郭尔假名写作时期基督教哲学思想研究》 王齐 著

《时间与永恒:论海德格尔哲学中的时间问题》 黄裕生 著

《道路之思:海德格尔的"存在论差异"思想》 张柯 著

《启蒙与自由:叶秀山论康德》 叶秀山 著

《自由、心灵与时间:奥古斯丁心灵转向问题的文本学研究》 张荣 著

《回归原创之思:"象思维"视野下的中国智慧》 王树人 著

《从语言到心灵:一种生活整体主义的研究》 黄益民 著

《身体、空间与科学:梅洛－庞蒂的空间现象学研究》 刘胜利 著

《超越经验主义与理性主义:实用主义叙事的当代转换及效应》 陈亚军 著

《希望与绝对:康德宗教哲学研究的思想史意义》 尚文华 著

《多元与无端:列维纳斯对西方哲学中一元开端论的解构》 朱刚 著

《哲学的希望:欧洲哲学的发展与中国哲学的机遇》 叶秀山 著

《同感与人格:埃迪·施泰因的交互主体性现象学研究》 郁欣 著

《从逻辑到形而上学:康德判断表研究》 刘萌 著

《重审"直观无概念则盲":当前分析哲学语境下的康德直观理论研究》 段丽真 著

《道德情感现象学:透过儒家哲学的阐明》 卢盈华 著